建设人口均衡型社会

王培安 翟振武◎主编

中国人口出版社

济社会基础。面对这样一个环境搞建设、谋发展，必须理解和把握又好又快的发展要求，要看到“快”的重要，更要理解“好”的深刻含义。参照国内生产总值指标、人类发展指数等评价体系，拓展和丰富评价发展体系的内涵，把人口均衡、资源节约、环境友好作为基础和核心指标，形成体现科学发展观的“三型社会”评价体系。“制无美恶，期于适时；变无迟速，要在当可。”如果我们能够从国情出发，适时恰当地建立并实行了这样一种评价体系，那就是我们人口学界对经济社会发展作出的莫大贡献。

第三，注重破解人口计生部门面临的难题。当前，我国人口发展已经进入一个新的阶段。一方面人口规模的迅速增加成为实现经济发展的巨大障碍，带来一系列的社会问题，并对人们赖以生存的资源环境造成了严重的威胁。另一方面，出生人口素质不高、出生性别比失衡、流动人口规模庞大、老龄化趋势严重等将产生重大负面影响，在这样的情形下，人口计生工作面临前所未有的难题，亟须研究出台一些行之有效的思路和对策，以改变这种人口不均衡发展的态势。此外，长期以来，由于我国人口服务管理体制的分割，人口计生部门工作机制存在不少困境，也需要进一步研究，促进人口计生部门职能的转型拓展。

“知不务多，而务审其所知；行不务多，而务审其所由；言不务多，而务审其所谓。”希望人口学界继续作艰苦、深入、系统研究，以期不断取得新的有效成果，用以指导人口均衡型社会建设的伟大实践。

衡型社会，跳出就计划生育抓计划生育的框框，将给人口计生事业带来新的契机，将引导人口计生事业的改革、转型与拓展。第三，使人们对可持续发展社会的认识更加全面、深刻和系统，使人口发展在社会总体发展中的基础性地位得到彰显，大大提高全社会特别是政府部门对人口发展的重视程度。

作为中国人口学会的主要负责人之一，我几次主持人口学界的研讨会，听取了很多专家学者关于建设“人口均衡型社会”的真知灼见，深受启发和鼓舞，对人口均衡型社会建设充满期待。本书入选的文章，大部分我都拜读过，我还与其中一些专家学者面对面地交换过意见。我感觉到这些成果非常重要、非常难得，同时，我也认为，这仅仅是人口均衡型社会建设课题研究的一个良好开端，今后还要作广泛深入系统的研究，把人口均衡型社会建设与稳定低生育水平、统筹解决人口问题、促进人的全面发展紧密结合起来，与转变经济增长方式、增强可持续发展能力紧密结合起来，与构建社会主义和谐社会，推进中国特色社会主义伟大事业紧密结合起来。具体来说，应注意把握以下几个重点：

第一，从经济社会发展战略高度来考虑人口问题。人口问题在经济社会发展中始终处于基础性地位，经济社会发展中面临的重大问题无不与人口数量、素质、结构、分布等问题密切相关。建设人口均衡型社会，首先要从统筹解决人口问题入手，特别是要解决当前突出的数量多、素质低、出生人口性别比高、流动人口增加、老龄化提速等人口问题，但是解决人口问题又不能仅仅依靠人口手段，而要采取法律、行政、教育、经济等手段，统筹兼顾，综合施治。必须跳出固有的思维定势，把人口问题的研究和解决城乡与区域发展不平衡、调整经济结构、扩大劳动就业、发展老龄产业、推进城镇化、建设新农村等问题结合起来，在解决经济社会发展问题的同时充分考虑其中的人口因素，通过解决经济社会发展问题的同时解决人口问题。

第二，建立体现科学发展观的人口均衡型、资源节约型、环境友好型“三型社会”评价体系。人口多、底子薄、发展不平衡，是我国的基本国情，是建设中国特色社会主义的经

目　录

论人口均衡发展及其政策涵义

李建民

南开大学 人口与发展研究所

我国的人口发展已经进入了一个新的历史阶段,新的人口现象和人口问题不断出现,人口与发展的关系也变得更加复杂。现在已经到把人口均衡发展确立为国家人口发展目标的时候了。

一、人口均衡发展

虽然学界对于"人口发展"或"人口均衡发展"这样的术语存有异议,但是从政策角度看,这样的术语是具有实质性涵义的。在讨论人口均衡发展时,首先要厘清两个概念:"均衡"和"均衡发展"。在一般意义上,所谓均衡(equilibrium)是指一个系统内部各种力量(或要素)影响之间达到平衡(balance),使系统处于一种稳定状态。就人类社会或人类社会的某个系统而言,从一种低级的均衡(如前人口转变阶段的人口再生产状态)转变为一种高级的均衡(如后人口转变阶段的人口再生产状态),则具有发展或进步的意涵。根据这个定义,均衡不是指变化的过程,而是指变化的结果。显然,本论坛所讨论的人口均衡发展并不是在这个意义上展开的。为了避免概念上的混乱,我们应该在特定的语境下给出人口均衡发展的具体定义。笔者认为,所谓均衡发展可以定义为:在人类社会或人类社会某个系统中,各种力量(或因素)以平衡(balanced)或协调发展的方式达到更高级的均衡状态。可以从狭义和广义两个角度理解人口均衡发展。从狭义角度,人口均衡发展可以理解为:一个国家或地区人口各要素及其变化之间的动态平衡,并使人口的再生产、质量、结构和分布向更高级均衡状态发展的过程。广义的人口均衡发展不仅包括了狭义人口均衡发展的全部涵义,而且扩展到人口发展与社会经济发展及资源环境的关系。因此,笔者对人口均衡发展概念的定义如下:一个国家或地区人口各要素变化之间的动态平衡,并使人口的再生产、质量、结构和分布及其与社会经济发展及资源环境关系向更高级均衡状态发展的过程。

一定数量的人口是人类生存和发展的首要条件,人口再生产的均衡(或者均衡人口再生产)是人口均衡发展的首要前提。从人口自然增长角度看,有两种均衡状态:一是高出生率和高死亡率的均衡,即以"高出生率、高死亡率、低自然增长率"传统的人口再生产模式。在这种再生产模式中,人类是凭借生育力抗衡死亡力,以维持人类的生存和延续,因此这种均衡是一种自然均衡,也是一种低水平的均衡。二是低出生率与低死亡率的均衡,即"低出生率、低死亡率、低自然增长率"的人口再生产模式。当人类社会现代化进程启动后,人口再生产的自然均衡状态被死亡率的下降打破,人口转变随之开始。人口转变实际上就是人口自然增长从低水平均衡向高水平均衡发展的过程,与传统再生产类型的性质不同,现代人口再生产类型是一种社会均衡,即人类凭借社会经济发展和科学进步的力量使人口自然增长达到一种高级的均衡状态。

在人口所有的变量当中,死亡力(或者死亡率)是最基本的变量。健康和长寿是人类的追求,也是人类的普适价值,降低死亡率是一种刚性需求。换言之,人类不会用提高死亡率的办法来平衡其他人口变量。所以,死亡率水平是人口均衡发展的自然基准,是调节其他人口变量的基准。与死亡率相比,生育率是一个更具弹性的变量,也是调控人口变化的重要杠杆。虽然在人类历史上,生育率水平的高低是与社会经济发展水平的高低相联系的,但是,从本质上讲,生育率的高低并不具有先进或落后的意涵。换言之,生育率可以有两个调节方向:一是激励高生育率,二是鼓励低生育率。例如,在当今世界上,一些国家因人口压力而鼓励国民降低生育率,而另一些国家则因"低生育陷阱"面临高度老龄化和人口缩减的危机而鼓励国民生育。所以,生育率是调节人口均衡发展最主要的人口杠杆。在人口系统中,存在着"均衡生育率",当某一生育率水平使人口再生产达到某种均衡状态时(比如稳定人口或静止人口,或者适度人口),该生育水平就是均衡生育率。从人口长期均衡角度看,均衡生育率水平应该是围绕着更替水平波动。

人口自然结构(年龄结构和性别结构)是人口系统的一个重要方面。在正常的社会条件下,人口的性别结构(特别是出生性别比)一般是处于稳定的均衡状态,并且主要是生物学规律的支配。我国出生性别比的失衡是一种异常现象。与性别结构相比,人口年龄结构相对更不稳定,并且与人口再生产有着更为直接和密切的关系。人口年龄结构及其变化既决定于人口的出生率和死亡率的水平及其变化,同时也影响着出生率和死亡率的水平及其变化。什么是均衡的人口年龄结构?是否可以实现人口年龄结构的均衡?对此,笔者还没有成熟的想法,不敢妄下判断。但是,我们可以从两个角度考虑这个问题:一是从人口均衡再生产角度分析,比如稳定人口和静止人口状态下的人口年龄结构;二是从人口与社会经济发展关系角度分析,即有利于社会经济均衡发展的人口年龄结构。因此,与人口均衡再生产相比,人口年龄结构均衡的标准和均衡人口年龄结构形成机制都更为复杂,也是一个更为长期的过程。

人口系统内部各要素变化之间的动态平衡是人口均衡发展的核心,也是人口均衡发展的基础。人口是一个非常复杂的系统,人口变化既受生物学规律的支配,也受社会、经济条件和自然环境的影响。人口变量之间相互影响,人口变化之间互为因果,任何一个时点上的人口状态都是过去人口变化的结果,同时也是未来人口变化的前提。因此,人口均衡发展是一个非常复杂和长期的过程。由于人口发展的内在规律和人口变量之间的密切关联,以及人口变化影响的传递机制,某一人口因素的变化一般都会带来多种人口后果,并且会在一个较长的时期内递次出现。此外,人口变化后果及影响的消除也是一个逐步的、长期的过程。因此,相对于人类社会其他系统而言,均衡发展对于人口系统具有更为特殊的意义。人口均衡发展更注重人口各要素变化之间的平衡,更注重人口变化各种后果之间的平衡,更注重人口发展与社会经济发展之间的平衡,更注重人口与资源环境之间的平衡;同时,也更强调避免人口系统出现剧烈的甚至破坏性的震荡。人口均衡发展是一个复杂的、动态的系统过程。在不同的社会经济发展阶段,人口均衡发展的路径和方式也会不同。在我国当今社会,一方面,人口迅速转变带来的各种人口后果及其对社会、经济、资源和环境的影响正在陆续显现,并且利弊互见。另一方面,社会经济发展和科学技术进步也正在改变着人们的各种人口行为。这些变化正在把我们带入一个有更多变数和不确定性的人口时代。在这样的背景下,人口均衡发展应该成为我国人口发展的战略选择。

人口均衡发展的另一个重要方面是人口发展与外部环境的均衡,即人口的规模、质量、结构和分布与社会经济发展相协调,与自然资源环境承载力相适应。这对于一个国家的长期繁荣和可持续发展来说是至关重要的,也是实现人口均衡发展的落脚点。在现代社会,人口与社会经济发展和资源环境承载力之间的均衡关系有两个突出的特点：第一，人口均衡发展的程度是以人类社会发展需求为标准的，即人口规模的适度、人口质量的提高、人口结构和人口分布的合理，等等，都是以有利于人的全面发展和人类社会的可持续发展为标准。第二，人口均衡发展是高度动态的，这源于人类社会经济的发展和科学技术的进步。在人口均衡发展关系中包括了三大系统：人口系统、自然系统、社会经济系统。在这三个系统中，人口系统和自然环境系统的变量具有“惰性”，它们的变化相对比较缓慢，变化的周期也更长。但是，社会经济系统中的变量则非常活跃，并且往往引起其他两个系统要素的变化。由于社会经济系统要素的活跃，使三个系统的均衡关系具有动态性。当社会经济条件发生变化时，特别是科学技术快速进步时，都会使人口与社会经济和资源环境的关系发生变化，也会改变人口均衡点。因此，人口均衡发展不仅具有长期性，而且具有动态性。

二、我国人口均衡发展面临的主要问题和挑战

我国人口均衡发展面临的主要问题和挑战有以下几个方面：

第一，如何解决在非均衡人口政策长期影响下形成的人口结构性失衡问题。我国人口结构性失衡在某种程度上已经形成了人口系统的震荡，例如，生育率迅速转变给人口年龄结构带来的快速老龄化和深度少子化震荡。随着生命周期的演进，出生性别比长期失衡和数以亿计的独生子女群体正在成为新的人口震荡源。这几波震荡将长期影响着我国人口发展趋势与社会经济发展。在控制人口规模和解决人口结构失衡之间如何权衡，已经成为我国人口均衡发展战略必须应对的首要问题。

第二，如何协调人口发展与社会经济发展之间的关系。虽然我国的人口发展遵循着一般规律，但由于人口发展方式的特殊性和人口发展外部环境的特殊性，导致了人口发展与社会经济发展之间关系的失衡，进而使一些人口现象演变成社会问题，例如，在社会保障制度尚不健全和社会公共服务体系非常薄弱的情况下，快速老龄化给我国社会带来的冲击；同时，也使得一些社会变化演变成为人口问题，例如，社会二元化与经济一元化的结构性矛盾造就了数以亿计的流动人口，计划生育政策与社会对男孩偏好之间的矛盾导致了出生性别比的失衡。

第三，如何有效缓解人口规模和人口城市化对资源和环境压力。我国人口的自然增长率已经降到5‰左右，并将持续下降到21世纪30年代初，

其后将转为负增长。可以说,人口增量对经济增长的压力已经消除。但是,我国人口对资源和环境的压力却与日俱增。这种压力主要来自两个方面:一是人口规模,二是人口城市化。一方面,在生育率已经处于非常低的情况下,用生育政策进一步压控人口规模几乎已经没有作用的空间。另一方面,在快速工业化和现代化的拉动下,人口城市化的大潮也难以阻挡。无论我们的意愿如何,都必须长期面对这样的景况:14 亿 ~15 亿人口,并且其中有 10 亿 ~11 亿生活在城市。庞大的总人口规模和城市人口规模将给我国的资源和环境带来巨大的压力和深远的影响。在这样的双重压力下,我国的可持续发展之路将比其他国家走得更为艰辛。在一个拥有十几亿人口的发展中国家实现可持续发展,这是人类历史上还从未有过的挑战。我们的应对战略应该是多元的,其中一个重要战略是实现人口分布与资源环境的均衡。

笔者认为,与 20 世纪人口增长对生存和经济发展的压力相比,我国现在面临的人口规模和城市化对资源环境的压力更为严重,人口结构失衡对社会发展的压力也更为严重,如果不能及时和有效地应对这些挑战,就有可能导致环境危机和社会危机。

三、人口均衡发展的路径与手段

根据上述人口均衡发展概念的定义和基本含义,实现人口均衡发展有两条基本的路径。一条路径是通过调控人口变量,促进人口均衡发展。另一条路径是通过社会经济发展和科学技术进步,促进人口均衡发展。前者是“人口手段”,后者是社会经济手段和科学技术手段。如前所述,相对于人口变量(“惰性”变量)而言,社会经济发展和科学技术进步等人类发展要素是更为活跃和能动的因素,这就给我们对人口均衡状态的调制提供了空间和手段。例如,当不能即时阻遏人口老龄化趋势时,我们仍可以利用社会经济发展和科技进步的力量使我们的社会经济结构和制度安排与老龄化社会相适应,从而避免和化解年龄结构失衡带来的危机。当然,也可以通过人口手段,如提高生育率,可以改善人口年龄结构,降低老龄化的程度和速度,但这是一个相对长期的过程,不能应对现时的危机和问题。另一个例子是人口分布,在一定的地域内,除了土地和生态环境等自然要素不可移动外,人类社会的各个要素都是可以移动的。一般而言,人口总是因社会经济资源及生态环境变化而迁移和流动的,或者说,人口迁移流动是一种引致性变化。人口均衡分布的含义是指人口与生产力、社会资源和自然资源、生态环境在空间布局上相协调。这种协调性可以降低社会发展成本和资源环境成本,并使不同区域的人口享受到均等化的社会服务和平等的社会福利,具有平等的发展机会。在我国社会资源和经济资源区域、分布极不平衡的状态下,实现人口均衡分布有两条道路,一条是人口迁移和流动,另一条是改善资源分配的格局。与人口的自然增长均衡相比,人口的分布均衡应该是一个更容易实现的过程,或可以在相对较短的时间内实现。

笔者认为,在促进人口均衡发展的人口手段、社会经济手段和科学技术手段中,后两个手段更为重要。一方面,社会经济手段和学科技术手段可以直接或间接地通过对人口变化的影响来促进狭义的人口均衡发展,换言之,人口手段也是以社会经济手段和科学技术手段为基础的;另一方面,社会经济手段和科学技术手段可以直接调节人口系统、社会经济系统和自然系统之间的关系,促进广义的人口均衡发展。此外,这三种手段的运用一定要彼此协调,相互支持,相互补充,形成统一的合力。

四、人口均衡发展战略的准则

我国人口均衡发展战略的目标是适度的人口规模、优良的人口素质、优化的人口结构、合理的人口分布。目前我国正处于人口发展的关键阶段,人口均衡发展要求也更为现实和迫切。笔者认为,人口均衡发展战略必须遵循以下几个准则:

第一,必须正确认识和尊重人口发展规律。人口变化和人口发展都有着其内在的客观规律,要实现人口均衡发展的战略目标,就必须正确认识和尊重这些规律,并以其作为决策的客观依据。

第二,必须具有科学的战略性思维。人口发展是一个长期的过程,人口变化的影响也是一个长期的过程,并且人口变化之间具有很强的关联性。这就要求决策者必须具备科学的、综合性的战略思维。一项人口政策很可能决定着人口变化的世纪走向,任何“顾前不顾后,顾左不顾右”的政策只能导致人口问题的加剧和新人口问题的不断产生。人口均衡发展战略应该是一项长期的国家战略,战略最终目标的达成可能需要50年、100年甚至更长的时间,因此,切忌急功近利。

第三,必须坚持以人为本。在人口均衡发展战略中,以人为本是首要的核心准则。在国家的宏观人口决策中,如何在不同的选择方案中做出抉择,最终取决于决策者的立场。不同的立场会形成不同的政策,不同的原则会导致不同的权衡结果。任何一项人口政策都直接关系到人民群众的切身利益,直接影响到人民群众的生活质量和发展机会。因此,在人口均衡发展战略决策中,我们必须坚持以人为本的原则,以保障人的权利和促进人的全面发展为基本宗旨。

第四,必须超越人口手段。人口问题本质上是社会问题,因此,人口问题的解决不能单纯地依靠人口手段,而是需要更多地依靠社会、经济和科技等方面的手段。改革开放以来,我国在社会经济发展和科学技术进步等方面取得的巨大成就,为我们积极应对各种人口问题的挑战提供了更多的工具选择,也为实现人口均衡发展创造了必要的条件。

人口均衡发展理念的提出具有重大理论意义,构建人口均衡型社会的战略构想具有重大的政策意义。人口均衡发展不仅仅是一种理论上的理想人口状态,而是我国人口、社会、经济发展和可持续发展现实的迫切要求。我们应该从国家战略高度制定人口均衡发展的目标、政策和执行方案,使我国的人口走上均衡发展之路。但是,人口均衡发展在理论上还有许多的问题需要深入探讨和研究,在实践上也面临着很多难题和挑战。人口均衡发展是一个长期的历史过程,我们既不能急于求成,也不能无所作为。只要我们尊重人口发展的客观规律,尊重人口与社会经济发展关系的客观规律,尊重人口与自然资源和生态环境关系的客观规律,科学地规划人口发展,就可以更快、更早地实现人口均衡型社会。当代的中国人口发展不仅背负着过去的历史之重,也开启着未来的历史之门。面对如此复杂的形势和艰巨的任务,重要的不是我们走得有多快,而是选对了道路,迈出了脚步。

建设人口均衡型社会

翟振武　杨　凡

中国人民大学社会与人口学院

一、人口均衡的概念

在社会经济快速发展、人们需求不断升级的今天，人口发展的目标已经不仅仅局限于追求人口规模适度方面，而是有了更为全面、更为丰富的内容。在层次上，它要求不但人口自身各个要素之间要相互协调，而且人口与外部各个因素之间也要相互匹配；在内容上，它要求不但要实现人口数量上的理想状态，而且要实现人口质量、人口结构、人口分布等多方面的理想状态。所以需要用一个新的概念来概括和反映这种多层次、多角度的人口发展目标。在这样的背景之下，“人口均衡”的概念被提出来，成为描述新时期人口发展目标的最佳选择。

均衡的本意就是平衡，指一个系统的各个方面或一个事物对立的各方面在数量或质量上的相等、相抵或相适。应用在人口发展方面，它至少包括下面两层含义：

第一，人口作为一个整体，应该与外部各方面因素的力量相平衡。它是指人口发展既不能落后于经济、社会、资源、环境等因素的发展，也不能超出经济、社会、资源、环境等因素所能承受的范围。

第二，在人口内部，各个要素之间的力量作用要平衡。人口内部各要素是相互作用的，而且各要素都有自身的理想状态。例如，人口规模的理想状态是适度，人口素质的理想状态是不断提高，人口结构的理想状态是各部分比例恰当，等等。所以人口各要素内部力量的平衡是指各个要素在相互作用的过程中都应向其理想状态发展，不会由于其中某一个（或多个）要素的发展而使其他一个（或多个）要素背离它（们）的理想状态而发展。

综合上面的观点,我们对人口均衡做出如下定义:人口均衡是指人口的发展与经济社会发展水平相协调、与资源环境承载能力相适应,并且人口总量适度、人口素质全面提升、人口结构优化、人口分布合理及人口系统内部各个要素之间协调平衡发展。

二、人口问题的实质是人口发展的不均衡

纵观新中国成立以来60年的人口发展历程可以发现,中国的人口发展一直面临着许多不同形式的问题和挑战,人口理论研究与政策探索都是围绕这些问题而展开的。

虽然这些问题表现诸多,包括人口规模过大、人口增长过快、老龄化态势严峻、性别结构严重失衡、人口与资源环境的关系紧张等许多方面,但是这些问题的实质都可以归结为一句话:人口发展的不均衡。

在中国人口的发展过程中,我们通过控制人口过快增长,实现了人口再生产类型的转变,尔后在稳定低生育水平的基础上,以人的全面发展统筹解决人口问题,为经济、社会、资源、环境的协调和可持续发展创造良好的人口环境。尽管这些政策致力解决的问题不尽相同,在不同时期政策的侧重点也有所转变,政策手段更是多种多样,但是归结起来却有一个共同的政策目标:纠正人口不均衡发展的态势,引导人口向均衡发展的方向转变。

新中国成立初期,最先面临的人口问题就是人口规模过大、人口增速过快的问题。究其根本,这是人口不均衡发展的一种表现。其实,无论人口规模的大小还是人口增速的快慢,就其本身而言并不是问题。正因为人口规模和增长速度超出经济、社会、资源、环境发展所能承受的范围,出现了不均衡的现象,才成为真正的问题。

在1953年第一次人口普查以后,中国人口增长与土地、粮食、就业岗位等资源之间出现了严重的不平衡。1956年,周恩来总理在国民经济计划的报告中曾提到:“我国人口现在平均每年增长2%左右,每年增加一千多万人……可是,我们也要看到,耕地面积、粮食产量总是增加得慢。”“我们在短时期内还不可能使大家都就业,工资的增长也不可能使职工养活很多的家庭人口。”这是对当时人口过快增长,人口发展与经济、社会、资源、环境发展失衡现象的准确刻画。

在接下来的十几年中,这种失衡现象表现得更为严重。1959~1961年间,由于粮食减产和人口的迅速增加,人均消费量大幅减少,其中粮食消费

减少了 19.4%，猪肉消费减少了 69.9%，粮食、农副产品供应严重短缺，营养不足现象普遍存在，死亡率不断攀升，人民生活陷入极为困难的境地。1962～1965 年间，虽然经济状况有所好转，但补偿性生育使人口出生率急剧增长。1966 年开始的"文革"使人们的自发生育泛滥，人口严重失控，继续高速增长。1949～1971 年间，由于死亡率自 20 世纪 50 年代就开始大幅度下降，而出生率基本维持在原来的高水平上，造成人口增长率的迅猛上升，从 1949 年的 16‰上升到 1965 年的 28‰。在 60 年代，每年平均净增人数高达 1600 万，最高的 1963 年竟达到 2270 万(见图 1、图 2)。此时，人口发展与经济、社会、资源、环境发展的矛盾空前尖锐：人均耕地面积从 1965 年 2.14 亩的水平下降到 1970 年 1.48 亩的水平，1970 年的人均粮食比 1955 年还降低了 10 斤；消费水平的提高也因为部分消费资金要用于新增加的人口而受到限制，1970 年人均国民收入比 1965 年仅增加 17 美元，全民所有制职工的平均工资反而下降；商品与服务供应紧张，几乎所有农产品和轻工业产品全部配额限制供应，住房、交通、医疗、教育等公共服务的提供方面也出现严重的困难；人口规模对社会经济资源产生巨大压力，"大炼钢铁"、"围湖造田"、"毁林开荒"等活动造成经济效率低下、资源浪费和生态破坏。可见，当时的人口发展已经与经济、社会、资源、环境的承受能力极不协调，对人口自身和经济、社会、资源、环境的发展都造成了破坏性的影响。

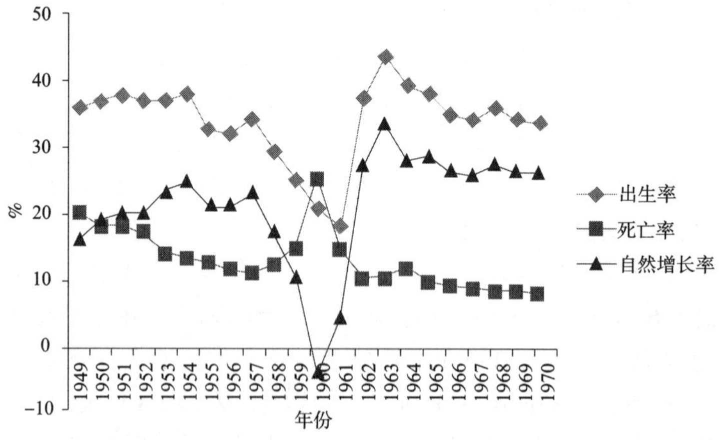

图 1 1949～1970 年中国人口的出生率、死亡率和自然增长率

面对这样巨大的人口压力，我国从 20 世纪 70 年代初开始实行计划生育政策。而计划生育政策的实质正是通过控制人口过快增长，改变人口发展

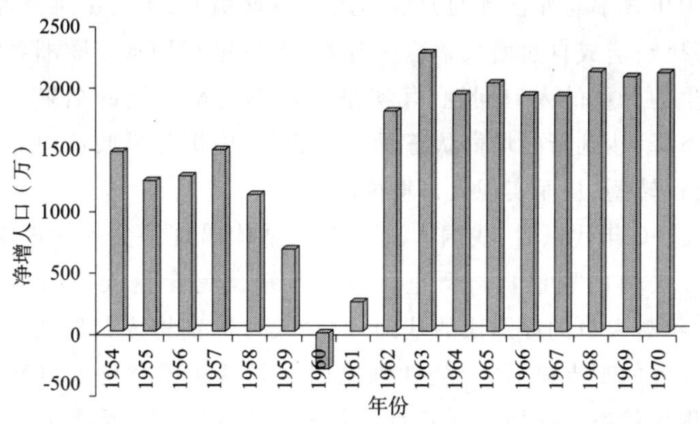

图 2　1954 ~ 1970 年中国的净增人口数量

与经济、社会、资源、环境发展失衡的现象，使人口的发展水平与社会、经济、资源、环境的发展水平相适应。经过几十年的努力，计划生育政策有效地遏制了人口过快增长的趋势，使生育水平下降到更替水平以下，实现了人口再生产类型的历史性跨跃，使人口从高出生、低死亡、高增长的不均衡状态转变到低出生、低死亡、低增长的均衡状态，缓解了人口与经济、社会、资源、环境的紧张关系。1971 ~ 1998 年间，我国因为计划生育因素少出生人口 3.38 亿。在实行计划生育条件下，人均生产总值从 417.7 元增至 6490.1 元，居民消费水平从 227 元增至 3094 元；而如果不实行计划生育，同期人均国内生产总值和居民消费水平只能分别从 363 元增至 4099.5 元、从 197.3 元增至 1954.4 元。在实行计划生育的条件下，1970 ~ 1997 年，我国人均粮食产量从 293.2 公斤增至 401.7 公斤，基本实现了粮食自给，如果不实行计划生育，将使我国陷入严重的粮食短缺；1997 年，我国人均耕地面积、森林面积、水资源分别为 1.15 亩、0.11 公顷、2275 立方米，如果不实行计划生育，则将分别降至 0.93 亩、0.09 公顷、1836 立方米。引用上面这些数据的意义不仅仅是数据本身，更为重要的是这些数据的角度。可以看出，当我们对计划生育政策成功之处进行评价时，都是从它避免了多少人口出生、多大程度上缓解了人口与经济社会资源环境的紧张关系的角度出发的，这就有力印证了计划生育政策所解决的人口问题实质就是改变人口失衡状况、引导人口向均衡方向发展。

从人口转变的角度来看，计划生育政策实质上是通过对生育率的控制，引导人口向“低生育率—低死亡率—低自然增长率”的新的均衡转变。人口转变的过程实质上是人口从“高生育率—高死亡率—低自然增长率”的高位均衡向“低生育率—低死亡率—低自然增长率”的低位均衡的转变。而人口转变过程中生育率与死亡率的力量作用是不均衡的,生育率维持原水平,死亡率迅速降低,造成自然增长率迅速升高,人口迅猛增加。欧洲各国在人口转变中产生的严重的人口问题,其实是人口不均衡发展的结果。与欧洲生育率自然下降、达到新的均衡状态所不同的是,中国是靠政策引导生育率下降,推动人口转型,从而实现人口均衡的。

20 世纪 80 年代以后,我国人口的性别结构出现了失衡的现象,特别是出生性别比失衡的现象日益严重。出生性别比是衡量人口结构的重要指标,是其他年龄人口的性别比的基础,对总人口性别构成起根本性影响。从人口均衡发展的观点来看,出生性别比偏高问题实质就是人口性别结构偏离了它的理想状态。而所谓人口性别结构的理想状态,是指男性数量与女性数量的比例合适,处于正常范围之内。据世界各国大量数据统计的结果证实,人口的出生性别比的正常值为 103 ~ 107。而我国人口的出生性别比自 20 世纪 80 年代起一直偏高且持续攀升,2000 年以来一直维持在 118 ~ 120 的高水平上(见图 3),2008 年我国人口出生性别比高达 120.6。这些数据都表明了我国人口的性别结构处于严重的不均衡状态。造成这种不均衡的根本原因是中国传统文化中的男孩偏好,直接原因是非法进行非医学需要的胎儿性别鉴定和非法进行性别选择的终止妊娠。从长期来看,这种不均衡则会带来严重的社会问题。许多男性会被挤出婚姻市场不能成婚,形成严重的男性过剩、婚姻挤压现象。婚姻性别挤压也会对传统家庭的稳定构成威胁,容易滋生性犯罪,拐卖妇女等现象。而在婚姻市场中受到挤压的多为社会经济最底层的个体,庞大的大龄未婚底层男性群体的存在本身对社会的安全和稳定就是一种威胁,可能产生犯罪、暴力等一系列问题。

认识到出生性别比偏高现象是人口不均衡发展的一种表现后,从这个角度来解读国家治理出生性别比的政策,政策的脉络和逻辑就显得格外清晰。面对出生性别比长期持续偏高的现象,我国出台了一系列治理出生性别比偏高现象的政策。这些政策的目的是扭转性别结构不均衡的现象,使人口的性别结构恢复到均衡状态。针对人口性别结构失衡的直接原因和根本原因,政策从两方面发挥作用:一方面是通过“打击两非”行动等直接制止性别选择行为,实现人口性别结构均衡;另一方面是通过“奖励扶助”、“关爱女孩”等活动,营造有利于女孩发展的经济、社会、文化、制度政策环境,从根本上扭转人口性别失衡的趋势,实现人口性别结构的均衡。

进入 2000 年后,我国人口又开始出现年龄结构失衡的状况。这种失衡主要体现在两个方面。

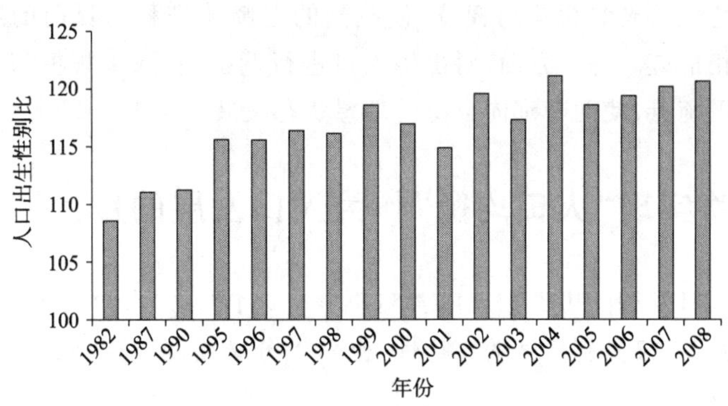

图 3　1982～2008 年部分年份中国人口出生性别比

第一,是老龄化水平与目前经济、社会发展水平的不均衡。中国在 2000 年已经进入老年型社会,2000 年年底全国 60 岁以上的老年人口比例达到 10.2%,65 岁及以上的人口占总人口比重为 7.1%。2000～2007 年,老年人口的平均增长速度远远快于总人口,我国的人口年龄结构正在加速老龄化。2009 年,60 岁及以上的老年人口数为 1.67 亿,占人口总量的 12.5%,65 岁及以上的老年人口数突破 1.13 亿,占人口总量的 8.5%。据预测,到2053 年中国 60 岁及以上的老年人口数将达到峰值,约为 4.3 亿。本来,老年人口绝对数量及其占人口比例的增加并非是一个问题,甚至恰恰相反,它是人类生育率下降、寿命延长、社会进步的一种表现。但从人口是否均衡发展的视角来审视这种趋势,则能够理解到老龄化对我国经济和社会发展形成了巨大的压力,老龄化才在真正意义上成为一个问题。中国是在经济和社会还处于发展中、生产力发展还不发达的特定历史条件下,在计划生育政策的影响下,主要是由于出生人口大幅减少而进入老龄化社会的。我国在养老金、医疗保障、长期照料等方面的准备和供应还不充分,还没有能力应对如此迅速的老龄化进程。

第二,人口年龄结构与人口规模的不均衡。这是指人口规模控制与人口老龄化之间存在着一定的矛盾。人口规模控制越严格,人口老龄化速度越快,老龄化状况越严重;但如果放弃人口控制政策,人口老龄化的进程会因此而减慢,却会使生育率反弹和上升,人口总量必然会以更快的速度增加。所以在对人口进行调控时,必须全面考虑人口总量增长与老龄化加快两个方面的问题,力求找到一个人口总量不要增加过快、老龄化速度也不要增长过快的最佳平衡点,使总负面影响达到可能的最小值。

相应的,我国应对人口年龄失衡的政策也是从这两个方面展开的。一方面,我国加快经济建设,不断完善社会保障制度和社会服务体系,积极探索有中国特色的老龄化应对模式,使我国的老龄化进程与目前的经济社会发展水平相适应。另一方面,对出生人口进行调控,在人口规模与人口结构之间寻找平衡点,使两者都向自身的理想状态发展。

三、将实现"人口均衡"作为人口发展的目标

中国人口发展的历史和现实都告诉我们,将实现"人口均衡"作为人口发展的目标,不仅具有高度的概括性,也是十分必要的。这种必要性体现在以下两个方面:

第一,虽然人口均衡发展是我们追求的一种理想状态,但是在现实中人口自身往往不能自动实现均衡,甚至我们观察到更多的是人口不均衡的现象,人口要素之间、人口与外部因素之间的矛盾比比皆是。比如,在人口转变过程中,曾有一个阶段,死亡率处于不断下降过程中,而生育率却并不随之下降,造成人口的迅速增加;人口的发展往往对资源、环境提出更多、更高的要求,形成更大的压力;出生人口的不断下降加速了人口老龄化的进程;生育率下降过程中,由于生育的孩子减少,人们更有可能对性别进行选择,使人口性别失衡的现象更为严重,等等。所以,我们有必要将"人口均衡"作为一种人口发展的总体性目标提出,并为实现这个目标而努力。

第二,人口各个方面的发展都很重要,必须实现均衡发展,不能也不可能先发展其中一方面,然后再发展另一方面。在经济发展中,我们可以采取优先发展重工业的发展战略,我们可以选择"先让一部分人富起来,先富带动后富"的发展模式。但是在人口发展中,这样的优先战略是行不通的。因为人口发展的各个方面,如人口规模、人口素质、人口结构等都是关系到国计民生的最基础、最根本的问题,一个都不容暂缓发展或落后于其他方面的发展。而且人口变量有自身的特殊性,它的变化具有长期性、周期性的特点,所产生的影响是十分深远的,不可能在短时间内消除。所以,当我们为了顾及某一方面发展而忽视另一方面发展,而等到日后再来纠正这种失衡的现象时,所付出的时间、经济和社会代价将会是巨大的。

四、建设"人口均衡型"社会

人口问题是社会最为基础也是最为重要的问题之一,我们不仅要将实现"人口均衡"作为人口发展的目标,还必须站在社会建设的高度来认识人

口的均衡发展问题,致力于建设"人口均衡型"社会。

第一,人口问题的实质是人口不均衡发展的问题,人口政策的实质是引导人口均衡发展的政策,建设"人口均衡型"社会的目标是对我国多年来人口调控理论思考与政策实践的精准概括。我国从20世纪70年代开始的计划生育政策是为了实现人口均衡发展;治理出生性别比失衡是为了实现人口性别结构的均衡;积极应对老龄化进程是为了实现人口年龄结构的均衡;追求人口、资源与环境的协调可持续发展也是为了实现人口均衡发展。虽然"追求人口均衡发展、建设人口均衡型社会"是最近出现的一个提法,但是我国40年来人口调控的实践就是追求人口均衡发展的实践。

第二,有关人口均衡发展的思想与理论早已存在,并得到广泛认可。现时提出建设"人口均衡型"社会的目标,只是将这些理论和主张更加明确化、系统化。马克思在研究人的本质及人在社会经济中的影响时就已提出人口生产必须同物质资料生产相协调。而恩格斯则进一步明确了社会生产包括两个方面,一方面是物质资料生产和再生产,另一方面是人类自身的生产和再生产。这两种生产是社会生产的总体,对社会各个方面起着重要的作用,并且两种生产必须要保持一定的比例,人口增长与经济增长相适应是一切社会都必须遵循的原则。这种理论的实质就是追求人口均衡发展。形成于20世纪初的适度人口理论研究特定目标下的最优的人口规模或增长率,其实就是在追求人口规模或增长率与经济、军事实力等要素的最优均衡点。20世纪50年代后,西方学者更是认识到人口与土地、自然资源、生态环境的关系,意识到人口的发展必须与社会、资源、环境相协调,涌现出一大批有关这方面的理论,最终促成了可持续发展思想和战略的形成,将人口与经济、社会、资源、环境纳入统一的考虑范畴和行动纲领之中。而现在提出建设"人口均衡型"社会的目标,主张人口发展与社会、经济、资源、环境的协调发展,正是继承、吸收了这些人类思想的精华,顺应了历史发展的趋势。

第三,人口、资源与环境的均衡发展是可持续发展的最主要内容。人口、资源与环境是相互作用、相互影响的有机统一体,继提出建设"两型社会"目标后,提出建设"人口均衡型"社会是顺理成章的,极其自然的。

人口均衡发展是可持续发展的重要内容,是实现可持续发展的关键因素。可持续发展包括四个方面的均衡,即人口的均衡、经济的均衡、资源的均衡和环境的均衡。所以,人口均衡发展是实现可持续发展的基本要求之一,也是可持续发展的理论的重要组成部分。

人口、资源与环境间存在着紧密的关系,是无法割裂其中之一而谈其他的。在这个问题上，历届党和国家的领导人都有着清晰、深刻的认识。毛泽东、邓小平等党和国家早期领导人早就认识到人口与土地等资源存在着密切的关系，提出人多地少是中国建设必须考虑的国情。江泽民从可持续发展的理论高度，提出“坚持实施可持续发展战略，正确处理人口、资源与环境的关系”观点。以胡锦涛为总书记的党中央则继续高度重视人口、资源、环境的关系问题，要求各级党委和政府继续坚持不懈地把人口、资源和环境问题做好。2005 年 10 月中共十六届五中全会提出：“要把节约资源作为基本国策，发展循环经济，保护生态环境，加快建设资源节约型、环境友好型社会(简称两型社会)，促进经济发展与人口、资源、环境相协调。”但是，中共十七大报告在指出“必须把建设资源节约型、环境友好型社会放在工业化、现代化发展战略的突出位置”时，却未对人口的社会建设的目标予以说明。有些学者也承认，涉及包含资源、环境、经济、社会、技术等复杂系统的理论研究时，“必须从整体上进行把握，将其置于整个社会大系统中，不能就资源论资源，就环境论环境，否则就不可能实现可持续发展。但现有研究往往只突出其中一个方面，有意无意地忽视了其他方面”。而人口就是一直被忽视的一个方面。人口、资源与环境是密不可分的整体，在提出建设资源节约型社会、环境友好型社会的目标后，人口目标的缺位必须尽快予以解决，而建设“人口均衡型”社会目标的提出正是弥补了这个空白。继提出建设资源节约型社会、环境友好型社会的目标后，提出建设“人口均衡型”社会，使原本就紧密联系的人口、资源、环境形成一个统一的“三型社会建设”目标，是顺应历史发展趋势、势在必行的。

第四，实现人口均衡是建设和谐社会的内在要求，建设“人口均衡型”社会是建设和谐社会的基础性内容之一。人口是社会生产行为的主体，马克思在《〈政治经济学批判〉导言》中阐明了人口的社会属性以及人口在社会生产中的地位和作用，指出人口是“全部社会生产行为的基础和主体”。如果构成社会主体的人口发展极不均衡，这个社会不可能是协调的、可持续的。从全面、协调、可持续发展的角度讲，只有把人口均衡、资源节约、环境友好三个方面的工作都做好，才能实现真正的可持续发展，才能实现真正的和谐社会。

以科学发展为主导
促进人口均衡型社会构建

中国人口与发展研究中心课题组[①]

早在1798年,人口学的鼻祖马尔萨斯就从人口增长与食物增长的关系出发,对人类社会的发展变迁进行研究,自此以后,人口研究就一直以“人口与社会、经济、资源、环境的均衡发展”为重要命题。但由于社会、经济的持续发展和资源、环境的不断变化,导致不同时期、不同区域人口与社会、经济、资源、环境的相互关系各不相同。

目前,我国人口变动由快速增长进入惯性增长,人口发展由控制人口阶段进入稳定低生育水平阶段,渐次进入统筹解决人口问题、促进人的全面发展新阶段,人口与经济、社会、资源、环境的矛盾由长期积累到逐步凸显阶段。在此大背景下,研究人口长期均衡发展,对构建科学的人口发展战略和人口发展政策体系具有重要的理论和实践意义。

一、科学认识人口均衡理论

人口均衡理论是在科学吸收人口转变、适度人口、可持续发展等传统人口理论、总结中国人口实践经验的基础上发展形成的,以人口发展为研究对象,以“稳态人口”为长期目标,以均衡分析为基本方法,构建独立的理论体系和独特的分析范式,实现人口科学发展的重大突破。

---

① 课题组组长:马力。执笔人:马力、桂江丰。成员:桂江丰、张许颖、王钦池、高文力、陈佳鹏、梁颖、杜旻、姜卫平、王莉、史卓。作者单位:中国人口与发展研究中心。

Group Leader: Mali; Writer: Mali、Gui Jiangfeng; Members: Gui Jiangfeng、Zhang Xuying、Wang Qinchi、Gao Wenli、Chen Jiapeng、Liang Ying、Du Min、Jiang Weiping、Wang Li、Shi Zhuo; Author's Address : China Population and Development Research Center.

（一）人口均衡理论概念

1. 均衡概念

“均衡”源于物理学概念，是指相互对立的力量同时作用于一个系统，且作用力相互抵消，合力为零，使系统处于稳定状态（张曙光，1992；袁志刚，1997）。

当均衡概念引入社会经济领域，赋予均衡两层含义（樊纲，1991）：一是“变量均衡”，指对立双方能动力量相等的均等状态；二是“行为均衡”，指对立双方均不具有改变现状的动机和能力，系统处于稳定状态，具有可持续性。

“变量均衡”、“行为均衡”是衡量均衡状态的两个“坐标”：状态均等、不均等由“变量均衡”决定，状态可持续、不可持续由“行为均衡”决定。均衡状态不仅体现变量关系，更体现行为主体背后的利益关系和制度环境。

2. 人口均衡概念

“人口均衡”是指在一定社会生产方式条件下，一定价值取向指导下，人口数量、质量、结构、分布等内部关系，创造人口供给；人口系统与经济、社会、资源、环境系统等外部关系，创造人口需求；人口需求与人口供给之间实现均等、可持续状态。

“人口均衡”包括“人口内部均衡”、“人口外部均衡”、“人口总均衡”三个部分，不同时期主导人口失衡、构建人口均衡的驱动力不同。

“人口内部均衡”是指人口自身的均衡发展，来自于“出生力”和“死亡力”双轮驱动。传统社会“高出生、高死亡、低自然增长”的人口再生产类型为人口发展均衡状态，由于婚姻、生育模式相对固定，导致生育力比较稳定，“死亡力”成为主导驱动力；现代社会“低出生、低死亡、低自然增长” 的人口再生产类型为人口发展均衡状态，由于死亡模式相对固定，导致死亡力比较稳定，“生育力”成为主导驱动力。“人口内部均衡”创造人口供给，其变动受制于人口自身变动规律，人口数量与人口结构是主要变量，人口数量决定人口结构。

“人口外部均衡”是指人口与社会、经济、资源、环境的协调发展，来自于“资源环境自然承载力”和“社会经济制度承载力”双轮驱动。传统社会主要为自给自足生产方式，社会经济制度承载力比较稳定，“自然承载力”成为主导驱动力；现代社会生产力高度发达，资源环境自然承载力相对稳定，“制度承载力”成为主导驱动力。“人口外部均衡”创造人口需求，其变动受制于经济、社会、资源、环境发展规律,社会生产方式与人口再生产类型是主要变量,社会生产方式决定人口再生产类型。

“人口内部均衡”与“人口外部均衡”分别有自身供给与需求体系,当两个体系有效匹配时,实现“人口总均衡”。在社会现实中,人口供给与人口需求呈现不断调整、相互适应的趋势。当人口需求超过人口供给,意味着经济发展动力不足,宝贵资源得不到有效开发,社会生产能力不能得到充分利用,经济发展效率较低,从而促进人口供给和抑制资源消耗;当人口供给超过人口需求,意味着资源过度开发,现有设备过度利用,低水平福利保障,社会超负荷运转,从而抑制人口供给和促进增长方式转变,推动人口趋向均衡发展。

在人口供给与人口需求关系中,人的发展始终处于主导地位,不断追求人口自身系统与经济、社会、资源、环境系统的协调发展,人口总量规模与人口承载力、劳动年龄人口与就业岗位、性别结构与婚配模式、老年人口与抚养负担、人口受教育水平与产业结构调整等人口供给与人口需求相互匹配,促进人的全面发展。

3. 人口均衡发展概念

人口均衡发展是指随着经济社会的不断发展和资源环境的持续变化,人口运行不断打破原有均衡状态,在新的平台上构建新的均衡状态,由低级人口均衡转变为高级人口均衡的跃迁过程。

针对不同时期、不同社会生产方式、不同价值取向,制定不同的人口均衡发展指标体系,不断追求,最终实现人口的长期均衡发展。

“人口内部均衡”不断实现人口规模适度、人口质量优良、人口结构优化、人口分布合理的人口供给发展目标;

“人口外部均衡”旨在实现经济发展、社会和谐、资源节约、环境友好的人口需求发展目标;

“人口总均衡”在促进人口系统与社会、经济、资源、环境系统供给与需求相互匹配、总体效益最大化的过程中,不断向着促进人的全面发展终极目标攀升,最终构建人口均衡型社会。

(二)人口均衡内涵

人口均衡与非均衡是相对的,具有辩证统一特征。

现实中人口变动与人口均衡的关系,犹如价格与价值的关系,人口变动以人口均衡为中心上下波动。

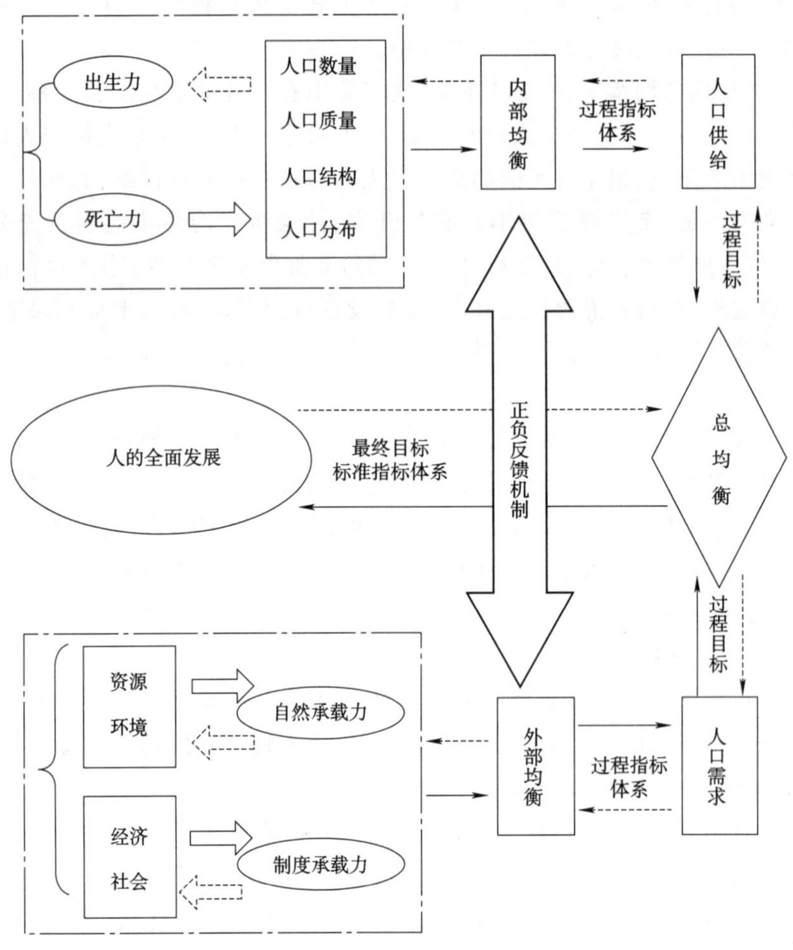

人口均衡发展框架图

The framework of balanced development of population

从短期看，人口均衡是目标参照系，是一个点、线，为人口发展趋势指明方向，现实中人口围绕参照系在一定区间、区域内波动，不断逼近目标，因此人口均衡是一种理想状态，是暂时的偶然现象，而人口非均衡是常态。

从长期看，人口均衡作为一种客观存在，在人口长期均衡内在规律作用下，尽管现实人口运行经常处于非均衡态，但是非均衡态在量上存在可容忍度或社会可承受度，在这个界限内，非均衡态趋向均衡中心，具有稳定性，现实的人口变动区间、区域在历史长河中被忽略不计，演变成一条线，人口均衡成为常态；超出这个界限，远离均衡态，进入非均衡不稳定状态，由可持续变为不可持续,最终可能会导致人口安全问题,另外,当社会生产方式变迁,人口均衡的目标参照系发生质变,从一种人口均衡态跃迁为另一种均衡态,出现非均衡过渡阶段,因此人口非均衡是偶然。总之,人口发展是由非均衡和均衡的矛盾运动推动的。

人口均衡存在四种形态,具有多元立体特征。

一是人口可持续均衡态,当人口“变量均衡”和“行为均衡”同时实现时,达到长期均衡状态,现实中“外定条件”不断变化,两个条件同时具备是理想条件下的理想状态,因此只能作为目标,不断追求;二是人口可持续非均衡态,人口运行“变量不均衡”,但“行为均衡”,变量不均衡是常态,行为均衡在一定社会环境下,行为主体利益处在可接受区间,没有改变现状的意愿和条件,相对稳定性,具有可持续性;三是人口不可持续均衡态,人口运行“变量均衡”,但“行为不均衡”,是变量达到均衡点后,由于行为主体利益不均衡驱动,均衡点转瞬即逝,向非均衡转变;四是人口不可持续非均衡态,人口“变量”、“行为”同时“不均衡”,是人口发展突变和跃迁的必经阶段。

因此,人口可持续均衡态是理想性目标态,而人口不可持续均衡态、人口不可持续非均衡态是暂时性过渡态或跃迁态,人口可持续非均衡态是现实性常态。

(三)人口均衡理论的意义

1. 人口均衡理论实现现代人口科学的重大突破

人口均衡理论继承和发展马克思主义理论,是“两种生产”理论的升华。“两种生产”理论认为,社会生产包括物质资料生产和人类自身生产,二者比例是经济发展最基本关系;在两种生产中,物质资料生产对人类自身生产有决定作用,人类自身生产对物质资料生产有反作用,“两种生产”理论突出强调人口发展必须与经济发展相适应。人口均衡理论在继承“两种生产”理论的辩证关系基础上,进行大胆创新和扩展:一是在内容上,人口均衡理论除考察人类自身生产与物质资料生产均衡关系外,还独立考察人口内部均衡和人口外部均衡,人口供给与人口需求间的均衡关系;二是在深度上,人口均衡理论继承“两种生产”理论的辩证思维方式,除描述生产力变量间的均衡关系外,更探寻生产关系变量间的发展趋势和行为方式,强调深层次的体制、机制建设。

2. 人口均衡理论构建人口发展的“引力中心”

“均衡倾向”是人口均衡理论的本质,均衡是一个发展的理念。“均衡倾向”主导人口发展内在规律,针对不同发展阶段,制订不同人口均衡发展阶段目标,形成不同发展阶段“引力中心”,“均衡倾向”驱使所有人口变动量值不断准备、不断适应“引力中心”。但是随着发展阶段的推进,“引力中心”在不断构建和打破的过程中产生螺旋式上升机制,在特定的条件下,“均衡倾向”使人口系统与社会、经济、资源、环境系统按规则运行、互动,构成庞大的社会发展关联体系,推动社会均衡发展。

3. 人口均衡理论为科学决策提供理论支撑

人口均衡理论具有战略性,通过对人口自身及与社会经济资源环境关系、人口供给与人口需求关系等均衡发展条件的分析,找出人口非均衡的原因,剖析体制障碍,构建促进人口均衡发展的政策措施和改革方案,为发展提供新的平台;人口均衡理论具有价值取向,局部人口实现最优时,整体人口为次优,整体人口实现最优时,局部人口为次优,均衡是在局部人口与整体人口间寻求相对效益最大化;人口均衡理论具有预期性,现在人口决策影响未来人口变动,未来人口变动也影响现在人口决策,在现在人口与未来人口间寻求发展的可持续性。站在宏观、全局、战略的高度,运用人口均衡理论,制定与之相对应的生育、人力资源开发、人口迁移流动、社会性别平等、人口老龄化、家庭福利等政策体系,防止人口大起大落、社会产生震荡,使人口运行在逐渐提高效率中趋近均衡。

二、构建人口均衡型社会是历史发展的必然

(一)中国人口均衡发展的历程

人口发展问题的复杂性、人口自身发展的规律性和人口与经济社会资源环境发展的内在规律决定中国人口相继经历了“生存型”、“增长型”和“发展型”三个均衡发展阶段,既有连续性又有变革性,是连续性和变革性的统一。

1. 1949~1973 年,以生存为主导的人口均衡态

人口再生产类型为“高、低、高”,人口供给充沛。新中国成立之前,由于战乱频繁,社会动荡不安,经济得不到发展,人口发展缓慢,明显呈现出高出生、高死亡、低增长的特征。新中国成立后,社会安定,经济发展,人民的生活水平及医疗卫生条件不断得到改善。人口的发展也出现了新的特征,死亡率大幅度下降,出生率下降滞后于死亡率,继续维持在高水平,导致人口

自然增长率高。1949年全国人口出生率、死亡率、自然增长率分别为36‰、20‰、16‰，1973年死亡率降到7‰，使得人口自然增长率高达21‰。

国家安全是当时社会的最大矛盾，人口需求旺盛。国际形势十分严峻，战争与革命是时代主题，形成以苏联为首的社会主义阵营和以美国为首的帝国主义阵营对峙格局，“第三次世界大战”的阴霾深刻存在，激发人口需求动力；同时，“大跃进”运动倡导的大办工业，大办农业，大办文教，使人口过多，劳动力过剩的问题被掩盖，人口供需矛盾失真。

人口问题事关国家存亡既是政策问题，也是政治问题，主要从国家安全和生存角度考虑人口问题，表现为在充沛的人口供给与旺盛的人口需求上构建以生存主导的人口均衡态。

2. 1973～2000年，以增长为主导的人口均衡态

从国际环境看，一方面中国原子弹和氢弹的相继爆炸成功，从很大程度上拆除了国家危机的引信；随后恢复联合国合法席位等为中国国内发展创造了良好的外部环境。国际政治格局的主流由对抗转向缓和，世界各国由积极准备战争转向争取世界持久和平，和平与发展成为世界两大主题。从国内环境看，我国进入工业化初期阶段，以经济建设为中心，处于增长型社会。

由于人口基数大，人口持续惯性增长，“高增长量”特征显著，人口数量增长过快是当时人口发展的主要矛盾，使按人口计算的主要产品产量远远落后于发达国家，限制了我国的经济发展和生活水平的提高。人口供给大于人口需求，人口非均衡的矛盾超出社会可承受的程度，政府必须采取相应政策对人口进行宏观调控，严格控制人口增长成为核心任务。如果通过社会经济发展自行条件实现人口均衡发展，所需成本大，国家主动实施人口数量控制抑制人口供给的发展战略，大大压缩进入人口均衡发展的时间，为实现国家提出“翻两番”、“三步走”蓝图提供了良好的人口环境。

从1973年到2000年，伴随人口自然增长率从21‰降至8‰，人均GDP从不足千元迅速上升近万元，创造了经济快速发展和人口再生产类型转变两大奇迹，实现了人口控制与经济增长的均衡发展。

3. 2000年以后，以发展为主导的人口均衡态

进入21世纪，国际以合作共赢为主流，我国处于工业化中期，提出建党和新中国成立两个100年达到全面小康社会和中等发达国家水平发展目标，同时面临气候变暖、环境恶化、资源约束等问题，主要从发展角度考虑人口问题，统筹解决人口问题、促进人口长期均衡发展、实现人的全面发展成为

核心任务。

这一时期,从2000年到2008年,虽然人口增长率已降至低生育水平,但“低增长率、高增长量”特征明显,我国人口发展面临的主要矛盾仍是人口众多与生产力发展水平较低的矛盾,凸显人口自身与经济、社会、资源、环境不协调的矛盾,人口均衡发展成为事关经济社会发展的基础性、战略性问题。

人口规模和人口结构是人口发展面临的两大难题,既要稳定来之不易的低生育水平,又要着力解决不断凸显的人口结构问题,寻找人口规模与人口结构间的均衡点,以实现人口自身的均衡发展。同时,人口发展的外部环境发生了根本性的变化,经济发展由以“数量”为中心粗放型增长向以“质量”为中心集约式发展转变,社会发展由城乡二元体制向城乡一体化转变,资源由刚性需求向刚性、弹性需求同时扩展转变,环境由局部破坏向整体脆弱转变,寻找人口与发展间的均衡点,实现人口与经济、社会、资源、环境的均衡发展。实施人口长期均衡发展战略,构建人口均衡型社会。

(二)新时期人口均衡发展面临的挑战

30年来,我国人口和计划生育工作取得了举世瞩目的伟大成就。人口数量有效调控,妇女总和生育率从实行计划生育前的5.8下降到目前的1.73,使我国13亿人口日推迟4年到来,为经济快速增长创造了重要的基本条件,有效缓解了资源、环境的压力,有力促进了经济发展和社会进步,人口生存和发展已摆脱“低水平均衡陷阱”并得到明显改善。但面对未来的发展、构建和谐社会的需求和“翻两番”的新目标,人口压迫生产力的困境仍然存在,人口与经济、社会、资源、环境的关系仍处于紧张和失衡状态,促进人的全面发展的“瓶颈”仍未打破,实现人口长期均衡发展任重而道远。

1. 人口与资源环境的不均衡问题:人口规模庞大使得人类生命支持系统压力依然巨大

我国总和生育率从1970年的5.8下降到目前的1.73,是唯一在20世纪末达到更替水平的发展中人口大国,人口增长的内在趋势发生了方向性的变化。

自然资源绝对总量大、人均相对量小是我国基本国情。人均资源量综合排名世界第120位。与世界上绝大多数国家相比,我国的发展面临更为苛刻的资源约束。

我国人口发展总体上没有超越自然承载能力,发展极不平衡,部分资源存在资源紧张和供需失衡问题,局部地区出现生态赤字严重、出现超载现象。随着经济迅速发展,我国的资源、生态消耗总量不可避免地会较大幅度地增加,有限生态空间竞争更加激烈,脆弱的人类生命支持系统压力巨大。人均耕地面积将减少到2010年、2020年和2040年的1.35亩、1.26亩和1.22亩;2020年、2033年至少需要粮食6.03亿吨、6.63亿吨,比目前5亿吨的粮食供给能力超出20% ~30%;目前人均水资源是世界的1/4,预期水资源需求量将较目前增加14% ~21%;2020~2030年能源自给能力下降20% ~25%,石油对外依存度达60% ~70%;人均生态占用2020年达2.7公顷/人,生态赤字1.35~1.71公顷/人。

2. 人口与经济发展的不均衡问题

第一,劳动力素质较低与产业结构升级不匹配。

2007年全国义务教育人口普及率达到99%,高等教育毛入学率达到23%,在校大学生超过2700万人,总量居世界第一。2008年,全国中等职业教育和高等职业教育招生总规模达到1100万人,在校生超过3000万人,分别占据了高中阶段教育和高等教育的半壁江山。我国15岁以上国民人均受教育水平从4.5年提高到8.5年,高于发展中国家平均水平。社会公德、职业道德、社会信誉、文明程度等全民道德素质普遍提高。

但劳动力素质层次较低导致产业结构失衡、人力资源结构性矛盾突出,人力资本对经济发展的贡献率仅为35%,与发达国家75%差距巨大(郭婧,2008),难以有效拉动产业结构的调整。第一产业从业人员以小学和初中文化为主,占86%,平均受教育年限为7年,难以实现劳动力梯次转移,制约现代农业发展步伐;第二产业从业人员以初、高中文化程度为主,占73%,平均受教育年限为10年,难以为中国制造业产业结构优化升级、摆脱低端"世界工厂"地位提供必要技能人才;第三产业从业人员整体文化程度相对较高,高中以上占60%,平均受教育年限为12年,但仍然不能为以金融和信息为主的现代服务业提供必要人力资本支撑。社会诚信体系不健全,扰乱市场秩序,失信行为屡见不鲜,道德缺失成为制约产业发展的深层原因。

第二,就业不足使潜在"人口红利"难以兑现。

劳动力年龄人口规模庞大,由1990年的7.55亿,占总人口的66.7%,上升到2009年的9.61亿,占总人口的72.8%,劳动年龄人口将于2016年、2026年出现10亿的双峰,2050年仍将保持在8.8亿。目前总负担系数仅为37.4,处于深度人口红利期,2013年人口总负担系数最低,到2036年仍存在近30年人口红利。

但中国就业形势十分严峻。城乡每年净增劳动力、下岗失业人员、大学毕业生和其他人员，每年需就业人口 2400 万，根据经济发展和自然减员情况，可安排就业人口 1200 万，年度劳动力供求缺口 1200 万，另外农村尚有 1.5 亿的富余劳动力亟须转移。从长远看，就业面临来自城乡双重压力，新增劳动力与失业人口相互交织，就业不足导致人口红利难以充分利用。

3. 人口与社会发展的不均衡问题：人口城镇化加速推进，但制度障碍使得滞后发展特征明显

2009 年我国人口城镇化率 46.6%，城镇人口 6.2 亿。30 年来人口城镇化快速发展，1980 ~ 2009 年，年均增加近 1 个百分点。其中，前半期，人口城镇化率从 1980 年的 19.4% 上升到 1995 年的 29.0%，年均增加 0.64 个百分点；后半期继续加速，人口城镇化率从 1996 年的 30.5% 上升到 2009 年的 46.6%，年均增加 1.24 个百分点，速度是前半期的近 2 倍。在加速推进的进程中，我国人口城镇化与社会经济发展呈现不均衡特征。

第一，人口城镇化滞后于工业化。国际经验表明，城镇化率与工业化率合理比值为 1.4 ~ 2.5，2009 年我国为 1，尚未进入合理区间。投资拉动型主导的发展方式，过早追求发展资本密集型产业，出现了资本替代劳动的趋势，同时服务业发展滞后，导致“高增长、低就业”，就业弹性逐年下降，由“九五”期间的 0.14 下降到“十五”期间的 0.12，2008 年仅为 0.08，是发展中国家平均水平的 1/4 和发达国家的 1/6①，使得城镇吸纳劳动力及人口能力不足。

第二，人口城镇化滞后于土地城镇化。2000 年以来，土地城镇化率以年均 3.8 个百分点的速度快速增长，人口城镇化率年均提高 1.2 个百分点，相差 3 倍。事权与财权不对等的财税体制和追求 GDP 增长的冲动，导致地方政府通过经营土地弥补支出，将城镇化等同于城市建设，注重“规模扩大”，忽视“产业聚集”，难以为劳动力转移创造就业条件，同时提高农民转移成本，延缓人口城镇化进程。

第三，户籍人口城镇化滞后于人口城镇化。2008 年人口城镇化率为 45.7%，户籍人口城镇化率仅为 33.3%。城乡户籍承载的福利人均相差 30 余万元②，目前只有 1.7% 的农民工落户城镇③，二元户籍制度制约农民工

---

① 根据人力资源和社会保障部国际劳工研究所对 OECD 数据库和各国 GDP 就业量的计算，一般发展中国家就业弹性平均在 0.3 ~ 0.4，发达国家平均为 0.5，2007 年欧盟总就业弹性是 0.78，OECD 是 0.48。

② 包括教育、社保、医疗和市政公共设施的城乡差距。

③ 国务院发展研究中心课题组，2007 年对劳务输出县 301 村的调查数据。

在城镇长期定居和消费，成为人口城镇化进程中的制度瓶颈。

三、构建人口均衡型社会的战略选择

人口长期均衡发展战略是一项长期、复杂的系统工程，是在顺应人口运行规律的基础上，促进人口长期均衡发展。

（一）实施人力资源综合开发战略，促进人口与经济均衡发展

调整产业结构、促进技术进步、提高劳动力素质是增加就业、提高抚养能力的基本因素，通过实施人力资源综合开发战略，为人口老龄化创造丰厚的财富。

1. 实现人口红利

通过实施就业优先策略，实现潜在人口红利向现实人口红利转变。完善促进就业、鼓励创业、扶助失业等系列和谐劳动关系相关政策，建立城乡统一劳动力市场，建立公共就业服务体系；优化产业结构，大力发展第三产业、中小企业，技术密集型和劳动密集型产业并举，千方百计扩大就业岗位；完善终身教育、职业培训和再学习制度，适应产业结构升级和经济增长方式转变的需要；开发非全日制、临时性、季节性等灵活多样的、非正规的弹性就业形式；进行有组织的订单式、合同式劳动力流动，促进跨区域劳务协作和国际劳务输出；健全就业援助制度。

2. 延长人口红利

注重经济发展与社会发展统一，通过优先投资于人的全面发展，实现由人口大国向人力资源强国转变，延长人口红利期。培育人口健康素养，普及健康知识，倡导健康文明生活方式，开展全民健身运动，提高人口健康预期寿命，构建卫生资源的合理配置政策体系，实施“人口健康促进工程”，确保群众普遍享有预防为主的基本公共卫生服务。深化教育体制改革，培育创新型人才，构建终身教育体系，积极发展早期教育，适度延长义务教育年限，推动基础教育尤其是农村教育均等化，进一步完善职业教育架构，提高高等教育应用型人才培养比例，健全城乡老年教育网络。营造人口道德素质提升的社会氛围，加强公民尤其是青少年道德素质教育，推进社会信用体系建设。实现人口质量对数量的替代，提升国际市场人力资本收益率，提高知识和技术对经济发展的贡献率，逐步实现由“廉价规模劳动力”向“技能劳动力”再向“知识劳动力”转变。

3. 挖掘人口红利

通过健康老年人参与社会及启动老年人消费，实现社会发展动力由外生型向内生型转变，挖掘二次人口红利。积极开展健康促进行动，构建老年健康服务系统，延长老龄人口健康期；适当拉长就业和准就业年限，适时延长退休年龄；积极开发适合老年人的经验型、技能型、公益性就业岗位，创造、增加老年人参与经济社会发展机会；通过养老积累转移制度，征收社会保障税，增加对以养老、医疗为核心的覆盖城乡社会保障体系建设的投入，提高老年人收入水平，提升老年人自我养老和消费能力；大力发展老龄产业，构建与老年人需求相匹配的产业体系，激活老年人消费动力。

（二）实施城乡一体化发展战略，促进人口与社会均衡发展

1. 构建城乡均衡统一社会制度框架

中国诸多深层次社会矛盾源于基本制度框架建立在二元结构基础上。人口发展和人口政策呈现典型二元非均衡特征，随着城乡融合步伐加快，必须建立与城乡一体化进程相适应的人口均衡发展制度框架，改变城乡分割的管理方式，重点在农村，难点在流动人口，关注点在人口转变较“晚”省，逐步构建城市与农村对接的社会服务和公共管理均衡发展新格局。

2. 加速推进人口城镇化

把人口城镇化作为深化改革的主导力量，改变以城乡间二元结构和城镇内二元结构非均衡社会制度构架，逐步建立城乡均衡统一的社会管理框架。坚持立足国情，围绕加快人口城镇化进程，稳妥推进户籍、土地、社会保障制度改革，推进农民工，尤其是第二代农民工教育、住房、社会保障以及空巢家庭、留守儿童照料服务等制度建设；建立统一、开放、竞争、有序的劳动力和就业市场，完善鼓励自主创业的税收、金融制度，免费提供就业信息，减少流动的盲目性。转变城镇发展方式，走资源节约、环境友好、集约紧凑的城镇化道路，按照功能定位调控人口流向和总量，引导人口有序流动和迁移，使人口分布与经济布局、资源环境承载能力相适应，提高人口城镇化质量，形成人口城镇化带动工业化的新局面，促进人口与经济、社会、资源、环境均衡发展，实现城乡一体化。

3. 大力推进基本公共服务均等化

全社会公共需求全面快速增长与基本公共产品短缺的矛盾凸显，公共资源配置严重失衡，农村基本公共服务严重不足。加快建设公共服务型政

府，确立政府在基本公共服务中的主体地位，理顺政府、市场、社会三者间关系。制定基本公共服务均等化的战略规划，建立城乡统筹的公共服务供给制度，促进教育公平、就业机会公平。鼓励社会力量进入公共服务领域，利用市场机制降低公共服务成本、增加公共服务供给、改善公共服务质量。使全体人民享有大体均等的基本公共服务，缩小城乡、地区间的差距。让计划生育家庭优先分享改革发展成果，使他们政治上有地位、经济上有实惠、生活上有保障，促进社会公平、公正。

（三）实施主体功能区战略，促进人口与资源环境均衡发展

通过专项法规确立人口发展功能区规划在国家主体功能区规划中的基础地位和作用。尝试构建与人口功能区划相适应的行政区划，降低行政管理成本，推进国家主体功能区建设进程。针对不同人口发展功能区的战略取向，制定差异化的政策体系。

1. 建设人口功能分区平台

以人口承载力研究为基础，科学确定国土功能分区，鼓励在优化开发区域、重点开发区域有稳定就业和住所的外来人口定居落户；引导限制开发区域和禁止开发区域的人口逐步自愿平稳有序转移。

2. 建立人口资源环境监测制度

根据不同地区、阶段的特征建立反映人口资源环境协调程度的统计指标体系和规范的定期监测评估制度；发布全国及各地区人口资源环境评价指数，充分发挥评价体系的动态预警功能，引起社会各界关注，引导地方政府采取相应的调控措施，有效推进人口均衡型、资源节约型、环境友好型社会的建设。

3. 推行有利于发展方式转变的财税体制改革

改革现有财税体制，引导地方政府的发展重点由GDP增长转向居民生活的改善，适时建立以居民财产为税基的税收制度，逐步形成地方财政收入随居民财富增加而增长的机制；改革资源税、开征环境税，推进资源价格形成机制改革，提高资源消耗的成本，扭转过分依赖高耗能、高污染重工业的增长模式，实现经济发展方式、生产方式的根本转变，探索工业新型化、生产清洁化、农业生态化、经济发展循环化的新经济模式，完善生态补偿机制，加快推进生态建设；探索建立适合公共设施建设的融资模式，必要时允许有条件的地方政府发行债券，扭转地方政府对“土地财政”的过分依赖状况，保护和有序开发土地资源。

4. 塑造亲生态生产生活方式

提倡适度储蓄、适度消费,创造可持续的生产生活方式。培育生态文化,充分发挥新闻媒体等社会监督的作用,营造环境保护人人有责的浓厚氛围;提高节能环保准入门槛,建立落后产能退出机制,遏制高耗能、高排放行业发展;通过国家科技计划和基金,加快节能、减排技术开发和推广;发挥人力资本对资源环境的替代效应,建立人力资本投入体制,形成政府、企业、社会和个人共同参与、分别投入、各得其所的人力资本投资模式;生活性资源实行差异价格,确定家庭规模资源消耗合理需求限额,限额内执行补贴价格,超出部分执行市场价格。

参考文献

[1]张曙光. 论制度均衡和制度变革. 经济研究,1992,(6):30 ~ 36.

[2]樊纲. 论均衡、非均衡及其可持续性问题. 经济研究,1991,(7):13 ~ 20.

[3]袁志刚. 非瓦尔拉均衡理论及其在中国经济中的应用. 上海三联书店和上海人民出版社,1997(第 1 版).

[4](意)马西姆·利维巴茨著. 郭峰,庄瑾译. 繁衍:世界人口简史. 北京大学出版社,2005(第 3 版).

[5]顾宝昌. 社会人口学的视野. 商务印书馆译本,1992.

[6]郭婧. 中国人力资本对经济增长贡献的发展空间巨大. 光明日报,2008. 4. 15.

[7]国家人口发展战略研究课题组. 国家人口发展战略研究报告. 中国人口出版社,2007.

[8]国家统计局. 2009 年国民经济和社会发展统计公报. 来自 http://www. stats. gov. cn/tjgb/ndtjgb/qgndtjgb/t20100225_402622945. htm.

References

1. Zhang Shuguang. Balance of System and Institutional Reform. Economic Research, 1992, No. 6; PP. 30 ~ 36

2. Fan Gang, On Balance. non-equilibrium and Sustainability Issues. Economic Research, 1991, No. 7; PP. 13 ~ 20

3. Yuan Zhigang. The non-walrasian Equilibrium Theory and It' s Application to the Chinese Economy. Shanghai Joint Publishing Company and the Shanghai People' s Press, 1997, 1st edition

4. (Italy) Massimo Livi – Bacci, translate by Guo Feng, Zhuang Jin. A Concise History of World Populat. Beijing University Press, 2005, 3rd edition

5. Gu Baochang. Social Demographic Perspective, the Commercial Press, 1992

6. Guo Jing. the Chinese Contribution to Human Capital Development to Economic Growth and Enormous. Guangming Daily, April 15, 2008

7. the National Population Development Strategy Research Group, the National Population Development Strategy Research Report. China Population Press, 2007

8. National Bureau of Statistics of China. Report on Economic and Social Development in 2009. From "http://www.stats.gov.cn/tjgb/ndtjgb/qgndtjgb/t20100225_402622945.htm"

关于构建人口均衡型社会的几点理论思考

陆杰华　黄匡时

北京大学社会学系

人口均衡型社会是当今建设可持续发展社会的必然要求。不过,目前无论是决策者还是学界对人口均衡型社会概念框架都缺乏全面、系统和深刻的认识,更对人口均衡型社会建设路径、机制和政策以及人口均衡型社会建设中人口治理模式的转变缺乏深入的理论思考。因此,本文试图通过对人口均衡型社会的概念框架和理论框架以及人口均衡型社会与环境友好型社会、资源节约型社会三型社会的关系进行探讨,并对当前我国人口均衡型社会建设面临的主要挑战进行深入反思,最后在此基础上提出构建人口均衡型社会建设的一些初步设想。

一、构建人口均衡型社会建设的理论与现实意义

人口均衡型社会建设的提出并非空穴来风,而是理论研究和政策发展的必然选择。从理论层面来看,可持续发展理论、适度人口理论、大人口观和均衡理论以及科学发展观均为人口均衡概念的提出奠定了坚实的理论基础。人口均衡理论本质上就是可持续发展理论,是均衡理论在跨学科中的延伸和拓展,是适度人口理论、大人口观和两个统筹思想的合理发展,也是科学发展观和和谐社会理论的重要体现。从政策层面来看,均衡是建设和谐社会的重要风向标,而且均衡思想也一直是中央决策的重要依据。改革开放之初,邓小平提出"先富带动后富,实现共同富裕"就是均衡思想的高度体现。此后,1999 年中央提出西部大开发战略也是实现区域均衡的具体体现。在 2006 年召开的党的十六届六中全会上中央提出的"基本公共服务均

等化”战略和中央最近提出解决人口问题的“两个统筹”思想即“统筹人口与经济、社会、资源、环境的协调发展和统筹人口自身(数量、素质、结构和分布)的协调发展”则是“人口均衡”的直接推动因素。基本公共服务均等化就是实现人口公共服务的均衡发展,而“两个统筹”无疑是人口均衡发展的具体内容。因此,从某种意义上来讲,基本公共服务均等化是人口均衡的基本目标,而“两个统筹”则是实现人口均衡的两个重要方面。更重要的是,随着“环境友好型社会建设”和“资源节约型社会建设”的相继提出,作为可持续发展中的基础甚至核心要素,人口应与资源和环境形成“三位一体”社会建设格局[①]。因此,在这样的大背景下,“人口均衡型社会”应运而生。

人口均衡型社会建设具有重要的理论意义和现实意义。从理论意义上来看,人口均衡理论是经济学的均衡理论向人口学领域的有效拓展,是对可持续发展理论的进一步深化,是人口适度理论的有效转型,更是中国特色人口理论的大胆创新,对一直缺乏理论的人口学科的理论发展具有重要意义。从政策意义来看,人口均衡型社会不仅丰富了社会建设的内涵,实现了由“两型社会”建设向“三型社会”建设的过渡,而且对新形势下我国人口管理服务尤其是综合改革进程的推进具有重要意义。此外,人口均衡型社会建设对有效整合目前相对零散的与人口相关的公共政策体系具有重要的推动作用。

二、人口均衡型社会的理论和现实基石

人口均衡型社会是理论发展的客观必然,是跨学科发展的必然结果。大体而言,与人口均衡型社会相关的理论框架包括四个方面的内容:一是经济学领域的一般均衡理论(general equilibrium theory)以及内外均衡理论等;二是涉及人口、资源和环境等诸多因素的可持续发展理论(sustainable development theory);三是人口方面的理论,包括适度人口理论、大人口观和“两个统筹”思想;四是社会建设方面的理论,包括和谐社会理论和科学发展观(见图1)。

1. 可持续发展理论

可持续发展概念最早是1972年在斯德哥尔摩召开的联合国人类环境研

① “三位”是指人口均衡型社会、环境友好型社会和资源节约型社会,“一体”是指可持续发展社会。

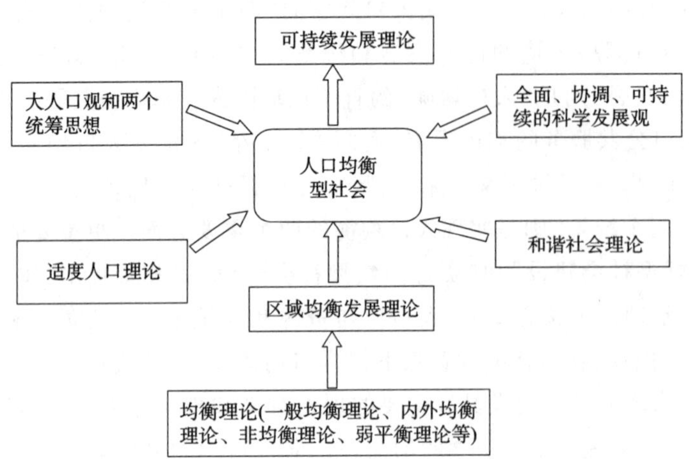

图 1 与人口均衡型社会相关的跨学科理论框架

讨会上正式提出。这次研讨会云集了全球的工业化和发展中国家的代表，共同界定人类在缔造一个健康和富有生机的环境上所享有的权利。自此以后，各国致力界定“可持续发展”的含义，现时已拟出的定义已有几百个之多，涵盖范围包括国际、区域、地方及特定界别的层面，是科学发展观的基本要求之一。1980 年国际自然保护同盟的《世界自然资源保护大纲》：“必须研究自然的、社会的、生态的、经济的以及利用自然资源过程中的基本关系，以确保全球的可持续发展。”1981 年，美国布朗(Lester R. Brown)出版《建设一个可持续发展的社会》，提出以控制人口增长、保护资源基础和开发再生能源来实现可持续发展。1987 年，世界环境与发展委员会出版《我们共同的未来》报告，将可持续发展定义为：“既能满足当代人的需要，又不对后代人满足其需要的能力构成危害的发展。”它系统阐述了可持续发展的思想。1992 年 6 月，联合国在里约热内卢召开的“环境与发展大会”，通过了以可持续发展为核心的《里约环境与发展宣言》《21 世纪议程》等文件。随后，中国政府编制了《中国 21 世纪人口、资源、环境与发展白皮书》，首次把可持续发展战略纳入我国经济和社会发展的长远规划。1997 年的中共十五大把可持续发展战略确定为我国“现代化建设中必须实施”的战略。

可持续发展就是建立在社会、经济、人口、资源、环境相互协调和共同发展的基础上的一种发展，其宗旨是既能相对满足当代人的需求，又不能对后代人的发展构成危害。可持续发展注重社会、经济、文化、资源、环境、生活等各方面协调“发展”，要求这些方面的各项指标组成的向量的变化呈现单调增态势(强可持续性发展),至少其总的变化趋势不是单调减态势(弱可持续性发展)。

2. 适度人口理论

适度人口的概念由英国经济学家坎南(Edwin Cannan,1861 ~ 1935)于19世纪末首先提出。他认为,一个国家在任何时期都存在一个经济上的最大收益点,当劳动力超过或少于这个量时,都会引起收益减少。处于“最大收益点”的人口便是最适合的人口。该理论在世界上引起极大反响,吸引了许多学者的关注,并对它加以不断改善、扩展和深化。如瑞典经济学家威克塞尔认为,一个国家的人口增长应与它的经济发展和技术进步相一致,最适合的人口应当是一国的工业潜力所允许的最大规模生产所能容纳的人口。道尔顿(H. Dalton)认为适度人口是能够提供最高人均收入的人口。英国人口学家桑德斯(A. M. CarrSaunderes)将适度人口数量推广到“适度密度”,即所谓使居民获得高生活水平的人口密度。费伦奇(J. Ferenchi)提出“适度质量”,主张用优生学的办法来调节人口素质。第二次世界大战后,法国人口学家素维(A. Sauvy)将此概念进一步扩大到非经济领域,并将适度人口分为以获得最大经济福利的“经济适度人口”和以达到最大实力的“实力适度人口”。他还系统分析了“静态适度人口”和“动态适度人口”,将适度人口理论推向新的发展阶段。适度人口的数量,除依赖于自然条件外,主要由社会生产方式、生活方式及科学技术的进步程度所决定。

3. 大人口观和“两个统筹”思想

大人口观并非指人口发展的方向或状态是人口数量的庞大,而是指解决人口问题的理论视野和分析框架要求从更全面、更综合、多层次、全方位、跨部门、多学科的角度去综合把握、分析和解决。“大人口”观包含三个层次的内涵:首先,大人口观要求人们解决人口问题站在全局的、多视角的高度去思考,要求我们把人口问题放在一个更大的范围去审视和考察,不能仅仅局限在人口再生产(生育),而是要从出生、成长、婚姻、衰老、死亡多层面去思考人口的健康、长寿、福利、快乐和幸福;其次,大人口观要求我们将人口问题作为一个系统去思考,将人口规模、结构、素质和分布视为一个整体去统筹解决;第三,大人口观要求我们从人口与经济、社会、资源和环境相互协调的角度去审视人口问题(陆杰华、黄匡时,2009)。

“两个统筹”思想是大人口观的具体体现。两个统筹分别是指统筹人口与经济、社会、资源、环境的协调发展和统筹人口自身(数量、素质、结构和分布)的协调发展。两个统筹思想指明了人口均衡发展的两大重要方面,即外部均衡和内部均衡。这对人口均衡理论的完善具有重要意义。

4. 和谐社会理论和科学发展观

和谐一直是中国文化的核心价值之一。2004 年中央将和谐上升到国家发展战略高度,首次提出建设"一种和睦、融洽并且各阶层齐心协力的社会状态"。随后,和谐成为我国政府执政的指导方针,2006 年发布的《中共中央关于构建社会主义和谐社会若干重大问题的决定》将"和谐社会"明确为"民主法治、公平正义、诚信友爱、充满活力、安定有序、人与自然和谐相处"。这对人口均衡理论具有重要的启迪。

科学发展观是近年来中央政府在吸取过去忽视以人为本的发展教训的基础上提出来的。科学发展观的具体内容分为四个方面:一是以人为本的发展观,二是全面发展观,三是协调发展观,四是可持续发展观。科学发展观的第一要务是发展,核心是以人为本,基本要求是全面协调可持续,根本方法是统筹兼顾即"五个统筹",统筹城乡发展、统筹区域发展、统筹经济社会发展、统筹人与自然和谐发展、统筹国内发展和对外开放。科学发展观内涵极为丰富,对人口均衡理论的建构和完善具有重要意义。

5. 一般均衡理论和区域均衡发展理论

一般均衡理论(general equilibrium theory)是理论性的微观经济学的一个分支,寻求在整体经济的框架内解释生产、消费和价格。一般均衡是指经济中存在着这样一套价格系统,它能够使:①每个消费者都能在给定价格下提供自己所拥有的投入要素,并在各自的预算约束下购买产品来达到自己的消费效用最大化;②每个企业都会在给定价格下决定其产量和对投入的需求,来达到其利润的最大化;③每个市场(产品市场和投入市场)都会在这套价格体系下达到总供给与总需求的相等(均衡)。当经济具备上述这样的条件时,就是一般均衡。这套价格就是一般均衡价格。一般均衡是经济学中局部均衡概念的扩展。在一个一般均衡的市场中,每个单独的市场都是局部均衡的。均衡理论后来被很多学者拓展到非均衡理论、弱平衡理论、内外均衡理论和区域均衡发展理论。

均衡发展理论主要认为经济是有比例相互制约和支持发展的。新古典区域均衡发展理论是区域均衡理论的代表之一,是建立在自动平衡倾向的新古典假设基础的。因为根据该理论,市场机制是一只"看不见的手",人们普遍坚信,只要在完全市场竞争条件下,价格机制和竞争机制会促使社会资源的最优配置。

区域均衡发展理论包括列宾斯坦的临界最小努力命题论、纳尔森的低水平陷阱理论、罗森斯坦·罗丹的大推进理论、纳克斯的贫困恶性循环理论和纳克斯的平衡增长理论。区域均衡发展理论不仅强调部门或产业间的平衡发展、同步发展，而且强调区域间或区域内部的平衡（同步）发展，即空间的均衡化。随着生产要素的区际流动，各区域的经济发展水平将趋于收敛（平衡），因此主张在区域内均衡布局生产力，空间上均衡投资，各产业均衡发展，齐头并进，最终实现区域经济的均衡发展。

三、人口均衡型社会的内涵思考

1. 从“均衡”概念谈起

《新华字典》对“均”解释为“平，匀；都”，“衡”解释为“称东西轻重的器具；称量；平，不倾斜”。可见，均衡的意思与“平衡、对称、协调、均等、平稳、和谐、平等、公平”相近，与“失调、失称、断裂、差异、不均”相对（见图 2）。

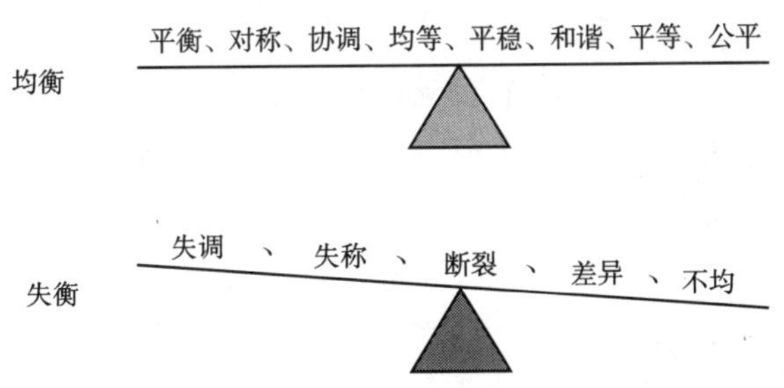

图 2　均衡和失衡的相关概念

不同学科对均衡有不同的内涵。哲学认为，物质有追求均衡的本性，世间万物都是以相对均衡的形式存在，都在不断追求客观造成的不均衡的环境下的均衡（曹全喜，2007）；经济学则认为市场追求等价交换；社会学强调社会和谐需要基本公共服务均等化；美学则认为对称就是美，法学追求“量刑平衡、司法公正和公平”；行政管理则视均衡为决策工具以实现利益调节；人口学强调人口规模结构分布素质均衡以及人口和经济、社会、资源、环境均衡（见图 3）。

不仅不同学科对均衡有不同的内涵，而且均衡概念本身也是多维度的。哲学家认为，均衡是物质存在的方式。决策者认为，均衡是一种决策模式和思维方式。经济学家认为，均衡是关于市场经济交换的理论。当然，社会学家还认为，均衡还是一种社会理想（见图 4）。

总之，均衡是与“失衡”相对的概念，带有协调、均等、和谐、公平和正义

学科	均衡解读
哲学	物质有追求均衡的本性
经济学	市场追求等价交换
美学	对称就是美
社会学	社会和谐需要基本公共服务均等化
行政	均衡决策实现利益调节
法学	量刑平衡、司法公正和公平
人口学	人口规模、结构、分布、素质均衡以及人口和经济、社会、资源、环境均衡

图 3　多学科视角下的均衡解读

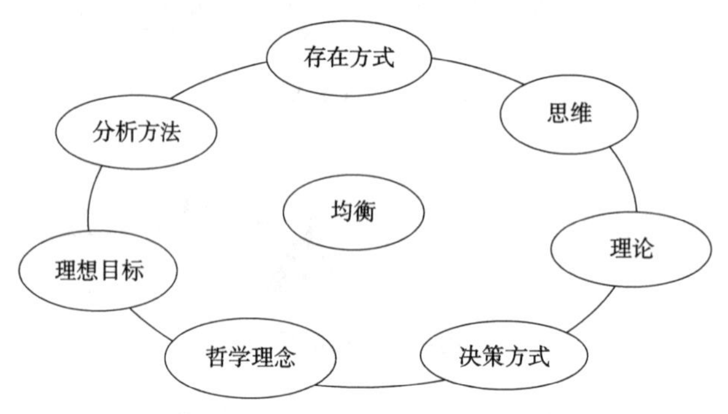

图 4　均衡概念的多维度特征

的意义。

2. 人口均衡的内涵

具体到人口方面，均衡指的是人口的内部均衡和外部均衡，其中内部均衡指的是人口的数量、结构、素质和分布均衡：人口数量均衡是指适度的人口密度，人口结构均衡重点指合理的人口年龄结构，人口素质均衡主要指与经济和社会发展相适应的人口质量，人口分布均衡重点是人口的有序流动和合理分布；外部均衡指的是人口与经济、社会、资源、环境、国际竞争力等人口自身系统外的系统之间相互协调和持续发展而达到的一种均衡状态。外部均衡本质上是内部均衡，内部均衡是外部均衡的前提和基础，外部均衡是内部均衡的重要条件。内部均衡和外部均衡相互影响，相互制约，共同构成了人口的大均衡系统(见图5)。

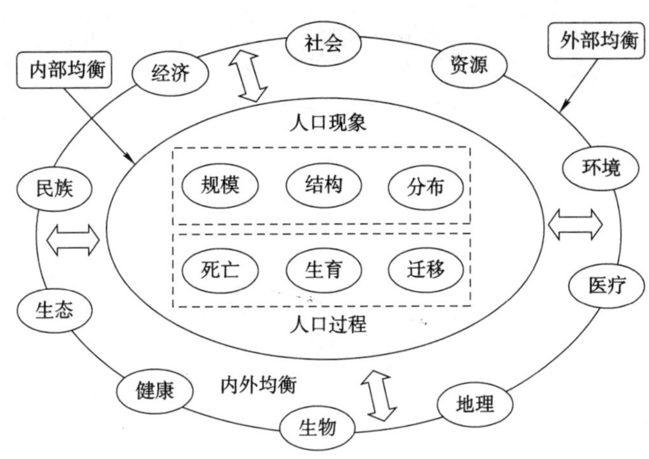

图5 人口均衡发展的概念框架

3. 人口均衡型社会的内涵

人口均衡型社会是一种以人口均衡为特征的新的人类社会发展形态，是可持续发展社会的具体表现形式,不仅是人与人均衡的社会,也是人与经济、社会、资源和环境均衡的社会,其核心内涵是由于人口的再生产和消费而导致的人口数量、结构、素质和分布的均衡以及人口与经济、社会、资源和环境等系统的均衡。人口均衡型社会是由人口均衡型社会建设主体、人口均衡型社会制度、人口均衡型社会机制、人口均衡型观念、人口均衡型社会公共政策和人口均衡型社会建设目标等组成(见图6)。

政府无疑是人口均衡型社会建设的主体,尽管企业和非政府组织也是人口均衡型社会建设的重要参与者。从制度层面来看,人口均衡型社会制度包括法律制度、政治制度和经济制度以及社会保障制度等。从机制层面来看,人口均衡型社会建设需要一个能统筹和协调各个职能部门的大人口工作机构,这个机构不仅要协调而且更需要监管。从观念层面来看,人口均衡型社会建设既包括科学的人口均衡理论体系,而且需要构建人口均衡型社会的价值观念。从政策层面来看,一个完备和整合的人口均衡的公共政策组合体系是实现人口均衡发展的关键。当然,从当前与长远利益上看,人口均衡型社会建设最重要的内容就是构建人口均衡型社会建设的目标体系。

4. 人口均衡型社会、环境友好型社会、资源节约型社会的关系

人口、资源和环境三者是一个具有内在联系的系统工程。人口均衡型

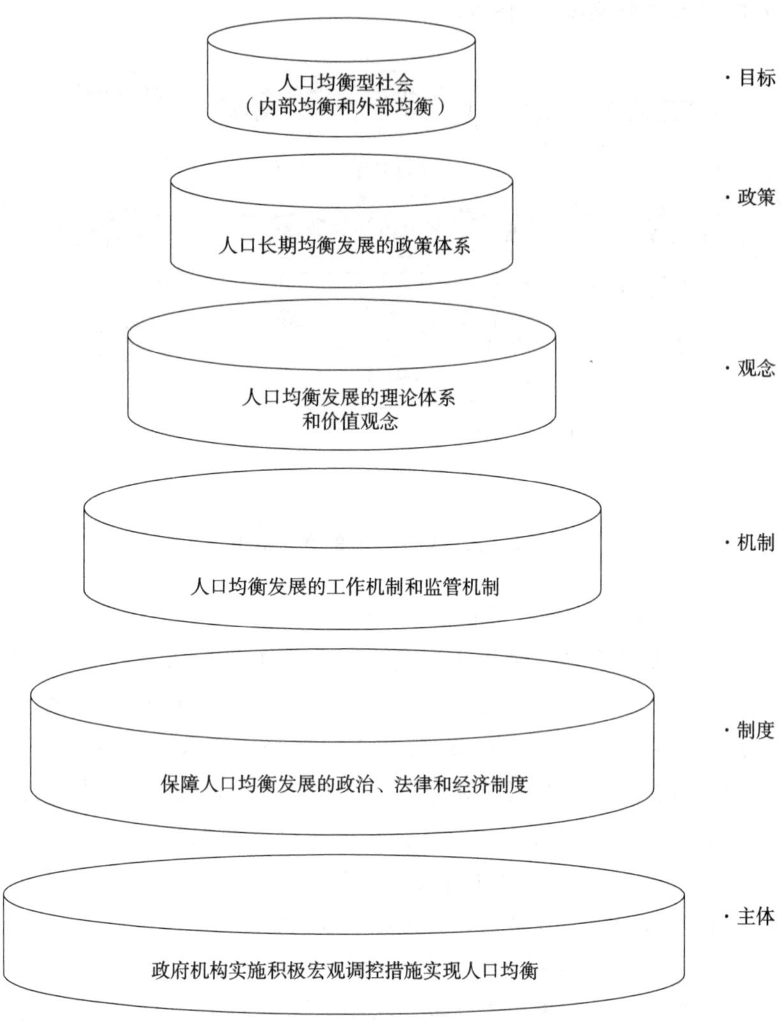

图 6　人口均衡型社会建设框架体系

社会和资源节约型社会以及环境友好型社会的关系可以用一个可储蓄的硬币来表示(见图 7)。这枚硬币代表可持续发展。而硬币的两面分别是资源节约型社会和环境友好型社会,中间则为人口均衡型社会。“三型社会”共同构成了可持续发展社会建设,都是可持续发展的表现形式。其中人口均衡型社会是主体,在可持续发展中居于核心地位。人口均衡型社会包含了资源节约型社会和环境友好型社会的部分内涵,而且人口均衡型社会与资源节约型社会、环境友好型社会是紧密相关和密切关联的。人口均衡型社会与资源节约型社会、环境友好型社会是“一体两面”的关系，而与可持续发展则是“三位一体的关系”。

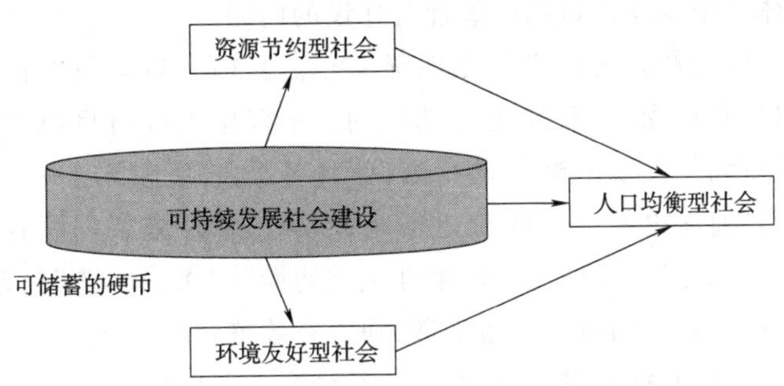

图7 人口均衡型、资源节约型和环境友好型社会的内在联系

四、构建人口均衡型社会面临的突出挑战

人口均衡型社会建设面临诸多挑战，不仅目前各界对人口均衡型的内涵、机制和概念框架等理解不深刻，而且各级政府和社会舆论对人口均衡型社会认识也不统一。此外，人口均衡型社会目前尚停留在口号和理念层面，缺乏行动计划，而且目前人口均衡目标体系尚不健全和清晰。更突出的是，当前我国人口失衡问题严重而且难以短期解决，人口均衡型社会建设长路漫漫。

第一，对人口均衡型社会的概念和路径以及机制理解不深刻。由于人口均衡型社会刚刚提出，目前学界对人口均衡型社会的概念框架和理论框架以及政策框架刚刚着手研究，对于什么是人口均衡，什么是人口均衡型社会，如何建设人口均衡型社会以及人口均衡型社会建设的最终目标是什么等问题理解还是初步的，缺乏系统、深刻的认识和理解，由此导致各界对人口均衡型社会建设的制度建设、政策建构和观念引导以及目标体系等缺乏准备。

第二，各级政府和部门对人口均衡型社会认识不统一。在政府层面，目前人口均衡型社会只有人口计生系统提出并着手构建。而人口均衡型社会建设是一个跨部门的大系统工程。目前各个部门对人口均衡型社会建设缺乏了解，有些部门还根本不知道或者还没有认识到人口均衡型社会建设的重要性，有些部门甚至对人口均衡型社会建设不理解，而且绝大部分政府部门对自身如何参与人口均衡型社会建设不甚了了。更何况目前人口均衡型社会还只停留在口号层面,绝大部分地方层面对人口均衡型社会建设知之甚少或者认识不清楚。此外,社会舆论也对人口均衡型社会建设不是很了解,有些媒体甚至误读人口均衡型社会建设的内涵。

第三,人口均衡发展行动计划明显缺位。目前人口均衡型社会建设主要停留在口号和理念层面,缺乏行动计划。不仅中央政府目前没有一个全国统一的人口均衡发展战略行动计划,而且各个省市也缺乏一个统一行动方案。尽管目前无论是中央政府还是地方政府,都设施了一些着力于人口局部均衡的行动计划,比如关于出生性别比均衡的"关爱女孩"行动等,但是这些局部均衡行动计划目前非常零散,缺乏有效整合。

第四,人口均衡社会的目标体系尚不清晰。人口均衡型社会建设面临的突出难题就是目前对人口均衡型社会建设的目标体系不清晰,不知道人口均衡型社会是怎么样的一个社会形态,有什么特征和表现形式。或者说,对究竟什么是人口均衡社会,怎么才算人口均衡社会等问题认识不清。目标认识不清,行动更无从谈起。因此,当前迫切任务就是弄清楚什么是人口均衡型社会,怎么才算人口均衡型社会。也即是说要建立适合中国国情的人口均衡型社会目标体系。

第五,人口失衡问题严重而且难以短期解决,均衡型社会建设任重道远。人口均衡型社会的提出主要背景就是我国人口失衡问题突出。从我国国情来看,人口失衡的突出问题是人口结构的不均衡,尤其是人口年龄结构不均衡、人口流动不均衡和人口出生性别比不均衡。就拿人口出生性别比来看,从20世纪90年代以来,我国出生性别比一直攀升,2000年以来全国出生性别比一直处于120以上,2009年的出生性别比为119.4。此外人口与经济、社会、资源和环境的不均衡问题也很突出。由于我国的基本国情就是处于社会主义发展阶段初期,而且全国发展极不平衡,这也就导致我国人口均衡型社会建设并非一朝一夕能完成的。也许需要几代人的努力。

五、关于推进人口均衡型社会建设的几点设想

第一,开启中国人口均衡型社会发展的行动方案(见图8)。当前,应该从国家层面启动中国人口均衡型社会发展的行动方案。一是要编制人口均衡型社会目标和发展战略规划,制订人口均衡型社会发展目标体系和各个局部均衡的具体"均衡点"。二是要开发人口均衡发展评估指标体系。三是定期发布报告,各个省市向中央汇报人口均衡型社会建设的发展状况。

四是成立全国性人口均衡型社会发展行动协调委员会和工作小组。

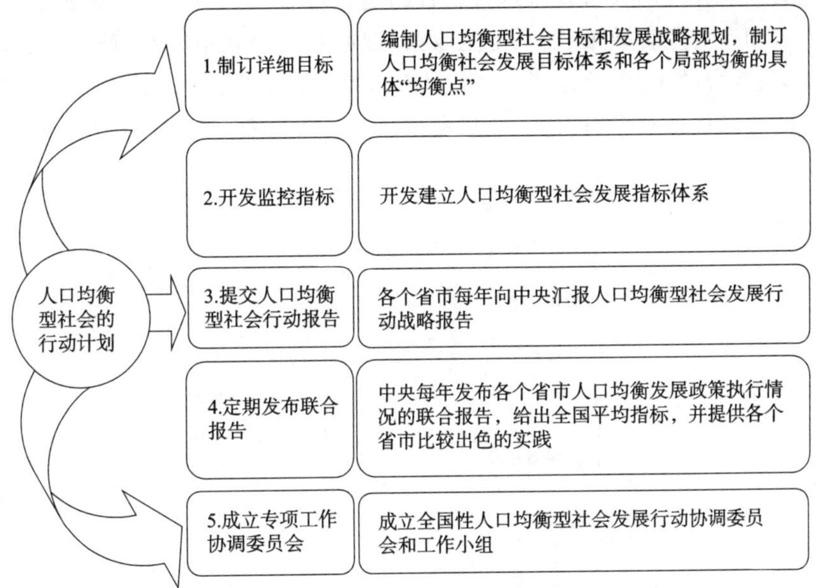

图 8　人口均衡发展行动计划

第二，构建人口均衡型社会发展指标体系。构建人口均衡发展指标体系是人口均衡型社会发展行动计划能否取得成效的关键。因此，当前迫切需要建构人口均衡型社会的发展指标体系。人口均衡型社会发展指标体系应该包括内部均衡指数、外部均衡指数和区域均衡指数，其中，内部均衡指数由人口出生性别比均衡指数、人口年龄结构均衡指数、人口分布均衡指数和人口健康均衡指数构成，外部均衡指数由人口与经济均衡指数、人口与社会均衡指数、人口与资源均衡指数、人口与环境均衡指数构成，而区域均衡指数分为全国人口均衡指数（整体指数）、区域人口均衡指数（区域指数）、省市人口均衡指数（省市指数）和社区人口均衡指数（社区指数）。通过指数区分出“低级均衡和高级均衡”或者“极度不均衡、不均衡、极度均衡、很均衡”。

第三，加强人口均衡型社会的前瞻理论研究。当前应迫切加强对人口均衡型社会建设的概念框架、理论框架和政策框架的前瞻性研究，加强对人口均衡型社会建设主体、制度、机制、观念、政策和目标的研究，加强对人口均衡理论体系的研究，加强对中国古代人口均衡思想的梳理和对西方经典人口学家关于人口均衡思想的研究等。此外，还要加强对人口均衡型社会研究的课题规划，加大对人口均衡型社会研究的投入。

第四,促进人口均衡型的公共政策组合体系建设。人口均衡型社会建设是对当前分散的人口政策进行整合的绝佳机会。人口均衡问题的解决牵涉人口和计划生育政策、公共卫生政策、健康和安全政策、户籍政策、人口迁移政策、教育政策、住房政策、社会保障政策、交通政策等。因此,当前需要将这些政策进行整合,构建人口均衡型社会公共政策组合体系(见图9)。

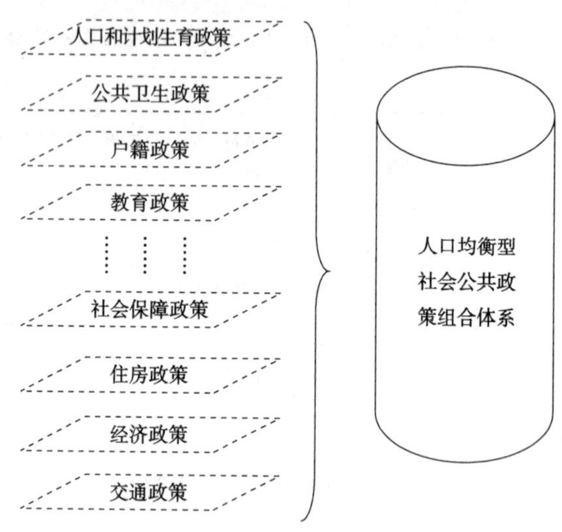

图9 建构人口均衡型公共政策组合体系

第五,加大人口均衡型社会建设的宣传和培训力度。加大对各级各部门管理干部尤其是涉及人口均衡问题解决的部门的培训力度,定期举办人口均衡型社会建设培训班。此外,政府也应加强对人口均衡型社会建设的宣传力度,制定各种人口均衡型社会建设的相关标语,并通过各种途径宣传人口均衡型社会建设的重要性和意义。

参考文献

[1]曹全喜. 均衡论[M]. 华龄出版社,2007.

[2]陆杰华,黄匡时. 大人口、大机构、大政策、大服务与大发展[J]. 人口研究,2009(增刊).

树立新人口观
实现人口均衡协调发展

张车伟

中国社会科学院人口与劳动经济研究所

一、当前人口问题的新表现

中国之所以能够在短短几十年的时间内创造经济社会发展的“奇迹”，一个关键原因就在于快速地实现了人口的两个转变:一是人口再生产类型的转变,二是由人口大国向人力资源大国的转变。中国在经济社会尚不发达的阶段开始实行“控制人口数量、提高人口素质”的基本国策,极大地促进了人口再生产类型的转变;同时,国家又通过大力投资于教育和健康,极大地改善了人口的素质,推动了从人口大国向人力资源大国的转变。

人口的两个转变标志着人口数量过快增长的问题已经得到缓解,标志着人口问题从性质上来说发生了根本性转变:人口问题已经从过去“数量增长压迫型”转变为“结构失衡制约型”。人口问题的具体表现也从人口数量过快增长压迫生产力转变为人口结构失衡制约经济社会资源环境关系的全面协调可持续发展。综合来看,当前面临的“结构失衡制约型”人口问题突出地表现在以下三个方面。

一是人口数量和质量关系失衡制约着我国全面协调可持续发展。我国人口增长过快问题虽已基本得到解决,但作为世界上人口最多的国家,人均资源占有量少和发展压力大的基本国情将长期存在。例如,我国人均国土面积为世界平均水平的1/3,矿产资源人均占有量仅为世界平均水平的3/5,人均森林面积不到世界的1/4,人均淡水资源仅为世界人均占有水量的1/4,煤炭和石油等化石燃料人均占有量也都大大低于世界平均水平,人口总量规模庞大所导致的人均资源占有量小的矛盾是中国今后发展过程中面临的硬约束和基本国情。从人口大国向人力资源大国的转变虽在一定程度上把人口数量优势转变为发展的动力，但人口数量多、素质低的状况并没有从根本上改变，中国目前仍然不能算是世界上的人力资源强国，人口数量和素质之间的关系仍处于失衡的局面并严重制约着经济社会资源环境的全面协调可持续发展。更为严峻的是，我国正在经历快速的人口老龄化过程，老年人口数量的快速增加终将会变为发展的"负担"或者"债务"，要避免这种情况的发生，就必须实现人口质量对数量的替代，实现人力资源大国向人力资源强国的转变。然而，与世界上发达国家相比，我国人口素质的差距仍然很大，劳动年龄人口平均受教育年限落后至少4年，人口的健康素质也不容乐观。很显然，我国的人口素质难以满足日益激烈的国际竞争的要求，人口素质低已经严重影响到社会的文明与和谐和国家的综合竞争能力。

二是人口结构失衡制约着社会和谐稳定和发展。我国人口快速转变造就了人口年龄结构相对于发展来说的"黄金"时期或者说"红利"时期，但也带来了人口的快速老龄化，带来了未富先老的严峻挑战。中国目前还不是世界上最严重的人口老龄化国家，但却是老龄化速度最快的国家之一。预计到2017年，中国65岁及以上老年人口占总人口的比例将超过10%，达到10.42%；2025年达到13.59%；2030年达到16.59%，2035年达到20.13%。人口加速老龄化会降低生产性人口比例，加大消费性人口比重，增大劳动力成本，降低储蓄率，并进而影响到经济增长和社会发展。同时，我国人口出生性别比严重失衡，性别比居高不下，持续升高的出生性别比是一个严重的社会问题，必然会对将来的婚姻和家庭形成严重冲击，进而影响到社会的稳定。人口结构的失衡正严重制约着我国的社会和谐与稳定，对各项社会事业的发展构成了严峻挑战。

三是人口空间分布的失衡制约区域的协调发展。我国正在经历着世界上最为迅速的城镇化过程，目前城镇化率已达47%左右，今后20年时间内还将有超过5亿的人口从农村转移到城镇。农村人口向城镇地区转移是经济社会发展的必然要求和无法阻止的历史潮流，但目前的城镇化并不是一种完全的城镇化，大量进城务工农民，虽然在城镇工作和生活，但并不能和城里人享受同等的公共服务、社会保障，无法同等程度地分享城里的教育和医疗资源，同时，农村也没有充分考虑到大量青壮年劳动力进城之后对新农村建设所带来的挑战。城乡和区域发展不平衡既是人口流动的原因，也是人口流动的结果，人口向城镇和发达地区的集中进一步加大了这里的发展优势，而农村和不发达地区则因为劳动力资源的流失则使发展的基础被进一步削弱。值得欣慰的是，我国区域之间的收入差距已经开始呈现缩小的趋势，城乡居民收入差距在2010年也第一次呈现出下降的趋势，这些都是区域协调发展中出现的一些积极因素。但总体来看，我国城乡发展不平衡和区域发展不平衡的局面并没有发生根本性变化，人口大规模流动和重新布局的过程并没有结束，从这个意义上看，人口流动和重新分布是关系中国今后发展的重大问题，国家应该从战略的角度加以考虑和解决。

二、树立均衡协调和可持续的人口观

不同的发展阶段会面临不同的人口问题，而不同的人口问题又会导致不同的人口观和解决人口问题的办法。马尔萨斯时代的人口问题主要表现为人口快速增长严重压迫生产和生活发展，由此也就产生了马尔萨斯的人口观：以算术级数增长的食物永远无法赶上以几何级数增长的人口，人口增长必然会超过食物增长，人类社会最终会因为缺乏足够的食物而陷入饥饿和死亡的威胁，解决人口问题只有通过道德抑制的手段让人口增长减缓下来，否则，迎接人类社会的只能是灾难。

与西方马尔萨斯同时，我国清朝学者洪亮吉也提出了人口过快增长的问题，主张限制人口增长以实现人口增长和财富增加之间的平衡，堪称中国的马尔萨斯，不过，他的这一思想并没有成为社会的主流思想。相反，在我国长达数千年的传统农业社会中，由于生产力发展水平很低，人口增长缓慢，社会财富的增加主要是靠劳动力的贡献，对财富的追求就意味着对劳动力数量和人口数量的追求，"多子多孙"的观念也就成了中国传统社会的主流生育观和人口观。新中国成立后，死亡率的快速下降使人口增长速度不断加快，人口数量过快增长对生产力的压力逐渐显现，马寅初先生在20世纪50年代分析了当时人口问题在10个方面的表现，并在其《新人口论》中提出了要节制生育的人口观。改革开放之后，我国人口学家把马克思主义理论应用于人口问题的研究，提出了人口自身生产和物质资料生产必须相适应的人口理论，论证了总体人口与生活资料、劳动年龄人口与生产资料、人口老龄化与养老保障、人口教育素质与科技进步、人口城市化与产业结构、人口地区分布与生产力布局等的关系，形成了控制人口数量、提高人口素质的人口观。正是在这一人口观的指导下，我国开始实施以控制人口增长、提高人口素质为主要内容的计划生育政策。计划生育政策的成功实施使我国在短短几十年时间内迅速实现了人口再生产类型的转变，少生了4亿人，极大地缓解了人口对发展的压力,为经济快速发展提供了有利的人口环境,促进了我国的可持续发展,也为全世界的可持续发展作出了重要贡献。

目前,我国经济社会发展已经进入新阶段,人口问题的表现形式与过去相比发生了根本性转变。人口数量过快增长的压力大大缓解,但人口问题并没有因此而消失,反而变得更加复杂和更难解决。面对当前复杂的人口问题和形势,迫切需要站在新的高度,以新的思维审视新时期面临的人口问题。

以胡锦涛同志为总书记的党中央提出了"坚持以人为本,树立全面、协调、可持续的发展观,促进经济社会和人的全面发展"英明论断,这是一种全新的科学发展观,它反映了时代发展的要求,是解决新时期人口问题的理论基础。科学发展观的核心是以人为本,运用科学发展观审视当前所面临的人口问题就是我们应该树立的新人口观。新的人口观实际上也就是要求我们在人口问题上要树立以人为本,全面协调和可持续的观点,按照这样的观点来看人口问题,人口不仅有自身的均衡发展问题,而且还有人口与外部经济、社会、资源、环境因素之间的协调和持续的问题。在人口发展的问题上一方面要遵循人口自身发展的客观规律,另一方面还必须遵循人口与经济社会资源环境协调发展关系的客观规律,不仅要实现人口自身的均衡协调和可持续发展,还要实现人口与经济社会资源环境之间关系的均衡协调和可持续发展。这就是我们在新时期应该树立的人口观。

三、实现人口均衡协调发展

人口问题本质上是发展问题,新人口观就是科学发展观在人口问题上具体化,是新的人口发展观。在新的人口观下审视人口问题,可以看到,在新的发展阶段,人口既不必然意味着"负担",也不必然意味着"财富",人口是否成为问题不仅要看人口自身是否均衡协调和可持续发展,更要看人口与经济社会资源环境之间是否均衡协调发展。

我国目前人口规模虽然超过13亿,但人民群众的生活却是历史上最好的,人口数量多在今天不仅没有构成发展的障碍,反而成为发展的优势,这样的状况在几十年前是无法想象的。马尔萨斯生活的年代世界人口不足8亿,今天超过了65亿,人口数量翻了两番还多,然而,人类社会今天面临的饥饿和死亡威胁与马尔萨斯时代相比不仅大大减少,而且健康和营养水平大大改善,人均预期寿命大大提高。因此,人口是否成为"问题"从来都是一个相对的概念，是一个相对于经济、社会、资源、环境来说是否协调的问题。

马尔萨斯时代的人口问题在于人口过快增长，无法实现人口自身的均衡协调发展，更无法实现人口与经济社会资源环境的均衡协调发展。我们今天虽然已经不存在“马尔萨斯式”的人口问题，但人口问题并没有消失，而是以新的形式出现，但其实质仍然是人口自身均衡协调发展的问题，是人口与经济社会资源环境均衡协调发展的问题。与过去不同的是，发展的含义发生了根本性变化。马尔萨斯时代的发展更多地意味着人的“生存”，是生存型的发展，而今天的发展则意味着人的全面发展。从追求人的全面发展来看，我们今天面临的人口问题所带来的挑战更大，也更加严峻。

目前我国已经进入新的发展时期，从财富总量上来看，2010 年已经超越日本成为世界第二大经济体，按当年汇率计算，人均 GDP 已经达到 4300 多美元，进入典型中等收入国家行列。这是一个发展的新阶段，今后的发展是否能够顺利从中等收入进入高收入国家行列是我们面临的新挑战。世界上有很多国家在步入中等收入阶段后就陷入停滞，无法实现进一步的发展，长期停留在中等收入阶段，这种现象也被称为中等收入陷阱。例如，墨西哥等南美的一些国家在 20 世纪 60 年代也曾经历过经济的高速增长，但由于没有解决好增长的可持续问题，国内矛盾不断加剧，社会不公平现象日益严重，经济和社会秩序陷入混乱，经济增长陷入停滞，直到现在这些国家仍然处于中等收入阶段。要避免中等收入陷阱，一方面仍然需要保持经济的适度快速增长；另一方面还必须解决发展中面临的问题，提高经济增长的质量，转变经济发展方式，实现每个人都均等地分享到经济发展的成果，实现包容性增长。要实现包容性增长，首先意味着经济必须保持增长，经济增长停滞，包容性也就无从谈起，在我国过去几十年的经济高速增长中人口因素发挥了重要作用，从这个意义上说，人口还需要为新时期的经济增长动力和源泉；其次，实现包容性增长还意味着经济增长的成果要更加均等地惠及每个人，让经济增长更加均衡，这就要求人口发展要均衡，建立人口均衡型社会。人口均衡型社会的建立不仅要求我们要处理好人口自身的协调和可持续问题，还需要处理好人口与经济社会资源环境因素之间的协调和可持续问题。

解决新时期面临的人口问题，首先要处理好人口自身协调均衡和可持续发展的问题。从这个意义上说，过高和过低的生育水平对发展都是不利的。我们过去实行控制人口过快增长的人口政策符合当时发展的要求，也取得了巨大成功，公平地说，中国经济社会发展能取得今天的成就，正确的人口政策功不可没。人口政策的调整和完善应该以实现人口自身协调均衡发展为目的,把生育水平稳定在可持续的限度内,保持人口发展的活力。

解决新时期的人口问题,还必须处理好人口与经济社会资源环境均衡协调可持续发展问题。人口与经济社会发展之间的关系非常复杂,实现人口与经济均衡协调发展的关键就是如何实现人口质量对数量的替代,通过实现人的全面发展为经济社会发展提供持续动力,同时,积极构建覆盖所有人的社会保障制度,让人人享有基本的社会保障也是实现人口与经济社会协调均衡发展的重要保证。在人口与资源环境的关系中,人口是关键,是核心,要实现人口资源环境均衡协调发展,不仅需要实现人口在地域环境方面的合理配置,减轻资源压力,更重要的是,还必须引导人类生产和生活方式向着环境友好的方向发展,实现向低碳生产和生活方式的转变,只有这样,才能实现人类社会的可持续发展。

调整人口结构
建设人口均衡型社会

张　翼

中国社科院人口所

在人口、资源、环境与社会经济发展之间，存在着均衡与非均衡关系。人口的流动、出生、死亡等，不仅给一定地域范围自然环境有着这样或那样的影响，而且对人口自身及其社会经济建设等，形成某种程度的压力。因此，人口变迁总会或多或少改变既有的人口均衡布局，在人口结构、人口流迁与自然环境之间造成非均衡状态。马尔萨斯对人口数量与物质资料供给之间关系的经典讨论，就集中在数量增长对物质资料供给的非均衡影响上。而马克思对资本主义社会存在形式的解剖，则是基于人口社会属性变化对原有均衡状态破坏所做的经典描述——即在社会人口日益分化为资产阶级与无产阶级的过程中，探究社会内部人口阶级结构的既有均衡遭受倾覆的原因，并进而洞悉社会发展的动力所在。

人口与自然环境、社会经济发展之间出现非均衡状态，有时会经过一系列消极的或者积极的相互影响，或经人口数量与人口结构的调整，重新使一定地域范围内人口处于均衡状态，并使人类社会回归到发展常态。当然，如果人类社会不能通过自身结构的调整并借此协调其与自然环境之关系，则自然环境会通过较为漫长的演变，强制性地重构其与人类之间的关系，并使之重新与人口的存在形式相调适。如干旱、洪灾、风沙、疾病、资源短缺等，都会给人类社会带来重大损失。因此，人类自觉地、积极地、富有预见性地通过自身内部结构或通过自身与自然环境关系的调适，则不仅会避免可能出现的风险或灾难，而且还会赢得发展机遇，不仅使人口与资源环境之间的关系尽可能相对均衡，而且也同时协调人口自身的各种结构，使社会经济发展也处于相对稳定状态。

资源节约型社会与环境友好型社会理论的提出，是在人口增长对资源环境的重大压力下对既有发展经验的总结。而人口均衡型社会理论的建构,则是在继承此“二型”社会的基础上,将人类对社会经济与资源环境等关系的认识,提升到“三型”社会的建构中进一步完善。

因此,建设人口均衡型社会所涉及的问题,可以被概述为这样几类:其一,人口与自然环境的均衡问题;其二,人口内部的均衡问题;其三,人口与经济社会发展的均衡问题。现分述如下:

一、人口数量与自然环境的均衡问题

在漫长的历史长河中,人类对资源的利用能力很低。相对于人类改造自然的能力,环境的反作用力更强。不管是在采摘社会和游牧社会,还是在整个农业社会,食物不足、疾病袭扰、气候变化、战争屠戮等,都过早地结束了人的生命。只是在农业社会晚期或在工业社会,食物革命与医疗卫生技术的进步,人类社会内部阶级关系的改善,公共资源分配的相对公平等,才使得人均预期寿命有了长足的延长。在中国成立之初的人均预期寿命仅仅为 35 周岁,但在随后合作医疗与赤脚医生制度的建立健全过程中,迅速将预期寿命提高到 60 岁左右,现在则延长到 73 岁左右。

所以,为保持种的繁衍,开发可利用资源、改变生活与居住环境,人口与资源环境之间的均衡关系,在有些时候,为人口增速超过物质生产所打破;在有些时候,则为人口不足限制了其改造自然的能力所影响。因此,一个社会人口数量迅速缩减之后的人口恢复与增长,往往与这个社会的繁荣联系在一起。古代君王发动战争的目的,除攻城略地之外,就是掳民。自有人类历史以来到近现代之前的历史,主要是人口不足限制了人类社会顺利发展的历史。在这种情况下,为免遭恶劣环境的肆虐,人类经常选择在江河湖海之滨、水草肥美之原生息。也就是说,凡人口集聚之地,必是水资源、草资源或土地资源丰富之地。

工业社会改变了农业社会的那种自然再生产与人类再生产的安排形式。自然科学技术的进步,也带来了医学科学的大发展。这极大地控制了传染性疾病的大规模发作。传统社会大战之后的大疫,几乎在现代战争中很少发作。人类改造自然能力的提高,丰足了食物供给,从而极大地改善了营养状况。人均寿命的延长,婴儿死亡率的降低,使地球上所有种族人口的数量都迅速增长。人类改造自然环境能力的提高、利用资源范围的拓展、活动范围的扩张,改变了原有自然环境结构与资源利用模式。这使整个 20 世纪地球上的人口迅猛增长。在1830年世界人口仅10亿多;但在1930年却突破了20亿;1960年突破到了30亿;1975年突破到了40亿;1987年突破到了50亿,1999年突破到了60亿。在人口惯性的影响之下,到21世纪中期,全球人口将会突破90亿。

故20世纪以来这一百多年的历史,是人类为繁荣自己的生活而迅速消费资源的历史。在整个农业社会及其之前的历史,人类的能源消费主要依赖于树木柴草等可再生资源,但在工业社会却大量开采煤炭石油等不可再生资源,这些能源的大量使用,打破了人类与资源环境原有的均衡基础,影响了气候变迁、增高了地球温度、灭绝了很多生物。人类开始自觉意识到了数量膨胀对环境的压力,开始自觉控制增长。这才使20世纪后期人口数量的增长速度趋于减缓。发达国家率先于发展中国家控制了人口增速,并相对改善了人居环境。但除中国之外的其他发展中国家的人口出生率仍然较高,故在2050年左右,地球上的人口总数的净增加额,主要来自于发展中国家——如亚洲、非洲人口的增长。也就是说,自现在开始到21世纪中叶地球净增加的30亿人口,会主要集中在发展中国家。因为在发达国家的德国、法国、日本等,人口增长率已经为负。这些国家最大的问题,是刺激生育但生育却长期低迷的问题。

全球存在的人口分布与人口发展阶段的非均衡性,也类似地存在于中国。比如说,城市人口增长速度很慢,但农村人口的增速却较快;东部地区人口增速较慢,但中西部地区人口增速却较快。截止到2008年,北京、天津等城市人口的自增率为3.42‰和2.19‰。整个东北三省——辽宁、吉林和黑龙江的自增率分别为1.10‰、1.61‰和2.23‰。人口增长的非均衡性,不仅宏观影响着全球人类共同体的安全,也在微观影响着中国社会经济的发展。

二、人口内部的结构性均衡

人的社会性特征,是基于人的动物群体性特征发展而来的。为维护种的繁衍与既定的生活秩序,人口本身经漫长的历史演化,逐渐形成某些均衡性结构,以维持人类社会的生存。在这些均衡中,最重要的均衡是性别结构均衡、年龄结构均衡与受教育程度结构的均衡。

从性别结构的均衡上来说,人的两性之间的均衡——尤其是婚龄年龄段人口的两性均衡,是婚姻制度——尤其是一夫一妻制得以维持的基础。在正常情况下,婚龄年龄段人口的性别均衡,取决于人口出生性别比的均衡，一般以每新出生100个女婴相对应的男婴的数量来度量。从国际经验来看，正常值一般在105±2——新出生男婴的数量较女婴稍多一点。这样，在少儿人口男性死亡率大于女性死亡率这个人类生物性特征的影响下，到婚龄年龄段人口的性别比就会大致均衡。如果出生性别比超过了107，或者大大低于103，那就会造成未来婚龄年龄段女性或男性的短缺，形成婚姻挤压，使婚姻市场上缺少竞争力的那些找不到配偶的人数大幅增加，从而影响社会的安定并扰乱既有的婚姻秩序。1982年第三次人口普查得到的1981年出生婴儿性别比是108.47；1990年第四次人口普查计算的1989年出生婴儿性别比是111.92；2000年第五次人口普查公布的婴儿出生性别比是116；国家统计局第一次在《2007年国民经济和社会发展统计公报》中公布了2006年中国人口的出生性别比为119.25。自此开始，每年的统计公报都公布上年的出生性别比：比如说，2008年是120.56，2009年是119.45。如此之高的人口出生性别比，会直接影响这个年龄同期群人口到婚龄期的婚配问题，造成大量光棍汉的存在，影响社会的稳定。近期偏远农村地区大龄未婚男青年数量的增长，一个主要原因就来自于20世纪80年代中后期出生性别比的失调。

在追求人口性别结构均衡的同时，还应该着力维持与一定生产力水平与经济发展阶段相适应的人口年龄结构的均衡，使少儿人口、劳动力人口与老年人口之间存在的抚养与被抚养关系，在一定均衡范围内维持社会发展与进步之所需。如果一个国家的人口年龄结构与其社会发展阶段不相适应，则人口供给必然影响社会经济的发展。从世界发达国家的经验来看，在人口老龄化过程中不仅会出现总人口的下降（比如德国与日本），而且会存在劳动力人口的供给不足问题（德国与日本——甚至于整个西欧都存在此类现象）。所以，静止人口是人口学家设计的人口理想型（即总和生育率在2.1左右的人口再生产模型）。但在现有的世界历史上，没有任何一个国家成功将自己的人口转型为静止人口。所以，在人口迅猛增长时期，少儿人口占总人口的比重会比较大；在人口缩减时期，老龄化程度的加深会提高65岁及以上老年人的占比。中国现处于工业化中期。计划生育政策在社会宏观层面成功地控制了人口数量的增长，在家庭微观层面缩减了夫妻的子女数，使其有能力为子女提供更多的教育投资，提高下一代的人力资本。但与此同时我国还需注意到：中国人口的老龄化过程加速了。中国是未富先老的发展中国家。中国的人口老龄化具有社会发展老龄化与政策性老龄化的双重特点。在社会保障与企业技术水平尚未根本提高的情况下的老龄化，势必会影响社会与经济的发展。现在，中国处于人口红利期，但很快就会出现人口负债——大约在2020年之后，老年人口占总人口的比重会迅速提高，而大约在“十二五”末期到“十三五”初期，劳动力人口会在波动中从净增加变为净减少。因此，自2003年开始出现的“民工荒”，实际表现为劳动力由“无限供给”转变为“结构选择”之间的矛盾。这就是说，在劳动密集型企业仍然占据主要比重的前提下，我国劳动力人口——尤其是青年壮工的供给却减少了——2010年新增加的农民工人数仅仅在200万左右。这会更加强化未来数年企业普工的短缺趋势。

从这里也可以看出，劳动力的受教育程度与一个国家的产业结构之间关系密切。也就是说，只有人口结构——尤其是劳动力人口的人力资本结构与产业结构形成均衡关系，产业发展与产业转型才会降低失业率而提高劳动者的劳动报酬。德国（西德）在第二次世界大战之后第二产业的迅速发展，就造成了劳动力的极度短缺。但东德向西德的移民在一定程度上补充了部分劳动力所需。但在1961年柏林墙建立之后，由于阻隔了东德移民的进入，西德不得不与意大利、南斯拉夫、土耳其等国签署劳动力进口协议（guest worker）。中国自1999年开始的教育扩张速度，远远快于企业技术升级速度。从2010年新进入劳动力市场的劳动力受教育水平结构上看：高中阶段劳动力供给1000多万人，全日制大学毕业生供给却达到了空前的630万人。因此，高中及以上文化程度劳动力已经成为劳动力市场的供给主力，但初中及以下劳动力的需求率却仍居高不下。这就在劳动力的人力资本迅速提高与劳动密集型企业低技能劳动力的大量需求之间，形成鲜明对照。所以，自2003年开始，一方面是农民工的大面积短缺，另外一方面却是大学生的就业难。到最近几年，甚至于出现了大学生不得不做农民工工作的局面。这就是说，产业结构的更新速度，慢于劳动力人力资本提高的速度。大学生专业供给，与市场之所需也矛盾重重。这就出现了劳动力人力资本供给与劳动力市场需求之间的非均衡性。这种非均衡性甚至于会长期影响中国未来经济与社会发展的走向。国务院不得不在2009年年底将大学生的就业问题作为中国的首要问题来强调。

三、人口与社会发展之间的均衡

在社会发展的不同阶段，人口的社会属性与区位分布应该具备一定的均衡性。如果这种均衡得不到满足，则社会就不能顺利发展。比如说，考察中国三次产业结构就会发现：2008年第一产业、第二产业和第三产业占GDP

的比重分别为11.3%、48.6%和40.1%。但第一产业、第二产业和第三产业就业人员所占比重分别为39.6%、27.2%和33.2%。如果以三次产业占GDP的比重分析,则中国已经进入到了工业化中期阶段;但如果从三次产业从业人员所占比重分析,则中国仍然具有很强的农业社会特征。这就出现了产值与从业人员分布之间的非均衡性。这种非均衡性的存在,加之户籍制度的影响,使中国长期城市化不足,迫使大量农业户口人口不得不居住和生活在农村,也迫使大量农村流动人口往来迁徙于城市与农村之间。

另外,虽然绝大多数农村劳动力,只在每年的某个固定时间段从事农业生产,而将更多时间集中在非农业上。比如说,除家庭经营收入外,在2008年,中国农村居民的劳动报酬收入占现金收入的比重就已达到33%左右——而这些收入中的绝大多数,都是在城镇或县城企业的做工收入。可这些人仍然被固化为农民。由此也使2009年的中国城市化水平仅仅为46.6%左右。城市化水平的低下,不仅严重影响着农村的发展,而且还难以在短期内提升内需,迫使中国不得不继续依靠出口拉动国民经济的增长。所以,基于国民经济发展阶段的城市人口与农村人口的均衡,是既能够保障粮食生产自给,又能够节约土地资源、减轻人口对土地的强烈依赖的均衡。但土地制度与城市对流动人口的限制,仍然约束着城市化速度的提高。

另外,劳动力结构的均衡,在某种程度上也表现为阶级阶层结构的均衡。而阶级阶层结构的均衡,则主要取决于收入结构的均衡。如果劳动者的收入增长赶不上经济增长的速度,则会严重影响消费占比,并通过对消费的作用影响劳动力人口的代际再生产。时下的中国,农民阶级占总人口的比重,仍然高达40%左右,体力工人阶级占20%左右,技术工人阶级占10%左右,中产阶级占23%左右。业主阶层与社会管理人员阶层虽然占人口总数的比重在7%左右,但他们却占有整个工资收入总额的30%以上。需要知道,现代化国家的阶级阶层人口结构,是中产阶级人口占比最大的鹅蛋型结构,而不是农民阶级与工人阶级人口占比最大的金字塔结构。这种人口的阶级结构属性,不仅影响着国家与社会的稳定,也影响着未来社会的精英再生产。如何通过教育与就业制度的建设,消除阶级阶层结构差异所带来的负面影响,使我们社会的流动特征,更多地体现为重能力而轻家庭背景,是均衡人口的阶级阶层结构的一个有效路径。而当前制度配置的重点,在于提高普通劳动者的收入水平,使职工能够均衡分享社会发展的成果,过上"体面"的生活。

总之,在进入低生育时期以后,中国人口的转变特点,使人口数量与人口、资源、环境、社会发展之间的关系变得极其复杂。有些自然科学家,更希望以较少的人口维持更加绿色的资源环境。但与他们对应的社会科学家,则更看重人口转变过程本身对社会和谐发展的影响。不管是经济学家,还是社会学家,有越来越多的人趋向于认为:在人口转变既定的情况下,人口不是越少越好,也不是越多越好,而是结构越和谐越好。我们要知道,即使在环境友好与资源节约的前提下,人口与社会经济发展之间也会存在均衡问题。科学技术的进步、交通设施的改善、生产技术的提高等均会改变既有的人口分布格局,打破原有的那种结构模式、通过新一轮的“自组织化”重新形成人口的中心—外围周边空间结构。中国未来城市化所带来的人口集聚态势,势必在新发展阶段带来新的均衡问题。

要知道,对于人类而言,规模经济会带来人口的集聚效应;新的资源的开发与原有资源的布局,又使资源环境与人口紧密结合。空间经济学与空间社会学研究得到的基本结论是交通运输与集聚规模之间的关系,决定人口的集聚程度。新经济与新资源的开发,在造成原有结构失衡的同时,也会带来新的均衡要求。在集聚效应逐渐变负的时候,分散与导流就成为形成新的均衡的必要手段。而人口流动——不管是居住和工作区位流动,还是社会职业流动,都会影响人口与自然环境之间的既有配置,出现人口与环境之间的失衡、或者出现人口内部结构的失衡、或者出现人口供给与社会经济发展需求的失衡。只有使人口与自然环境、或者使人口内部结构等维持起码的均衡,才可能求得社会的稳定与和谐绿色发展。在这一发展背景下,加强人口均衡性社会的研究,具有十分重要的理论意义与现实意义。

建设人口均衡型社会应破解的人口均衡问题①

王金营　顾　瑶

河北大学经济学院

均衡在经济学里是一个最为关键和一般性的概念，而人口作为社会经济发展的基础变量，无论是马克思主义所阐述的人口再生产与物质再生产相适应的两种再生产理论，还是适度人口理论，无非是说明人口规模的供给和社会经济发展需求（或者约束）存在一个均衡点，当然这个均衡是处于动态变化中的。在21世纪，中国社会、经济发展所面临的资源利用、环境保护、社会融合、经济发展等各种问题，提出建设人口均衡型社会，是一个新的概念和理论。

人口发展不仅仅有其自身的内在规律性，而且与资源、环境和社会经济发展有着密不可分的联系，人口是核心要素。因此，人口均衡分为人口发展与社会经济发展之间的均衡和人口自身可持续发展的均衡，可简称为外部均衡和内部均衡[1]，且二者之间存在相互作用。人口外部因素一旦失衡，它将通过人口与经济系统的自动调节机制，对内部均衡产生冲击，内部均衡偏离稳定状态后又会对外部因素产生溢出效应，因此需要政策搭配进行调控。

在20世纪，随着我国人口迅速膨胀所带来的社会经济发展的压力，为解决人口数量过于庞大与生产力相对落后间的矛盾，从20世纪70年代初我国实施了以控制人口过快增长为目的的计划生育政策。这一政策有效地控制了我国人口规模增长速度，改变了人口增长的模式，在改革开放的30多年里，促进了经济增长与人口增长的协调发展。但是，长期的低生育率下人口内部非均衡发展下产生了更为复杂的人口现象，引发了人口结构性的失衡

① 该论文已经发表在2011年第1期《人口研究》上。

和矛盾，成为制约未来我国经济和社会发展的“人口难题”。建设人口均衡型社会我们面对历史积累下来的人口初始条件和由它决定了的未来人口规模、结构、生育率和自然增长的均衡难题，也会有在资源和环境约束下人口规模、结构与社会经济发展的均衡问题。如图所示。破解这些人口难题是建设人口均衡型社会的应有之意。

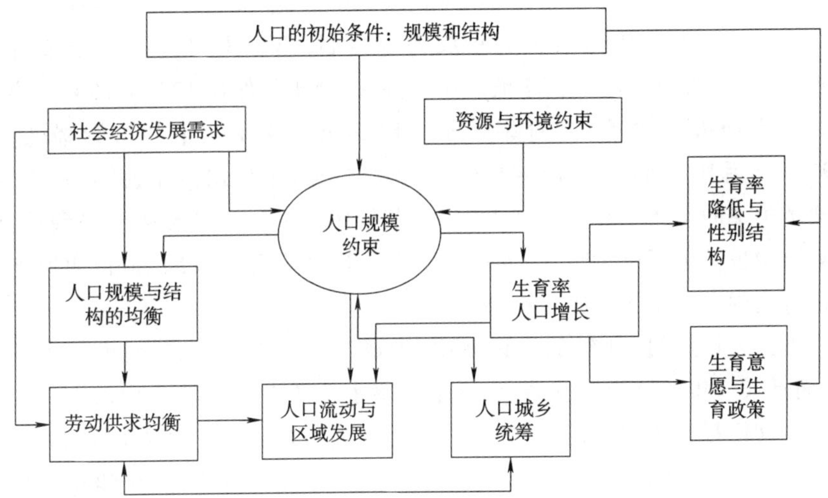

建设人口均衡型社会面临的人口均衡问题及其关系

Construction population equilibrium type society faces population equilibrium problems and their relationship

一、建设人口均衡型社会的初始人口条件

自中华人民共和国成立之初的 1949 年我国人口规模已经达到 5.42 亿[①]。此后，我国人口发展主要经历了四个时期。第一个时期是新中国成立后随着社会的安定、经济的恢复、人民生活条件改善和公共卫生、医疗条件和技术水平的提高，在生育率依然维持较高水平下，死亡率大幅度下降，形成了近 10 年的人口快速增长。1959 ~ 1961 年的“三年困难”时期，我国人口出现非正常的短期波动。第二个时期，1962 ~ 1972 年期间 1963 年和 1964 年由于补偿性生育，形成出生率峰值点，其后的 8 年里生育率水平也高

① 本文除特别注明出处的外，现实数据均来自《中国统计年鉴》或根据实际数据的计算得到，未来预测数据均来自作者自己所做的预测。

于50年代,伴随死亡率的下降,使得人口增长加快。除三年灾害时期外,这两个时期的高出生率(高生育率)、低死亡率使人口持续高速增长,形成了庞大的人口规模和年轻化的人口年龄结构。第三个时期,自20世纪70年代初,为缓解日益严重的人口压力,我国开始实行更为严格的计划生育政策,1970~1980年期间妇女总和生育率快速下降,由1971年的5以上下降到1980年2.7左右,其后在整个80年代我国妇女总和生育率维持在2.5上下。这一时期人口快速增长的势头得到控制,出生人口规模基本维持在2200万左右,人口自然增长率波动中下降在80年代保持12‰~15‰。第四个时期是1990年之后,生育率水平下降到更替水平之下并持续降低,自1995年之后基本维持在1.6~1.8,人口发展进入了低出生率、低死亡率、低自然增长率的态势。在这一人口转变进程中我国人口规模增长得到控制,年龄结构也发生了巨大转变,人口年龄金字塔塔底急剧收缩,人口快速老龄化使得我国已经步入老龄化社会。

中国人口经过60年的风风雨雨,形成了一个13.4亿的规模巨大的人口,而且人口年龄结构快速老化、低生育率水平还在持续的非均衡人口发展状态。这便是给我们当代人和后代人在21世纪留下的一个人口发展、社会经济发展所面临的人口条件。这也是无法改变的初始条件,在建设人口均衡型社会进程中,我们就必须破解由这一初始条件所决定的人口发展的均衡问题。

二、资源、环境约束及社会经济发展中的人口规模均衡

(一)人口持续正增长必然受到资源、环境约束

人类的生存和发展依赖于必要的物质、经济条件,地球现存自然资源是人类赖以生存的基础。人类所有的生产、消费活动就是对自然资源的使用和开发利用过程。相对于不断增长的人口来说地球资源是稀缺的,即便是可再生资源可承载的人口和人类活动也是有限的。资源的稀缺性限制了人类的各项活动,日益恶化的环境也对人类的生存空间和生存质量产生威胁;而巨大人口规模又会反作用于这些因素,形成人类社会发展的外部制约。因而,在一定技术条件下,存在一个与外部自然资源、环境、经济相适应的人口规模,使得人口与自然、人口与经济的关系处于均衡协调。换言之,我们必须面对资源的人口承载力、环境的人口承载力和社会经济发展人口承载

力的约束。

相对资源和环境的约束力来说，人口是可控力更强的一种资源。我国一直在实施人口控制计划，并取得了很大的成效，人口快速增长的势头得到控制。根据预测我国人口规模最大值将于2030年达到，为14.6亿左右；由于计划生育政策的实施和社会经济的发展，我国生育率水平已经降低到更替水平之下，而且低于世界平均水平，从我国人口增长的趋势来看，在2030年后人口会出现持续的减少。无疑人口的有效控制将使我国使用资源的总量和模式最终得以改变，为建立人口与资源、环境之间的长期均衡关系提供了十分有利的人口条件。

当然，人类不改变现有的生产方式、消费方式和无限欲望，无论怎样减少人口，那些不可再生资源都将耗尽，环境不会得到根本的改善。换言之，在满足人类一定欲望和在改进生产方式、生活方式，加快技术进步，加速替代能源的研究和开发的前提下，人口承载力将是一个动态的人口与资源、环境和社会经济发展相协调的人口适度规模。

（二）人口长期负增长的危险

经济活动由人类的生产、消费、交换、分配活动组成，是人类独有和必需的活动，人口与经济之间存在着相互制约和相互促进的密切关系。具体到我们国家，庞大的人口规模给经济带来了复杂的影响。改革开放前，巨大的人口规模和快速的增长，给我国经济发展带来就业、资本积累和深化、收入分配等各种压力，制约了经济增长；伴随改革开放的深入，巨大人口规模形成巨大市场以及劳动力的充分供给为我国经济增长带来了“人口红利”，是我国经济连续30年的快速增长不可忽略的一个因素。中国60年来人口与经济发展的实践证明，在生产力还相对落后的情况下，人口的快速增长和巨量人口规模对经济发展和增长有制约作用，经过30多年的人口控制，人口增长与经济发展逐步相协调，人口规模和适度的增长将是经济增长和发展的有利条件。由此看来，在人口与经济之间也存在着一个均衡问题。

从人类社会发展的历史看，人类不断追求着寿命的延长、人口的增长，因此人类不断创造出奇迹以解决人口增长带来的各种问题，满足人们物质文化的需求。但是，人类能不能解决未来人口长期处于低生育水平的自然地大幅度减少和过度的人口老化所带来的不可预料的各种问题呢？从人口自身的可持续发展、人口的供养关系和人口与社会、经济之关系看，人口大幅度减少和过度老化，都会造成严重的失衡问题甚至出现各种安全问题，使人们持续忍受着这些失衡问题所带来的痛苦。

(三)人口的适度减少与稳定的选择

在中国,建立人口与资源、环境和社会经济发展协调均衡关系必须面临的是我国现实的人口状态和初始条件。一切的出发点是我们已经有了一个13亿还将增长到14亿多的人口,已经是一个不断老龄化的人口,已经是一个低生育水平的人口。那么,对于未来我国人口应该以怎样的路径发展,是继续严格地执行生育控制政策使生育率处于超低水平,还是放开生育政策使人口处于增长状态呢?根据人口与资源、环境和经济增长的关系,显然在我国人口依然达到14亿这样一个巨大规模的条件下,人口加快地增长是不适宜和违反人口与资源环境可持续发展规律的,会造成人口与资源、环境和经济系统平衡的更大破坏。也就是说,我国未来人口规模应该有所控制。但是,也决不能够使我国人口在21世纪大幅度减少,根据本研究者近期的一项研究成果,过低生育水平下,未来我国经济增长将长期处于低速增长甚至负增长,远没有使生育水平保持在1.9~2.0的人口发展所形成的经济增长的效果好。因此,无论从我国人口与资源、环境之间的关系,还是从我国未来人口发展与经济增长之间的关系出发,选择一个人口适度减少并最终稳定下来的途径和政策将是目前条件下的最优选择。

三、人口规模与年龄结构均衡

人口规模和年龄结构均衡,是指由生育率和死亡率变动形成的人口规模、年龄结构处于相对稳定状态。人口规模和年龄结构是人口均衡范畴内的两个重要变量,二者之间存在动态因果关系,因而人口内部均衡应该是两个变量同时达到的均衡。从我国现有人口初始条件出发,人口规模与年龄结构之间的矛盾体现在:

1. 由于人的寿命不断延长,一个稳定的相对年轻的年龄结构必然是人口规模不断增长的人口

根据稳定人口理论,当年龄别生育率和年龄别死亡率保持不变,最终将实现恒定出生率和死亡率,人口处于稳定状态。然而,事实上年龄别死亡率将是不断降低的,人口的出生预期寿命不断延长,这种状态下人口要想保持一个年轻的年龄结构,就必须生育更多的孩子提高生育率,这样就必然使人口规模处于持续增长状态,人口不可能处于稳定状态。

2. 由于人的寿命不断延长,当人口规模受到控制甚至减少的情况下,人口的年龄结构必然是一个老龄化的状态

当人口规模受到限制或减少的情况下,由于人的寿命仍然不断增长(这是人类追求的目标之一),就必然需要降低生育率从而减少人口出生。随着寿命延长和以往高出生率时出生人口进入老年使得老年人口规模增加较快;而青少年人口减少使得人口老龄化程度不断加重。这种情况虽然从人口规模看可能与外部资源和环境处于均衡,但是年龄结构的过度老化带来的是更为复杂的均衡问题:劳动力供给、老年供养资源、人口死亡、社会代际关系、人口自身发展,等等。

3. 中国未来人口发展的初始条件决定了人口年龄结构的老化,但是存在一个相对的均衡状态

如前所述,到2010年我国人口规模已然达到13.4亿多,青壮年人口所占比重处于较高水平,生育率趋向低水平。这些条件就决定了未来人口年龄结构不断的老化,但是未来一个世纪内人口老龄化程度的高低与我们采取的不同生育水平和选择的人口(规模)发展路径有着密切关系。如果生育率继续降低,那么人口规模会大幅度降低,到21世纪末可以实现人口规模减少到5亿,但是我们将要长期保持老龄化程度高达33%以上。我们的社会经济是否能够支撑这样一个高度老化而缺乏劳动力的人口,或者一个人口过度老化而缺乏劳动力的人口能否使社会经济发展处于稳定平衡状态呢?我们的研究证明这是不可取的[2]。同样,人口规模的持续膨胀将会使已经形成的资源环境压力进一步加强,使得人口与外部资源环境更加不均衡,因此一个从现在开始使人口持续增长的路径也是不可取的。根据我们对人口与经济的动态模拟,从现在开始,使总和生育率水平保持1.9~2.0,人口规模既可得到控制也使得人口老龄化不会出现过度状态,有利于我国经济持续的增长。这一路径和政策选择将使人口规模与年龄结构处于一个均衡状态。

4. 破解中国人口规模与年龄结构均衡问题的关键在于生育水平的选择

通过上述分析,在人口寿命不断延长的情况下,破解中国人口规模与年龄结构均衡问题的关键在于:生育政策调整时机、生育水平的回升和稳定。生育政策的调整必须是在对居民生育行为还有影响的情况下进行,也就是在人们还愿意多生育还没有固化低生育文化的前提下,调整和完善。[3]以使得人口处于相对稳定状态。

四、出生率、死亡率与年龄结构稳定均衡

从历史来看,古典人口增长模式经历相对漫长的时期[4],这一时期人口发展处于长期均衡状态,人口增长幅度小,速度慢,甚至可能出现零增长,人口规模稳定,年龄结构偏年轻化。人口转变开始后,首先会经历“高出生率、低死亡率、高增长率”的短期阶段,这一时期人口会出现迅速膨胀,年龄结构进一步年轻化,但由于这一时期出生率水平高,人口处于持续增长状态,相应年龄结构也会随新生人口的增加而持续出现变化,因而这一时期是人口的非均衡时期。第二次世界大战后的新兴资本主义发达国家和部分发展中国家(包括中国)都曾经历这一时期,虽然这一时期普遍较短,但其非均衡状态产生的人口结构变动对各国经济和社会的影响却十分深远。人口转变的完成以人口“低出生率,低死亡率和低自然增长率”模式的形成为标志,这一模式能不能够形成相对平稳的人口总量,最为主要的是低生育水平和人口年龄结构在经历了前一期非均衡的年轻化后开始步入老龄化进程,如果生育水平能够维持在更替水平(至少差距甚小),那么,人口就会处于低出生率和低死亡率的均衡状态。然而,如果生育率水平大大低于更替水平,就必然导致出生率的大幅度下降和由于年龄结构老化而导致的死亡率的上升,人口出现较快速的减少,人口处于一个出生率和死亡率非均衡的状态,而人口规模将是不稳定的。换言之,在人口实现低出生率、低死亡率和低自然增长率之后,如果生育率还持续降低,则人口将进一步向低出生率、相对高死亡率、人口负增长的人口再转变阶段。目前来看这一转变对于中国恐怕是不可避免的了。

根据作者所做的人口预测,如果未来我国妇女总和生育率保持低水平为1.5左右,那么死亡率高于出生率将会在2030年达到,而且其后的人口持续快速减少,人口年龄结构出现高速的老龄化,人口规模和结构都将处于非均衡;而如果妇女的总和生育率能够达到或接近更替水平,尽管由于人口年龄结构的惯性未来一段时间人口会出现负增长,但是速度较慢,人口能够实现相对的稳定状态,甚至是实现人口保持比较恒定的规模和结构。

从这个意义上,生育水平(或者生育政策)的取舍将是关系到人口均衡发展的关键。

五、生育政策与生育意愿的均衡

在中国，由于人口政策参与的广度、深度和力度远大于其他国家，政策主导取代人口自然变动成为人口转变的核心影响因素。

生育意愿是一个主观概念，用来衡量人们在生育年龄、生育数量、生育性别和生育动机等方面的偏好，它受到个人收入与经济条件、劳动与养老需求、养育成本和传统文化观念等多种社会、经济因素的影响。在自然生育条件下，生育意愿应该是决定一国生育率水平的重要概念，也是决定一国人口规模、人口结构的重要变量。但是，在我国计划生育政策下，政策硬性约束与公民主观愿望之间存在矛盾，生育意愿无法形成对生育行为的影响机制，从而产生了计划生育政策与生育意愿间的非均衡。

近些年来，我国经济发展水平和城市化进程的加快改变了妇女生育意愿。在2002年进行的生育意愿调查中，我国育龄妇女在不考虑生育政策条件下的理想子女数是2.04个，考虑生育政策条件下理想子女数是1.78个。2006年，育龄妇女意愿生育数量下降为1.73个，其中未婚女性意愿生育数量为1.46个，远低于已婚女性的意愿生育数量[5]。总体来看，我国育龄女性生育意愿在逐渐下降。

从发达国家的经验看，人们的生育意愿已经低于了人口简单再生产所需要的更替水平，这些国家（日本、法国、俄罗斯等）的政府出台了许许多多鼓励生育的政策，但是生育水平并没有回升的迹象，生育意愿与政策意愿处于非均衡状态。

根据发达国家的经验和我国的实际，在我国人口年龄结构不断恶化的情况下，许多学者也提出了调整我国生育政策、提高生育率水平的政策建议。笔者认为，应该完善和调整当前的生育政策使我国生育率水平逐步升高，在近十年时间里将总和生育率逐步调整到1.9～2.0，并最终提高到更替水平是解决我国长期人口结构矛盾的可行对策。从育龄女性生育意愿降低和国家期望生育水平提高的情况判断，二者有相互收敛的趋势，并可能在较短的时间里达到均衡状态。

六、生育率下降的性别均衡

我国人口发展进程中面临的另一个严重非均衡问题是人口性别均衡。

从人口学角度来看,性别失衡会在婚姻关系中形成男性总量的过剩,产生婚姻挤压,部分男性公民的婚姻权、配偶权得不到保证。从社会角度来看,性别失衡还将冲击传统稳定的婚姻结构,导致社会关系的失衡,引发社会、道德问题。男女比例失调还会增加育龄女性的生育压力,孕育期间医学措施的不当使用对其身体和心理都会造成极大的伤害。

因而,采取相应的政策甚至法律措施对未来人口,尤其是出生人口性别比重进行调整是促进我国人口领域达到均衡状态的另一重要举措。目前可以采取的根本性的手段,在于加快我国经济发展和城市化进程,提高公民的生活水平和受教育水平,加强素质教育,打破传统思想观念对于人们生育性别偏好的影响。

七、劳动力供求均衡和养老供求均衡

劳动力供求均衡和养老供求均衡是伴随人口年龄结构变化派生出来的问题,是人口均衡问题在劳动力市场和社会保障市场的辐射。人口老龄化会直接产生两个副产品,一个是劳动力边际供给的减少和长期供给绝对规模的萎缩;一个是养老保障需求的扩张。这两个副产品会进一步引发劳动力市场和社会保障市场的非均衡,给经济、社会施加更大的压力,产生外部不经济,因而人口均衡概念中也应涵盖劳动力供求均衡和养老供求均衡两个因素,将其纳入内部体系中。

1. 劳动力供求均衡

劳动力供求均衡是宏观经济学意义上的劳动力市场均衡,代表劳动需求与劳动供给相等的市场静止状态。劳动力需求是在一定生产技术水平下,由劳动工资水平、总产出水平以及人口规模和结构(影响总需求继而决定总产出)等变量共同决定,是人口体系内人口规模和人口体系外技术水平(生产函数)、消费需求和其他需求等的经济变量决定的量。劳动力供给则取决于一国人口规模和人口年龄结构。因此,既定年龄结构和人口规模的稳定增长形成劳动力市场供给的增长模式,进而决定劳动供求的均衡水平。年轻型和成年型人口年龄结构中劳动年龄人口及生育年龄人口比重大,会形成递增的劳动规模和劳动边际供给,在为劳动力市场提供充裕的供给外,也会形成巨大的就业压力。根据“木桶原理”,此时供求均衡水平取决于经济系统内的劳动需求因素,促进经济增长和创造就业机会是解决劳动力市场均衡的根本举措。老龄型人口年龄结构中老年人口比重高,可形成的劳动供给规模小,且劳动年龄人口抚养负担沉重,生育意愿下滑,会导致劳动边际供给的降低,甚至可能形成负的边际供给,劳动就业规模萎缩。此时劳动力市场均衡的主要矛盾在于劳动供给规模的偏小和持续下降,解决的根本举措除提高技术水平、转变经济增长方式外,需要促进生育水平的提高,增加出生人口和劳动参与水平的提高。

我国人口年龄结构经历了从年轻型向老年型的快速转变,并出现三次较大的人口增长和出生高峰,这三个时期出生的婴儿相继在20世纪80年代、90年代和2000年之后进入成熟劳动年龄时期,促进劳动年龄人口不断增长,从业人员由1978年的4亿增长到1990年的6亿,到1998年增长到7亿,目前达到7.7亿;而且人口的劳动年龄人口比重呈现了不断上升的状态,由1978年的55.6%上升到2007年的72.5%。但是,自20世纪90年代开始生育率降低到更替水平之下后一直持续维持在低水平,使得老年人口比重在不断上升,青少年比重持续下降,人口结构已经形成了老龄型。尽管人口结构日趋老龄化,但是我国经济仍在享受人口结构带来的人口红利。这主要是由于几次人口出生高峰扩大了我国人口基数,人口增长的惯性使我国能在低生育水平仍然保持人口规模的增长。不过,根据我们的预测,这一增长趋势所能够保持的时间仅仅还有20年左右,然后中国会经历漫长的人口总量下滑的时期,且在20年后,人口金字塔结构将会倒置,老龄人口将取代青壮年劳动力成为比重最大的群体,人口红利即将消失。

与老龄化的特征相伴,人口金字塔底部在不断萎缩,可以预见,再经过一个成长周期,目前位于塔底的少儿进入劳动年龄后,劳动人口比重将会大幅降低。我国劳动年龄人口总量将在2017年达到峰值,随后会逐渐下降,届时劳动力供给将成为劳动供求平衡的矛盾主体方,劳动买方市场被卖方市场所取代。

2. 养老供求平衡

人口老龄化带来的另一个问题是老年人口的社会保障问题。一方面,养老需求的增长。一是老年人口规模的增长,在未来的50年里,我国65岁及以上老年人口将由当前的1亿左右,增加到2050年的3.17亿多,届时老年人口占总人口的比重达到22%以上。二是老年人口具有特殊的身体和心理特征,其身体机能会出现老化,部分老年人可能部分甚至全部丧失自理能力,需要有人长期照顾生活;健康状况也日益恶化,暴发疾病的风险远大于中、青年,对医疗、保健的需求庞大;三是随着社会经济的发展和社会保障的不断完善,未来老年人可支配的收入会不断增加。三者相互叠加,导致未来我国社会面临老年人的养老需求迅速膨胀。

另一方面,养老的人力资源供给逐步减少。由于出生孩子的减少,未来劳动年龄人口必然减少,同时,随着人口老龄化和劳动力的相对高龄化,以及人们受教育的年限的延长,总的劳动参与率将低于70%。两个方面的共同作用使得未来劳动供给大大减少,到21世纪中叶我国劳动力的供给规模仅仅有6.4亿人左右。

与老年人口规模3.17亿相比较,届时一个庞大的养老群体和需求规模对应的却是不断老化的减少的劳动供给,养老的人力资源的短缺将在所难免。那么,我们如何破解养老供需均衡难题,恐怕仅仅从人口发展自身也无法寻找到解决问题的办法。

八、人口流动与区域均衡发展

在我国,由于区域社会经济发展的不平衡,或者区域非均衡发展,带来我国人口分布的非均衡,形成了世界上独有的连年持续的人口大流动。人口流动迁移反映了人口对于社会、经济发展和资源、环境的选择,是人口分布和区域社会经济发展不平衡的表现。不能够彻底改变现有区域社会经济发展的非均衡状态,人口大规模流动将会持续下去。区域均衡发展适应人口分布,根据资源和环境的约束合理分布人口,才是解决人口持续流动的根本所在。

九、城乡统筹的人口均衡发展问题

二元社会的制度设计造成我国长期的城乡非均衡的发展,在一定时期促进了经济的发展。但是,这种非均衡发展是限制农民市民化、牺牲农村、农业发展为代价,使得城市化发展滞后于工业化,制约了经济的发展。城市化特别是人口城市化是未来中国实现经济持续增长的一个所在,但必须从制度上能够保障充分实现人口聚集、提高要素效率、发挥城市的各种作用,实现人口城乡均衡变动和统筹发展。

总　结

建设人口均衡型社会,我们必须面对历史积累下来的人口初始条件,人口初始条件决定了未来人口发展的规模和结构趋势;在资源和环境约束、社会经济发展要求下决定了未来人口发展应选择的取向和政策选择可能。在我国,资源和环境的约束、社会经济发展的要求,人口规模成为一个硬约束;在这一硬约束下人口结构均衡问题显得异常突出;同时伴生劳动供求、人口流动、城乡转变等问题。而破解这些均衡问题的根本在于生育政策的完善和调整、投资于人的战略实施、促进人口合理流动和人口城市化协调发展的制度设计,在于选择与人口发展相适应的经济发展方式。

参考文献

[1]翟振武等. 为什么要建设"人口均衡型社会". 人口研究,2010,(3):42~54.

Zhai Zhenwu, etc. Why to build "Population Equilibrium Type Society". Population Research,2010,(3): 42~54

[2]王金营,杨磊. 中国人口转变、人口红利与经济增长的实证. 人口学刊,2010,(5):15~24.

Wang Jinying, Yang Lei. An Empirical Study of Demographic Transition, Demographic Dividend and Economic Growth in China. Population Journal, 2010,(5):15~24

[3]王金营. 再认识人口发展与经济发展的规律. 市场与人口,2006,(1):36~38.

Wang Jinying. Reunderstanding Relation Between Population and Economic Development. Journal of Market and Population. 2006,(1): 36~38

[4]李建民. 论人口均衡发展及其政策含义. 人口与计划生育,2010,(5):11~12.

Li Jianmin. On the Population Equilibrium Development and its Policy Implications. Journal of Population and Family Planning,2010,(5): 11~12

[5]姚从容,吴帆,李建民. 我国城乡居民生育意愿调查研究综述:2000~2008[J]. 人口学刊,2010,(2):17~22.

Yao Congrong, Wu Fan, Li Jianmin. Chinese Urban and Rural Residents Childbearing Willing Research Review: 2000~2008. Population Journal,2010,(2):17~22

从人口自身均衡发展看统筹解决人口问题

乔晓春　宋　骁

北京大学人口所

2007年,国家人口和计划生育委员会提出了中国特色统筹解决人口问题道路的基本思路:以邓小平理论和“三个代表”重要思想为指导,全面贯彻落实科学发展观,坚持解放思想、实事求是、与时俱进、改革创新,坚持以人的全面发展为中心,坚持计划生育基本国策,不断丰富中国特色统筹解决人口问题的理论和制度体系,发展社会主义人口文化。优先投资于人的全面发展,稳定低生育水平,提高人口素质,改善人口结构,引导人口合理分布,保障人口安全,推进人口大国向人力资本强国转变,促进人口与经济、社会、资源、环境协调和可持续发展,为建设社会主义现代化国家创造良好的人口环境。

按照这个基本思路,国家人口计生委提出了解决我国新时期人口问题的核心,即“两个统筹”:统筹人口与经济、社会、资源、环境的协调发展,统筹人口自身(数量、素质、结构、分布)的协调发展。针对第二个“统筹”,我们需要回答下面四个问题:

1. 人口问题是什么?
2. 人口自身问题的性质是什么?
3. 人口自身因素之间的关系是什么?
4. 如何通过协调关系来系统地考虑并解决人口问题?

一、人口问题

“人口自身”实际上指的是人口因素本身,包括数量、素质、结构、分布四方面。如果单纯讲一个国家或地区人口数量的多少,以及人口素质、人口结构、人口分布等状况,并不能称其为“问题(problem)”。是否存在问题应该有一个判断的标准,这个标准并不是纯粹的、孤立的人口数值,而是与人口赖以存在的经济社会和自然环境等因素结合起来,看人口发展和这些因素之间是否相互协调,如果之间的关系不协调就是存在问题;如果相对来说比较协调,则不存在问题。所以,“人口问题”指的是人口自身因素与其所处的环境(自然、文化、社会经济等)之间关系是否相适应,相适应意味着没有问题,不相适应则意味着存在问题。下面对人口因素的四方面分别进行说明。

1. 人口数量

对于一个国家或地区来说,我们并不能简单地说人口数量应该多少是合适的,它必须是在对当地的环境容量、经济容量和社会容量进行综合考虑之后才能得出的一个相对适宜数值。当人口大大超过这个适宜数值时,环境、经济和社会就会难以承载这么多人,人口数量就出现了问题。

2. 人口素质

主要包括人口健康素质和科学文化素质,这两方面的人口素质是否存在问题,与人口所处社会的经济发展程度及生产方式有关。举例来说,封建社会自给自足的小农经济下的人口文化素质,如果放在奴隶社会中则能完全适应其生产方式,也能较好地适应封建自然经济,但如果放在资本主义大机器生产中,则会出现很大问题。当然,这只是从经济发展的需要角度来看人口文化素质。如果从人本身的发展来看,无论是人口的健康素质还是科学文化素质都应该是越高越好。

3. 人口结构

主要包括年龄结构和性别结构。年龄结构是否存在问题,与人口所处社会的经济发展程度、产业结构及社会保障和福利有关。同样的一个老年型人口,在拥有完善的社会保障和福利体系、国民经济以技术密集型产业为主的发达国家或许不存在问题,但在社会保障和福利制度尚不健全、国民经济以劳动密集型产业为主的发展中国家则存在较大问题;在性别结构上,一般来讲,出生人口性别比失常都会产生一定的社会、经济问题,但问题的严重程度也与人口所处社会的婚姻文化、世俗观念和人们的道德文化素质、法制体系以及产业结构有着或多或少的关系。实际上,在特定情况下,性别比的不平衡并不意味着不正常,更不一定意味着存在问题。比如军队人口的性别比肯定是不平衡的,但它却是正常的。

4. 人口分布

主要包括人口在地区间的分布。人口在地区间的分布是否存在问题,与各地区不同的环境、经济和社会人口容量有关。客观上讲,一定的自然条件或地域面积对它上面的人口,相对来说是有一定的承载力或特定容量的。如果各地区的人口数量不超过其人口容量,则人口分布没有问题,反之,人口数量超过人口容量则存在问题。同样,人口分布的不均匀不一定意味着不合理。比如中国西部地区地广人稀,而东部则人口密度很大。但这相对来说应该是合理的,因为尽管西部地域面积很大,但是人们能够生存的空间并不大。而东部正好相反。

综上所述,我们可以看到,人口问题是相对的,它是相对于人口所处的环境而言,并不是人口自身因素本身存在什么问题,尽管人口自身运动有其“理想”的模式。人口问题的本质,就是人口因素(包括数量、素质、结构、分布)与人口所处的经济、社会、资源、环境之间是否相适应。马克思认为,人的本质是“一切社会关系的总和”,所以作为若干人的集合体的人口,其问题的本质就是一切“社会关系”的问题。当这个关系不和谐,即人口因素与所处环境不相适应时,就存在人口问题;反之,当这个关系和谐,即人口因素与所处环境相适应时,就不存在人口问题。

二、人口自身问题的性质

如果问题是由于相互不适应导致的,那么解决人口问题的方式就不仅仅只是从内部因素——人口自身因素入手,还应该从外部因素——经济、社会、资源、环境入手。前者可以成为人口计生部门的任务,而后者则应是相关的非人口部门的责任。从这个意义上说,“两个统筹”实际上是一回事,是一个问题的两个方面,可以看做是“一个统筹”。统筹人口与经济、社会、资源、环境的关系,事关经济社会的可持续发展;统筹人口数量、素质、结构、分布的关系,事关人口自身的均衡发展。而人口是国民经济和社会发展的基础,为了达到经济社会的可持续发展,必然要求人口与经济社会相适应,要求人口自身实现均衡发展。所以“两个统筹”实质上是为了一个目标:实现人口长期均衡发展。

20 世纪 70 年代初期甚至更早,在人们的认识里,中国人口问题的核心就是人口数量多,即把人口问题直接等同于“人口多”。针对控制人口数量的目的,20 世纪 70 年代开始的计划生育无疑是一项正确的决策,结果也是非常成功的。如果还是继续针对这一目的,21 世纪继续坚持计划生育,甚至更为严格地控制人口增长,同样也是正确的。但在数量问题得到缓解后,人口问题已经不再等同于“人口多”了。控制人口数量只是一个“阶段性目的”,我们的最终目的是要解决中国的人口问题,而不是让人口无休止地减少。

在控制人口数量上,很多人陷入了一个认识误区:将控制数量当做解决人口问题的目的。实际上,控制数量只是手段,解决问题才是目的。随着经济社会结构的调整,新时期我国出现了以下四大人口问题:(1)人口数量问题。人口总量持续增长,21 世纪上半叶,将先后迎来总人口、劳动年龄人口和老龄人口三大高峰;(2)人口素质问题。出生人口素质、总人口健康素质和科学文化素质偏低,亟待提高;(3)人口结构问题。年龄结构上,人口老龄化进程加速;性别结构上,出生性别比持续升高;(4)人口分布问题。大量剩余劳动力仍滞留农村,同时流动人口不断增多,城镇化进程加速。

所以,面对复杂的人口发展形势,我们时刻都不能忘记"最终目的":统筹解决中国的人口问题。不要让一个"阶段性目的"代替"最终目的",也不要让手段成为目的。否则,其后果可能会使我们的人口问题更为严重,因为人口因素的变化是相互联系的。

三、人口自身因素之间的关系

人口自身涉及数量、素质、结构和分布四个方面,而这四个因素之间也存在着相互联系和相互作用关系,至少可以有以下一些关系:

1. 人口数量和人口结构之间的关系

一方面,人口数量得以控制后,生育率下降导致年轻人减少,死亡率下降导致老年人增多,二者的共同作用会使总人口中老年人口的比例增加,导致人口年龄结构的老化,这是由客观因素决定的必然过程;另一方面,生育率的下降也导致了出生性别比的升高,尽管这更多地受到主观因素,即重男轻女的传统生育观念的影响,但其结果是非常明显的。

2. 人口结构和人口素质之间的关系

人口年龄结构的老化客观上会导致人口总体(甚至个体)健康状况下降、人口总体死亡率提高以及人口总体受教育水平提高速度放慢等,因为相对于年轻人口,老年人口健康状况较差且接受教育较少。另外,通常情况下,人口性别比升高,会使人口总体的平均预期寿命降低,而受教育水平提高,因为男性平均预期寿命一般低于女性,而受教育水平一般高于女性。

3. 人口素质和人口数量之间的关系

一方面,出生人口素质和总人口健康素质越高,存活人口越多,存活时间越长，这会使人口数量增加；另一方面，一般来说，人口科学文化素质越高，主观上人们的生育意愿越低，客观上生育并培养一个孩子的边际成本越高，这会使生育率降低，从而减少人口数量。

4. 人口素质和人口分布之间的关系

一个人口的健康素质和科学文化素质越高，不仅使人们的迁徙能力越强，其向外流动的可能性越大，而且使其在城镇中就业的能力越强，转移到第二、三产业的可能性越大。这一点在我国由乡村向城镇、由中西部向东部沿海的劳动力转移过程中表现得尤为明显。

5. 人口分布和区域人口数量之间的关系

人口在地区间的流动，会使流出地人口减少，流入地人口增多。

6. 人口分布和区域人口结构之间的关系

由于向外地转移的人口多为较年轻的成年男性，所以人口流动会使流出地的人口年龄结构呈现出老年人口和少年儿童比例增加的特点，女性比例增加，人口性别比降低；同时，使流入地的人口年龄结构年轻化，男性比例增加，人口性别比升高。

图 1 是上述各人口因素之间关系的基本框架：

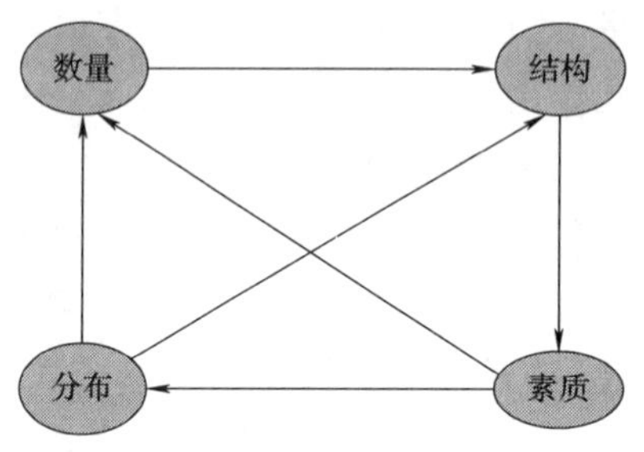

图 1　人口因素之间关系的基本框架

这个基本关系图有以下特点：(1)人口老龄化是人口转型的必然结果，是不可逆的过程；(2)人口素质的提高是必然的、不可逆的过程。所以，前文提到人口年龄结构的老化客观上会导致人口总体（甚至个体）健康状况下降、人口总体死亡率提高，这是对不同的同期人进行的比较，若对同批人进行比较，则不同时期的同批人的健康素质和平均预期寿命是在不断提高的；人口老化只是使人口总体受教育水平的提高速度放慢，但受教育水平的总趋势仍然是不断提高的。

前面谈到人口数量和人口结构之间是有联系的。但是带来的问题

(problems)是否有联系呢？回答是肯定的。我们期望各种问题之间的关系是“此消彼消”，比如在人口数量问题缓解的同时，人口结构问题也同时能够缓解。但是这个很难做到，事实经常相反，即“此消彼长”，也就是在人口数量问题缓解的同时，人口结构问题会更为严重。因此在解决某一类人口问题的同时需要通过综合考虑，权衡各个方面来统筹解决人口问题。

图 2 给出了一个中国人口问题的形象测量。每幅图的纵向长度为人口数量问题的严重程度，横向长度为人口结构问题的严重程度，面积大小为人口问题的严重程度。可以看出：控制人口数量，会导致纵轴的长度变短，横轴的长度随之变长，即从(a)变到(b)，此时面积会由大变小，人口问题的严重程度也就随之减弱了，从 22.4 下降到 15.6；但如果继续控制人口数量，纵轴长度会继续变短，横轴长度会继续变长，即从(b)变到(c)，此时面积开始由小变大了，从 15.6 提高到 20.9，说明人口问题越来越严重了。正如前文所说，长期过度控制人口数量，会使人口年龄结构加速老化，出生性别比偏高，它们带来的问题并不比人口数量过多带来的问题小。

此图也可以应用于其他人口问题上，它形象地说明，如果将精力过分地集中在解决某一类人口问题上，会使相关联的另一类问题更为严重。此时，不仅没有很好地解决人口问题，反而有可能使人口问题越来越严重。

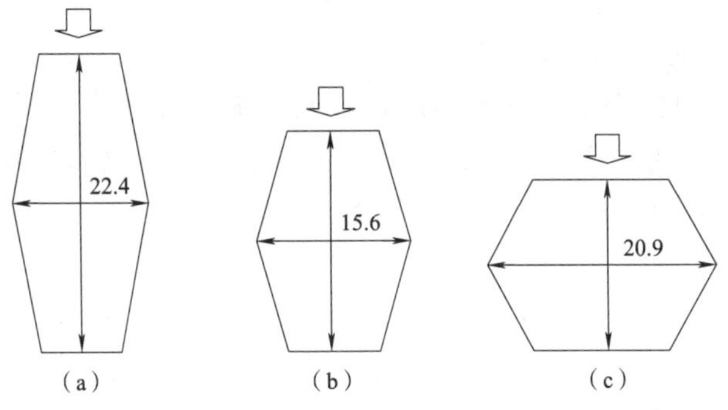

图 2 中国人口问题的形象测量

四、如何解决人口问题

解决人口问题存在两种手段：第一个是从人口因素入手。人口因素调控指的是通过直接干预生育(或出生)、死亡、迁移三个变量来实现。计划生育就是通过降低生育率或出生率使人口增长速度不至于过快;放松生育限制,提高生育率则可以减缓人口老化的速度,从而解决人口的结构性(年龄和性别)失调。

第二个是从非人口因素入手,即外部环境。非人口因素调控指的是通过间接干预有关社会经济或制度因素来实现对人口问题的缓解或解决。在这里把人口结构状况看做既定现实,强调"以人为本"的理念,通过提供更有效的社会保障和福利以及改变某些传统观念,使出现的"问题"尽可能小。

除了前面提到的问题以外,解决其他人口问题同样存在两种手段。

1. 解决人口数量问题

从人口因素入手,需要对人口迁移和分布进行调控,减缓迁出地人口减少和迁入地人口增加的速度;提高人口科学文化素质,从而改变人们的生育观念并提高养育孩子的成本。从非人口因素入手,需要提高生育和生活成本,同时建立健全有利于稳定低生育水平的利益导向机制和养老保障、最低生活保障机制,特别是农村部分计划生育家庭奖励扶助制度和计划生育"少生快富"工程,促使人们减少生育。

2. 解决人口素质问题

从人口因素入手,需要通过引导、鼓励人口迁移引入外来高素质人口;稳定低生育水平,减少每个家庭生育的孩子数量,从而增加对每个孩子的抚养、教育投入;加快城镇化进程,提高流动人口素质。从非人口因素入手,需要坚持教育优先发展,加大教育投入,普及和巩固义务教育,大力发展职业教育和培训,提高高等教育质量,把发展农村教育摆在突出位置。发展医疗卫生体育事业,做好婚育咨询、指导、检查和康复工作。

3. 解决人口结构问题

从人口因素入手,需要增加年轻人和女性比例;调整人口迁移和分布,从而改善人口迁出地和迁入地的年龄结构和性别结构。从非人口因素入手,需要调整经济制度和产业结构,使之适应人口结构变化所带来的劳动力供给变化;建立健全社会保障体系和社会化老龄服务体系,深入开展"关爱女孩行动",完善相关法律法规。

4. 解决人口分布问题

从人口因素入手,需要提高人口健康素质和科学文化素质,增强人口迁移的能力。从非人口因素入手,需要通过建立健全激励机制来吸引人口迁入或减缓人口迁出;统筹区域发展,统筹城乡发展,缩小不同地区间的收入差距;利用国土规划引导人口合理分布的有效途径,建立以流动人口流入地管理为主、流入地与流出地管理相结合的管理制度和服务体系;调整产业结构,引导劳动力向各产业合理转移。

根据以上论述,可以发现解决“旧”人口问题,主要是通过调控人口因素;但解决“新”人口问题,更多地则要依靠非人口因素来调控。因为人口具有“刚性”特征,一些人口因素的特点在短期内难以改变,所以通过直接干预人口因素来改变人口状况,在短期内是十分困难,甚至是无效的,从而很难有效地解决人口问题。为此,调控非人口因素不失为一个易行且有效的途径。

统筹解决人口问题需要考虑调整“人口”和“非人口”两方面的因素。在这里,人口因素实际上属于四维结构(前文中仅仅给出了数量和结构的两维图形),而非人口因素则是一个多维结构。为此我们必须要用“系统”的思路来考虑并统筹解决人口问题。首先要构造理论(概念性)模型,再构造可操作性模型,最后要系统地(而不是独立针对某一因素或某类问题)提出解决问题的对策。

“两个统筹”的目标是实现人口长期均衡发展,即通过不断完善的人口与经济社会发展政策,实现人口系统内部各要素之间的良性互动、动态协调,以及人口与经济、社会发展水平相协调,与资源、环境承载力相适应,努力建设人口均衡型、资源节约型和环境友好型社会。“三型社会”的核心在人口均衡,因为资源节约有赖于人,环境友好也有赖于人,人口均衡既是资源节约、环境友好的基础和保障,也是其题中之义和根本要求。

在现行政策不变的前提下,中国未来50年的人口规模和结构不会有太大的变化,特别是人口年龄结构的整体老化已经成为了既定事实。解决“新”人口问题,需要在承认这个既定事实的基础上,让我们的经济社会制度来适应这个既定的人口状况。这样既能从全局角度有效地解决人口问题,又能真正实现“以人为本”,而不是以“经济为本”,从而体现了中国特色统筹解决人口问题道路就是要“坚持以人的全面发展为中心”的理念。

参考文献

[1]《中共中央 国务院关于全面加强人口和计划生育工作统筹解决人口问题的决定》,2006年12月17日。

[2]《国家人口发展战略研究报告》,2007年1月11日。

[3]《新华社刊文:促进人口长期均衡发展,推动转变经济发展方式——中共中央〈公开信〉发表30年来人口计生工作述评》,2010年9月25日。

构筑人口均衡、资源节约、环境友好“三型”社会是时代重大命题

穆光宗

北京大学人口所

在过去相当长时间里,我们关心的是人口增长的快慢和多少的问题,跳不出“以数为本”的思维模式,结果在实践中产生了人口发展失衡、民生保障缺位等诸多问题。提出“促进人口长期均衡发展、构建人口均衡型社会”具有重要的理论意义、强烈的现实意义和深刻的政策意义。

以人为本科学发展观的提出强烈地昭示我们,中国的社会发展目标是和谐、持续、幸福,高举的应该是以人为本的旗帜。

一、人口均衡的含义

在生态学、系统学的视野中,“均衡”的含义是某复合生态系统各个要素和谐共生的一种状态。“人口均衡”则是对人口发展状态的一个描述。人口自身生命系统需要平衡的发展,提出“人口均衡”的意义在于让我们将注意的目光投向人口自身的协调发展与持续发展问题。构建人口均衡型社会需要从三个方面来解读其重要意义。

一是科学意义,国内提的“人口均衡”同于国外提的“人口平衡”(population balance),实际上是一个含义,都注意到了人口的协调发展问题。“人口均衡”的内涵是指人口系统自身要素变化处在一种动态协调和相对和谐的状态,其外延包括人口的性别结构、年龄结构和分布结构相对平衡的状态。人口均衡发展的科学含义是指人口系统构成要素相互匹配、互为依存、协同发展的状态。

从人口经济学的角度看,我们可以从供求关系来思考和评判人口的均

衡状况。简单说,人口的供给和对人口的需求达到一致的程度,人口就均衡;否则,人口就失衡。在这个意义上,人口均衡是指人口的供给和对人口的需求在数量或者结构上处在相对平衡、动态协调的状况,主要包括性别均衡、年龄均衡、就业均衡等。换言之,人口失衡就是指人口的供求不一致,供大于求或者相反。在理论上,人口均衡有一个程度问题。因此,我们可以将人口均衡分级为人口均衡、人口亚均衡、人口非均衡乃至人口失衡等不同级别的人口均衡状况。不同的人口失衡,成因不同,对策也应不同。低水平的人口均衡是数量意义上的供求均衡,高水平的人口均衡是结构意义上的契合均衡。

我国从 20 世纪 80 年代初期开始出现的出生人口性别比失衡现象导致了未来时期的性别失衡就是一个典型的可婚女性人口供给不能满足可婚男性人口需求的人口失衡现象。在可以婚配的年龄段中,女性人口资源短缺,男性婚配遭遇困难。2010 年 5 月 19 日,在中国人口与发展研究中心举办的“人口研究前沿与展望”国际研讨会上,美国德州农工大学社会学教授鲍思顿(Dudley L. Poston Jr.)认为 2010 年中国的出生性别比是 120,而且他认为 21 世纪的前 10 年一直在这个危险的水平上运行。如果从现在起到 2020 年,中国不能将这一比例降低,则从 1983 ~ 2020 年,中国的新生男婴将超过女婴 5500 万人。如果到 2020 年,出生性别比能从 2010 年的 120 下降到 107,则从 1983 ~ 2020 年,中国的新生男婴将超过女婴 5100 万人。而事实上,1983 ~ 2010 年,中国已经出生的男婴比女婴多出了 4100 万人(鲍思顿,2010),让人无奈的是,“中国的命运已成定局”。我们在今后相当长时期内,不得不忍受人口性别失衡带来的挑战和痛苦。

如果说人口均衡是人口要素匹配的状态,那么人口失衡就是人口要素短缺的现象。根据这个尺度衡量,人口老龄化并不一定是人口失衡,人口老龄化发展到一定的“度”、过了某个“拐点”,才会导致人口失衡。例如,计划生育家庭人口老龄化,子代这一角色因独生子女夭折出现缺失,才会导致悲痛的“无后老龄化”,才会陷入长时期的微观人口生态失衡的状态中。宏观来说,老龄人口所需超过劳动人口所供,也可能导致人口失衡。

实际的人口发展总是在动态演变中从一个旧的均衡发展到新的均衡。换言之,人口发展的本质是非均衡到均衡再到新的非均衡过程的动态演进。经典的人口转变理论通过对生命统计指标人口粗出生率、粗死亡率和自然增长率三率类型的组合演变来描述人口从高位均衡向低位均衡的人口发展过程。先是“非均衡”,即人口死亡率率先对现代化作出反应,出生率居高不下，人口增长率放大；接着是“均衡化”，即到了人口转变的中后期，死亡率继续缓慢下降，出生率也下降并且速度加快，导致人口转变增长缺口缩小，人口发展向新的均衡状态演进。然而，对于不同类型的人口发展，我们需要审慎有差别地分析，避免草率结论。

经得起时间考验的科学概念要有明确的内涵与外延。我们不要期望“人口均衡”成为社会的前缀之后就可以包罗万象，涵括一切。泛化概念的做法会损害概念的科学解释力，导向误入人口发展认识的歧路。

二是人文意义，提出一个新概念不仅仅是为了帮助我们科学地认识社会变迁和人口问题，而且深藏着人文情怀和价值取向，我们追寻人口均衡发展是为了实现更健康、更和谐、更持续的发展。毫无疑问，人口均衡才可望达到人口持续、社会和谐。

人口均衡型社会提法的重要性甚至超过了物质层面的资源节约型社会和环境友好型社会。因为人口均衡发展型社会的提法具有强烈的人文含义，人口是社会人的集合概念，数量规模是它的表象，民心民权是它的内核。人口均衡发展的表象是数量关系，实质是民生保障。物质的贫困和收入的贫困并不可怕，可怕的是权利的贫困。人文含义是说人口均衡发展的核心价值。科学讲理性，人文讲关怀。人口均衡发展需要彰显对人口发展人文价值的关怀，需要凸显对生命尊严、人类发展、家庭幸福、人口优化和社会和谐的价值追求。

人口均衡发展的人文含义可以概要如下：(1)生命尊严至上。我们要维护健康胎儿平等的出生权和新生婴儿平等的生存权和发展权。(2)家庭幸福是求。家庭是社会的细胞，我们要努力建设结构健全、成员健康、关系和谐的幸福家庭，保障家庭的生育权、发展权、幸福权和养老权。(3)社会和谐自来。只要社会的每一个细胞是健康的，社会的和谐可以说是不求自来，因为社会不是一个空架子、不是一个概念体系，而是由人口、家庭等组成的有机体。我们要努力维系社会关系的良性运转。(4)持续发展可待。可持续发展是人类的共识，但只有协调均衡的发展才可以真正实现可持续发展，长期的均衡意味着牢固的持续。

三是政策意义，提出人口均衡发展是因为人口非均衡发展隐伏着巨大的挑战，我们要重新认识“人口发展的性质”。学界通常将“人口发展”理解成积极的概念，细究之下其实不然。我认为，人口发展本身是中性的，人口均衡细化了我们对人口发展理论的认识。人口发展至少存在着两种基本的状态和两个演进的方向。人口均衡是相对于人口失衡而言的，实际的人口发展过程就是人口均衡状态和人口失衡状态之间的转化和演变。

人口发展的内在规律总是要设法寻求某种均衡的态势，问题是我们需要及早察觉到人口发展的演变方向和性质转换。

那么，我们如何去判断人口发展的状态是处在失衡还是均衡的状态呢？有些问题已经有共识，例如，在一个具有相当规模的人口中，出生性别比一般要维持在 103～107 才可以称之为“出生人口的性别均衡”，成年人口性别比一般要维持在 100 上下，才可能实现“婚配人口的性别均衡”。但更多的均衡标准还没有提出来，更没有达到共识的程度。例如，人口老龄化是一个看起来人口失衡的演进趋势，但并非所有的人口老龄化现象和阶段都可以用“人口失衡”来概括，实际情形要更为复杂。真正的共识需要在多样化个识的基础上经过认真细致的讨论，经过实践的检验才可能沉淀下来。

在理论上，我们可以提出：警惕和防止人口的逆向发展或者说负向发展，引导和促进人口的积极发展或者说正向发展。这就是笔者近年来一直在思考的人口优化发展的路径（穆光宗，2010a）。在相当长时期内，我们面临着人口失衡发展的巨大挑战，中国未来的发展需要更多而不是更少地关注人口发展的均衡问题。

二、“三型”社会三足鼎立、蔚为大观

从系统科学的角度看，我们所说的“可持续发展”实际上是人口、资源、环境、经济和社会五个子系统的耦合协同状态，人口是其一。人口是社会生活的主体，人口均衡是构建发展协调型或者发展和谐型社会的必要条件。

深入看可持续发展，需要分解每一个子系统自身的持续发展问题。没有人口的均衡、协调和持续的发展，社会的和谐与发展无从谈起。人口均衡、资源节约、环境友好是经济社会可持续发展的必要前提，缺一不可。社会是一个完整的系统，离开任何一个方面的发展，都是不可想象的。几年前，我国政府已经明确提出要建设资源节约型和环境友好型社会。传统的高投入、高消耗、高排放、低效率的增长方式已经走到了尽头，不加快转变经济增长方式，资源难以为继，环境难以承受。发展循环经济、建设资源节约型和环境友好型社会，是实现经济增长方式根本性转变、走新型工业化道路，从根本上缓解资源约束矛盾，减轻环境压力，增强国民经济整体素质和竞争力，实现全面建设小康社会目标的必然选择。人口、资源、环境都是经济社会可持续发展的基本保障，资源使用的减量化、再循环实现的是资源自

身的可持续发展,环境的平衡变迁、宜人发展实现的是环境自身的可持续发展,人口的均衡发展、协调发展实现的是人口自身的可持续发展。总之,人口均衡、资源节约和环境友好共同构成了我国实现和谐社会和可持续社会的前提和基础。一个全面、协调、可持续的社会欠缺任何一个方面都是不可思议的。

在社会人口学的视野中,人口是一个特别的人文生态系统,人口均衡型社会的提法如果能与资源节约型社会、环境友好型社会相提并论,那就可以使我们对可持续发展社会的认识更加全面、深刻和系统,使人口发展在社会总体发展中的基础性地位得到彰显,从而大大提高全社会特别是政府部门对人口发展问题的重视程度。人口问题在我国经济社会的发展过程中居于基础性地位,人口均衡型、资源节约型、环境友好型社会的建设是经济社会可持续发展的根本保障。

必须看到,人口发展的失衡与人口和发展的失衡存在着重大差别。前者是严格意义的"人口均衡",后者是拓展意义的"发展均衡"。我认为,人口与资源环境、经济社会协调发展的状态不宜用"人口均衡"来概括,因为它实质上是指"发展协调"或者说"发展均衡"。"发展协调"是对人口与发展优良状态的一个概括,具体说是人口、资源、环境、经济、社会五个从属于发展大系统的子系统协同并进、相对稳定的状态。"人口均衡"和"发展协调"分属两个层面但存在着紧密的联系,如果"人口失衡",一定会引发或者加剧"发展失衡","人口均衡"的实现虽有助于却并不一定能确保"发展协调",资源短缺、环境灾变、经济危机和社会问题诸多因素时时刻刻危及发展大系统的健康运行。我们的努力目标是要维系和促进社会总体的发展协调性。

人口均衡发展也有利于资源节约和环境友好目标的实现。在笔者的理解中,人口均衡发展的实质是人口的供给和对人口的需求能达到平衡的状态。人口的均衡发展也有助于实现人口与资源环境的协调发展,例如,人口的实际分布往往是不平均的,但人口的均衡分布却是一个理想的目标,资源是否节约、集约成为衡量人口分布合理性的重要标准。根据适度人口的理论,假定一个地区环境对人口的承载或者说需求处在一个适当的水平上,而人口的供给也达到了一个契合的程度,那么人口的均衡发展实际上同时符合了环境友好的标准。或者说,环境友好是人口均衡发展的一个衡量尺度。如果人口的发展不是环境友好的,那就很难说是均衡的发展。人口均衡发展、资源节约集约、环境友好宜人构成一个良性循环,共同发展。

构建一个人口均衡型的社会是新时期人口发展历史方向的价值选择,

但不是当下社会的事实概括。相反的是,我国长期以来乃至今后相当长时间里要面临出生性别比失衡以及可婚人口性别失衡的巨大挑战,要面临未富先老、未备而老、独子老龄化和无后老龄化带来的诸多问题,要面临人口过度城市化、农村青壮人口流失过多的挑战,等等。

三、实现人口均衡发展的科学路径

人口均衡发展的提法再一次将人口发展的本源和归宿的重大问题摆上议事日程。“人口均衡”的提法比“人口控制”的提法涵盖面更宽,内涵也更丰富,是构建中国特色社会主义人口发展理论的重大命题,符合以人为本,全面、协调、可持续的科学发展观和统筹人口发展、综治人口问题的历史要求,标志着人口问题观和人口治理观的认识进步。

这种认识上的进步使我们从小人口治理体制向大人口治理体制转型和创新迈出了重要的一步。历史的发展要求我们,跳出计生抓计生,跳出计生促发展。中国前进的方向是在微观和宏观两个层面上统筹人口发展、综合治理人口问题。

第一,确立适度的低生育率是实现人口长期均衡发展的基本保证。

有观点认为,我国生育率没有准确数据导致我们无法作出评判。其实生育率没有一个准确的数据是很正常的现象,因为考察的时期、地域和人群不同,总和生育率的估计必定存在差异。但这不会影响我们对大趋势和问题实质的判断。

生育率问题的讨论可以有多个不同的视角:(1)政策生育率,我国大致在1.47左右。(2)实际生育率,这就是我们看不明白的生育率,但根据20世纪90年代以来大大小小的很多调查,中国人口的生育率已经低于更替水平成为共识,个别发达地区如北京、上海,户籍人口总和生育率已经到了超低生育率(1.3以下)。(3)意愿生育率,由于“少生优生幸福一生”新型生育文化的浸染和影响,越来越多的新生代开始倾向于选择少生独生甚至不生。2001年全国人口和计划生育抽样调查表明,育龄妇女的意愿生育水平是1.727。2006年全国人口和计划生育抽样调查表明,育龄妇女的平均理想子女数为1.73个,其中,未婚育龄妇女的平均理想子女数为1.46个,明显低于已婚育龄妇女(1.76个);对于意愿生育子女的性别,57.3%的育龄妇女希望生育“一儿一女”,31.6%的育龄妇女表示无所谓。2006~2007年江苏六县(市)生育意愿调查表明,被调查者的平均理想子女数为1.45个。无论是独生子女中,还是非独生子女中都有大约60%的人选择生一个孩子,而选择生两个孩子的占1/3以上,只有很少数的人选择三个及以上,意愿生育水平不到1.5(孟轲,2008)。

2006年8月,"第六次全国人口和计划生育抽样调查"显示,农业户口和非农业户口育龄妇女的平均理想子女数分别为1.78个和1.60个,东部、中部和西部地区育龄妇女的平均理想子女数依次为1.70个、1.74个、1.77个,差距缩小。意愿生育水平已经明显低于更替水平,但略高于政策生育率。零点研究咨询集团于2010年4月进行了"中国城市和农村居民生育意愿调查",研究发现:现实条件对人们生育子女的意愿影响明显,经济基础和住房成为重要生育前提,预期生育年龄也将因现实因素而推迟2.1年;让子女有个伴并在将来减轻子女赡养老人的压力,是人们希望生育多子女的首要出发点;而如果生育两个子女,一男一女最为相宜。

第二,建设"健康家庭"是实现人口长期均衡发展的微观基础。

我们构建人口均衡发展的社会机制不能忽视微观和宏观的内在联系。微观的均衡是宏观均衡的保证。我们需要注意到规模性的"计划生育风险家庭"因为人口失衡的机制必然会诱发"风险社会危机运行"的蝴蝶效应。家庭人口结构的失衡是一个重大的问题。独生子女家庭看似稳态其实脆弱的结构一旦被打破,就很难修复,突出的就是大龄独生子女的生存风险问题。随着生命历程的演进,越来越多的独生子女家庭已经不以人们的意志为转移演变为"高风险家庭",风险爆发的概率这把达摩克利斯悬剑必然使一部分"风险家庭"成为"残缺家庭"、"悲痛家庭"。人口问题具有周期长、惯性大的特点,必须未雨绸缪,以免贻误时机。

"健康家庭"的含义不仅包括了身心健康和关系健康,而且包括了深层次的结构健康,因为结构决定功能。

其一,家庭成员的身心健康。在大连,"健康家庭"的标准被表述为"科学生育、文明生活、身心健康、守法诚信、幸福和谐",身心健康是其中重要内容之一,其他还包括了家庭的道德健康(文明生活)和社会健康(守法诚信)。"优婚、优孕、优育、优生、优教"为具体内容的五优做法就是要促进人口的健康。但目标与措施要对应起来,每一个"优"都有相应的措施来保障。即便是生殖健康与优生优育这两个方面,也需要考虑计生与卫生如何联手,整合资源,大出成效。

其二,家庭结构的功能健康。结构健康实际上也是结构安全。汶川大地震再次提醒我们,天有不测风云,人有旦夕祸福。独生子女家庭本质上是风险家庭。人口安全问题是客观存在的,人口安全的数量含义是人口储备,人口安全的结构含义是人口均衡。人口均衡发展命题的提出意味着结构性人口问题已经突出为第一号的人口问题而且影响深广。

其三,家庭关系的互动健康。家庭关系包括了家庭内部的关系,如亲子关系、姻亲关系。家庭关系也包括了家庭与家庭之间的关系。家庭是社区中的家庭,所以存在着一个家庭和家庭之间的关系的健康。家庭健康促进包括了家庭健康服务,或者说健康服务进家庭;还有社区健康文化,或者说健康文化进社区。一些地方开展了“邻里节”活动,对于促进家庭健康和打造和谐社区作出了贡献。家庭健康促进是社会系统工程,不能由人口计生一家来担当。

以人为本科学发展观的提出对于我们构建统筹解决中国人口问题的理论体系具有战略性的指导意义。公民是权利主体,政府是义务主体,这样的定位才可能处理好政府与公民的关系。人口均衡发展的人文目标是尊重生命、家庭幸福、社会和谐、人口优化和发展持续。为此,我们需要赋权于民、还权于民、造福于民,要努力提升“人文计生”的人文温度,实践人性关爱、人情关爱和人文关爱,切实关心民情、关怀民生和关爱民权。

第三,成立“人口与家庭发展委员会”是人口长期均衡发展的体制保障。

总结历史的经验和未来的趋向,我们的努力方向是寓人口控制于人口优化发展之中,寓计划生育于家庭发展之中,寓人口均衡于社会和谐之中。这里的“人口优化”包括了适度生育、人口平衡和人口投资三重含义。这里的“计划生育”必须是还权于民之后的“家庭计划”本意,决策单位和决策主体是家庭,国家和政府要帮助、支持家庭作出科学、理性的决策,更要肩负起服务、保障、关怀等社会责任。这么一个委员会也许可以担当起宏观和微观上统筹人口发展的重任。我们需要更多而不是更少地关注家庭的权益、能力的发展和幸福的保障。

大连在20世纪90年代初就实现了很低的生育率,民众对生殖健康、优生优育、家庭幸福、养老保障等存在着普遍而强烈的需求。2002年推行人口计划生育综合改革以来,大连逐渐形成了具有本地特色的人口计划生育综合改革和谋求特色发展的指针,即“民需我为,我为民乐;三观运作,分层统筹;保障权益,健家福民”。借力于理念和载体的创新,以体制机制建设为积极的改革路径,逐步实现了人的全面发展、家庭的幸福发展、人口的均衡发展和社会的和谐发展四大发展目标。以“健康家庭促进计划”为载体,走出了一条有中国气派、大连特色的“三观运作统筹、健康家庭促进、社会和谐共生”的统筹发展之路。

大连以“健家”计划为载体推进人口计划生育的综合改革是实事求是、创新发展的一个典范，经过多年的实践证明是一个成功的模式，可以说开创了人口计生事业蓬勃发展的新天地。大连从以育龄群众为对象转向以计划生育家庭为对象，全方位开展健康促进活动对于改善民生有重要意义。从以数为本、单纯控制人口数量转向以人为本、统筹解决人口问题，工作重心发生了转移，就是从“就计生抓计生”到“跳出计生抓计生”，从“就数量治理人口”到“就发展统筹人口”，以“数量控制”为本转向以“家庭发展”为本，实践了新“三为主”方针即依法行政为主、利益导向为主和优质服务为主，这个转型具有战略意义。

大连以“三观运作，分层统筹；人口健康，全程关怀；家庭幸福，社会和谐”为改革路径展示了人口计生综合改革的全景式画卷，其改革的前瞻性、系统性和创新性经验名列前茅，值得重视。大连分宏观、中观、微观三个层面进行责任分工、功能定位，厘定事、权、责，各在其位、各负其责、各得其所，统筹协调、分层推进、成效显著。特别是2004年推出的健康家庭促进计划，其意义已经超越了传统计生的功能定位，成为名闻遐迩的公共服务品牌，2007年辽宁省已经将大连综合模式推向全省。通过改革，我们看到了综合改革不仅在破解难题，而且在促进发展，包含着四大相互关联的发展导向，即人的全面发展或者说自由发展，家庭的健康发展或者说幸福发展，人口的优化发展或者说均衡发展，社会的和谐发展或者说持续发展。归根结底，“还权于民、造福于民，放权地方、尊重基层”是人口计生工作综合改革坚定不移的改革方向。

第四，“适度生育、调衡人口、投资人口”是实现人口长期均衡发展的理性选择和战略取向。

人口均衡发展的出发点是跳出人口增长和人口控制的狭窄视野，统筹考量人口的诸多要素、平衡发展各方面的人口力量，牢固树立科学的人口发展观和人口治理观。理想与现实、历史与实际的矛盾不能回避，为实现人口均衡，我国需要朝以人为本、性别平等、城乡统筹、适度生育、有序流动、保障到位、社会和谐、发展持续的方向构筑起强大的人口政策和社会政策体系。人口发展是人口诸多要素互为依存、相互制约的变动过程，人口数量的变化仅仅是其中的一个方面。从人口发展的视野出发，历史的选择是去努力实现一个适度的低生育水平，而不是生育率越低越好、人口越少越好，中国必须在人口数量变动和人口结构演进之间建立起平衡发展的社会机制。

建构科学的人口发展理论和人口发展政策，一定要扎根于现实的土壤，对人民有深切的关怀，对国家有高度的责任，既符合事实，也符合逻辑，更符合情理，而绝不是只有宏观的理性，缺乏人文的关怀和正义的追寻。王道之仁，诚强国富民；忘道之术，必损国害民。

参考文献

[1]穆光宗(2010a). 人口优化论:实现人口长期均衡发展的必由之路. 人口研究,第 3 期.

[2]穆光宗(2010b). 确立适度低生育率实现人口长期均衡发展目标. 学习时报,5 月 24 日.

[3][美]鲍思顿(2010). 性别及性别结构的人口学分析:中国案例. 中国人口与发展研究中心举办的“人口研究前沿与展望”国际研讨会讲演稿. 2010 年 5 月 19 日.

[4]风笑天(2010). 生育二胎:“双独夫妇”的意愿及相关因素分析. 社会科学,第 5 期.

[5]孟轲(2008). 独生子女和非独生子女生育意愿差异的比较研究——基于江苏省生育意愿和生育行为调查. 南方人口,第 4 期.

[6]郭志刚(2008). 中国的低生育水平及其影响因素. 人口研究,第 4 期.

人口性别结构均衡是社会和谐之基

——对我国出生性别比失常社会后果的再思考

刘 爽

中国人民大学人口与发展研究中心

近半个世纪以来,国际社会的“发展观”发生了重大变化。这种变化从20世纪五六十年代视经济持续增长、人均收入水平不断提高为发展,到70年代重视“发展目标的社会化”、着力解决贫困、文盲、城乡差距、收入不均等社会问题,再到80年代涵盖人口、资源、环境和经济社会发展的“可持续发展”理念的提出,反映了人类社会对发展认识的不断升华与稳步推进。这种升华和推进的主脉就是大写的“人”越来越被推到了核心的位置,“以人为中心”成为主流的发展理念和核心价值取向。这种理念和取向实际是要告诉人们:经济、社会发展都只是发展的手段,而非发展的目的本身。推动人的全面发展,使人人都有健康、和谐、幸福的生活质量和有尊严的生命价值,才是人类发展的真正目标所在。正因为此,在“以人为本”、促进人的全面发展这一时代主旋律下,人口的均衡发展成为任何一个社会能够健康、和谐、有序最重要的社会基础,构建人口均衡型社会也成为人类追求和谐幸福理想境界的真正意义所在。

人口是人的特定集合。与其他社会现象相比,人口现象有其独特的表达方式。这种表达之一就是:在任何一个社会中,宏观人口效果都是通过微观人口行为达成的。这种宏观效果与微观行为的结合,使得人口问题具有了特定的双重社会内涵:一方面,对于整个社会来说,每个个体的具体“人口”行为本身并不具有“非正常”或“失衡”的含义,因为个体行为秉持的是依据个人特定生活情境而设定的个体理性,行为符合其客观需要和生活逻辑,而个体间生存状态的千差万别和多元化,使得差异性的个体行为产生一种相互抵消的效应,从而达成人口的某种“平衡”,表现为人口发展的规律性;但是另一方面,如果一个社会中出现指向一致的群体性选择行为,或其他主、客观原因带来了数量、结构失衡,则可能打破人口"固有"的均衡状态,导致某种人口现象的不"协调"或矛盾冲突。这些不协调或矛盾冲突,无论是狭义还是广义,都会在一定的范围和空间内产生社会问题,都是对使人人都有健康、幸福、和谐生活质量和有尊严的生命价值这一终极发展目标的背离。

数十年来,中国社会伴随着改革开放发生了翻天覆地的巨大变化。在这种全方位的变化中,最具历史意义和世界影响的重要事件之一,就是中国在尚不发达的背景下实现了从"高(出生)、高(死亡)、低(增长)"向"低(出生)、低(死亡)、低(增长)"的现代人口转变。这一转变在根本改变了中国人口增长、变化轨道的同时,也对国家的经济社会发展和资源环境产生了广泛、深远的影响。

现代人口转变带给中国的,并不仅仅是少生了多少人口这么简单,它既涉及涵盖数量、结构、素质和分布等要素的人口自身过程的历史性变迁,也涉及人口与经济、社会、资源、环境走向协调、可持续发展的重大社会变革。在这样一场重大社会变革和历史变迁中,构建人口均衡型社会的理念被提出。

人口均衡型社会具有丰富的内涵,涵盖社会和谐及社会发展。构建人口均衡型社会,就是要紧紧地围绕着"人",通过人口自身数量、结构、素质及分布等要素的协调与平衡,通过人口与资源环境、经济社会的协调和可持续发展,体现并落实"以人为本",推动最广大人民群众生活质量的日益提高和生命质量的不断改善,从而促进社会的公平、正义,践行和谐、幸福、文明这一代表当代社会发展潮流的核心价值观,实现真正完全意义上的人的全面发展。

人口性别结构是人口结构的基本维度,也是人口发展、变化均衡与否的重要表现。与世界各国对人口数量的多元化态度不同(有的国家想刺激生育、有的国家想减少生育),人类社会对人口性别结构均衡与否的判断简单且直接。这就是:对于任何一个社会而言,两性的数量相当、和谐共处及共同发展,都是社会和谐、稳定、健康、有序的重要保证。这不是一种从低层次均衡向高层次均衡的演变,而是历经千百万年"大自然造化"的人口"自然形态"的表达。因此,在对均衡的诠释上,不像人口的数量或规模,没有特定的社会经济发展水平和资源环境承载的参照,就无所谓过多(大)或过少(小);人口性别结构则不同,在一定意义上,它是一种"绝对"意义上的均衡。但值得指出的是,尽管人口性别结构的均衡是一种源于人类固有本性的“自然”表达,均衡与否背后的作用力量却是具有极其复杂、深刻社会内涵的。这是因为我们所指称的性别已不是生理和生物意义上的性别(sex),而是已被社会、经济、文化塑造过的社会性别(gender)。在当代科技高度发达的社会,技术因素更是直接涉足人们的生育行为中,不仅影响着人们能不能生,而且也使想生什么性别的孩子有了“梦想成真”的可能。这就使得人口性别结构的均衡已不再简简单单地是“大自然的造化”,而具有了更直接、更复杂的社会内涵,也有了失衡的更多可能和机会。

在人口性别结构中,出生性别比,即出生时男女两性的数量对比是一个起点性的指标,是各个年龄人口性别比形成和变化的基础,对于整个人口性别结构及其模式具有全程性的影响。大量的研究表明:在没有人为干扰的情况下,出生性别比在大数规则下是一个非常稳定的人口指标,它的正常值范围应在 105 ±2(即 103 ~107),这样才能保证一个人口中的适婚人群有一个围绕着 100 上下的男女数量平衡点,以适应一夫一妻制这一主流婚配模式。

笔者曾经利用联合国发布的世界各国的出生人口数据,对于包括发达国家、较发达国家、发展中国家以及人口规模不大的“人口小国”等在内的不同类型国家在 20 世纪八九十年代的出生性别比进行过统计计算。结果发现,20 世纪八九十年代,在所统计的 62 个国家或地区中,有近 92% 的国家(地区)的平均出生性别比[①]都处于 105 ±2(即 103 ~107)的范围内。其中,发达国家的人口出生性别比极其稳定,各年大体都是围绕着 105 上下略有波动,相临年份的出生性别比差异非常小(基本不到 1);较发达国家(地区)的情况相对多样化一些,除部分国家(地区)依然围绕 105 中心值小有波动外,也有国家(地区)围绕的是或高(106 甚至再高)或低的指标值在波动。但是这些也都没有偏离 105 ±2 的范围;发展中国家(地区)的情况非常复杂,由于数据质量的不同导致出生性别比指标值出现较大的起伏,溢出 105 ±2 的情形时有发生,但是溢出的幅度均不大或不很大,并且有的是高于,也有的是低于,长时间偏离正常值范围的情况十分罕见。值得特别关注的是每年只出生数千人的一些“人口小国(地区)”在出生性别比指标上的表现。在这些国家(地区),尽管由于人口出生规模有限导致出生性别比确实随机波动

① 为规避出生性别比在单一年份表现出的某中随机性和波动性,采用了平均出生性别比指标,以更好地反映特点。

较大，但是波动都是在所计算的正常标准范围之内，近 20 年的平均值更是基本都落在了 103～107 的公认正常值区间。这就进一步验证了人口出生性别比在通常情况下是一个十分稳定的人口统计指标、波动的范围一般不会超出根据统计规律获得的标准值区间这一学界共识，而对于一般人口来说，出生性别比的这一正常值范围就是 105 ±2。

20 世纪 80 年代以来，在我国的人口发展过程中，出现了人口出生性别比持续攀升、严重失常的现象，成为人口结构性失衡的典型表现。1982 年以来，根据我国先后进行的人口普查和全国性人口抽样调查数据的统计可以看到：20 多年来，我国的出生人口性别比迅速升高、居高不下，已持续严重偏离世界公认的正常值范围（见图）。2008 年，出生性别比的统计指标值已高达 120.6；2009 年虽略有降低，但依然达到 119.45。出生人口性别比长时间超出世界公认的正常值范围，表明我国在人口性别结构的起点上就出现了失衡情形。

中国不是世界上唯一一个出生性别比失常的国家，但是在占世界人口近 1/5 的人口大国，如此大幅度、长时间地出现出生人口性别比失常，却是世界上前所未有的。由此可能带给社会的复杂、长远影响，也是没有哪一个国家可以比拟的。

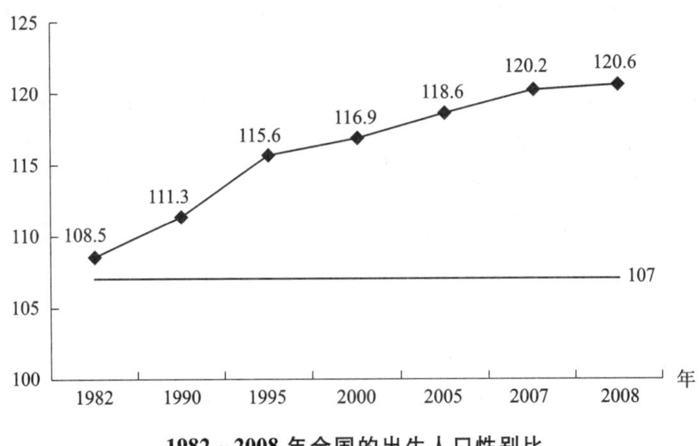

1982～2008 年全国的出生人口性别比

注：根据调查设计，1982 年、1990 年和 2000 年人口普查的出生人口数据均是普查时点前一年的，即分别是 1981 年、1989 年和 1999 年的出生人口数据，出生人口性别比据此算出。

资料来源：①1982～2007 年的数据来自于国家统计局社会和科技统计司编．2008 年社会的进步（全国篇）．2008a，第 15 页；

②2008 年的数据见国家统计局．2008 年国民经济和社会发展统计公报．2009 年，国家统计局网站。

在我国,出生性别比失常不仅在时间上表现为不断攀升、居高不下的态势,而且在空间上表现为在各地迅速蔓延、愈演愈烈的状况。20 世纪 80 年代初,我国大部分省份的出生性别比指标尚比较正常,基本维持在 103 ~ 109,只有极少数的省份超过了 110,不到 120。但是随着时间的推移,出生性别比升高的现象在各省(自治区、直辖市)不断蔓延。到 2000 年以后,除极个别省份外,我国绝大部分省份都出现了出生性别比明显偏高、严重失常的现象。2005 年全国 1% 人口抽样调查显示,已有超过 1/3 的省份出生性别比高达 120 以上,出生性别比最高的省份更是超过了 130,严重偏离 105 ± 2 的正常值范围。至此,人口出生性别比在我国已经演变成一个全国性、全局性的严重人口社会问题,成为人口非均衡发展的突出表现。

20 世纪 80 年代后期,我国政府意识到出生性别比失常的严重性及其给社会安全可能带来的风险,开始逐步采取多种措施进行综合治理,力图扭转出生性别比异常的局面。20 多年的出生性别比持续失衡,在地区间和人群中的不断扩散,特别是近 10 年来全国出生人口性别比一直在 115 ~ 120 的高位运行,使得出生性别比失常在国内外产生了广泛的影响,已成为事关全局的一个全国性人口问题,并成为可能在未来数十年直接影响千百万群众切身利益的重大民生问题。

在人类历史长河的绝大部分时间中,出生性别比都是作为一个主要显现生物学统计特征的稳定人口指标存在的。但是 20 世纪 80 年代中期以后,先后在东亚的韩国、我国的台湾地区和大陆地区出现了出生性别比的偏高性失常(这一失常现象迄今还在蔓延,印度、越南等国家也陆续出现了类似现象)。究其原因,这种失常从本质上说是人为干扰的结果,主要是性别选择技术非医学性质的大众化利用所导致,是当代科技进步直接影响和作用于人们的微观生育行为、进而波及宏观人口性别结构的集中体现。这是人类历史上从未面临过的人口挑战。

出生性别比失衡对人口动态过程及更广义社会影响的作用机制有其自身的特点。这种特点集中表现在两个方面:一方面,作为人口性别—年龄结构的起点性指标,出生性别比失常带来的影响具有不可逆性和长期性的特点;另一方面,出生性别比失常的影响具有滞后性和延伸性。也就是说,从出生性别比失常出现到其后果的显现有一个较长的时间延后,可能的后果也不是仅局限在狭义的人口范围内。就目前中国的情况来说,发轫于 20 多年前、持续至今的出生性别比失常,一直是处于第一个阶段,即现象表现期,近两年才刚刚开始进入后果显现期。因此,出生性别比失常本身仅是人口静、动态结构性失衡的一种表象,人们对其给予关注是因为它可能带来的社会失衡的不利后果。那么出生性别比失常到底会带来什么样的社会后果?它的影响到底能有多大、多久?需要作出回答。

从人类近现代的历史和全球范围看,以往确曾在个别国家中出现过人口性别结构失衡的现象,主因是战争导致某一性别的青壮年人口严重损失,由此"继发性"地带来某些年龄组的性别比显著偏低,引致两性人口的整体结构性失衡。尽管这种失衡仅仅是局部的和暂时的,但因为受影响群体的特点,仍在一定程度上引发了人口婚姻等社会问题。应该说,迄今我们看到的因人口性别结构失衡带来社会问题、影响社会和谐最典型的例子就是我国的台湾地区。因20世纪40年代末和50年代初期性别失衡严重的大批人口迁入,使台湾社会在随后的数十年间一直面临着复杂人口婚姻及相关社会问题的困扰,有人将之形象地称为"老兵"问题。

众所周知,缘于政治和军事的原因,在20世纪40年代末和50年代初期,大陆地区有大约上百万人迁入台湾地区。由于这些迁台人口以军事人员为主,因此性别比极高,有学者估计达到368[①],男多女少的情况十分严重,且这些"多"出来的男性大多处于适婚、需婚年龄。因为人口整体的性别结构由单性别为主的人口大规模迁入引致失衡,使得我国台湾地区在随后的数十年中一直面临婚姻及相关社会问题的困扰。事实表明,这种困扰并不仅仅局限于存在大量适婚、想婚男性却难以找到合适配偶这一问题上,而且连带引发或加重了更多的社会问题。从对20世纪后半叶台湾人口统计数据的分析可以清晰地看到:

(1)1950年前后,台湾部分适婚年龄组人口的性别比超过作为平衡点的100很多,有的年龄组甚至高达150以上。使得在"婚姻市场"上女性数量的"稀缺"非常明显,而这种稀缺是绝对意义上的不足。由此带来的一个直接后果就是导致大量男性难以找到结婚的对象,形成非意愿性的终身未婚。从人口学视角看,到50岁依然未婚者即被视为终身不婚者,因为这些人在生命周期的其后阶段找到配偶的可能性已非常之小。根据台湾省1980年的人口普查数据,50~54岁、55~59岁和60~64岁三个年龄组男性的未婚比例分别高达13.8%、17.4%和14.7%[②]。有学者研究表明:在台湾男女数量失衡最为严重

① 石人炳. 性别比失调的社会后果及其特点——来自对台湾人口的观察. 人口研究,2008,(2):57.

② 同上,第58页。

的人口队列中,主要曾为"老兵"的男性最终只有70%得以成家[①]。

(2)"老兵"问题带来的人口终身不婚比例高、老年单身者众的局面延续了数十年。尽管40年代末50年代初迁台的数十万"老兵"在20世纪70年代开始陆续退出"婚姻市场",性别失衡最为严重的人口队列也已进入人数因死亡迅速减少的阶段,但是性别失衡带来的"婚姻拥挤"的存续作用依然明显。根据我国台湾地区的人口统计数据,1995年全台湾65岁及以上的男性老年人口中仍有12.1%的人未婚;而同年我国大陆地区的同龄老年男性中只有2.2%是未婚者[②]。大批单身男性游离于婚姻、家庭之外,不仅会给其自身带来复杂的生理、心理影响,并波及个人、家庭生活及其亲属关系;而且还会产生一系列间接的社会影响。如对生产、消费模式的影响,对家庭、居住模式的影响,等等。

(3)婚龄人口的性别失衡在导致某一性别终身未婚人口比例升高的同时,也会因为"婚姻挤压"在社会中形成异质性婚姻单元增多的后果,由此对婚姻的稳定性产生冲击。在适龄异性人数不足的情况下,人数居多、寻偶困难的"优势"性别的人就会通过扩大择偶范围、包括年龄和个人条件等来解决成家立业的问题。这将导致夫妻差异明显的异质性婚姻增多,而很多研究已经证明:异质性婚姻的稳定性相对更差,解体风险更高。我国台湾的社会现实进一步佐证了这一点。从1995年的相关统计数据可以看到:当年台湾老年人的离婚状况,男女差别极大。60岁及以上的老年女性离婚者94.3%都是与同年龄或相近年龄段的配偶离异;而老年男性则不然,他们中间只有1/5的人属于老年夫妇的离异,其余均是"老夫少妻"式婚姻的解体。在这些离婚中,女方年龄在30~39岁和40~49岁的分别占到13.5%和35.1%[③]。这种情况对台湾同期离婚率的不断攀升产生了直接的影响。

(4)"婚姻挤压"带来的社会后果并不仅局限在相关人群的婚姻难题上,实际的社会影响非常复杂且久远。其中包括:如果男多女少而各地发展水平又存在显著差异的话,择偶难的男性就会寻求异地择偶,在加剧"婚姻迁移"的同时,会形成"富裕地区(或富裕者)对贫困地区(或贫困者)'婚姻资

---

① 邓国胜,郭志刚.婚姻拥挤研究——兼论中国生育率下降的代价.中国人口年鉴(1999).中国社会科学院人口研究所中国人口年鉴编辑部编,1999.

② 刘爽.台湾人口婚姻:现状、特点与问题——兼与大陆地区人口婚姻状况的比较.人口研究2000,(4):62.

③ 刘爽.台湾人口婚姻:现状、特点与问题——兼与大陆地区人口婚姻状况的比较.人口研究,2000,(4):63、65~66.

源'的掠夺,或婚姻上的'劫贫济富'"[①]。由此导致婚姻问题的空间转嫁,在局部地区,特别是相对落后边远的地区,某一性别年轻人择偶难的矛盾会异常突出、问题特别尖锐。除此之外,由于大量的某一性别的单身者游离于婚姻之外,特别是大批青壮年男性游离于合法的婚姻之外,可能对现存婚姻、家庭的稳定性产生冲击。婚外情、地下色情业、拐卖妇女等社会"病态"现象将屡禁不止、积重难返[②]。

应该说,人类社会中存在生育"性别偏好"并非当代产生的新现象,除了婚姻家庭之外,学者和社会大众对于人口性别结构失衡可能还会带来哪些不利或负面的社会后果,依然不清晰;对其可能的影响程度和长度也没有把握。唯一可以确定的是,这种影响将超出婚姻家庭而客观存在,影响的面也将非常的广,在人口的就业结构、社会的政治生活、两性关系、家庭模式、妇女地位等众多方面都可能发现它的影响"痕迹"或"烙印"。

《国家人口发展战略研究报告(2007 年)》表明,因出生性别比持续偏高,到 2020 年,我国 20 ~ 45 岁的男性人数将比女性多 3000 万人左右[③]。2005 年以后我国大陆地区进入婚育年龄的男性人口将开始明显多于女性,婚姻挤压问题逐渐凸显。这种"挤压"的直接后果就是社会中长期存在一个规模庞大、密集于边远落后农村地区、个人社会经济条件处于劣势、家境相对较差的大龄想婚却难婚的男性群体。对这一群体长期存续可能带来的复杂社会后果,台湾的"老兵"问题提供了"前车之鉴",但因不是一个数量级而会更加复杂,也更具有解决的难度。

为了使改革与发展的成果能够惠及全体 13 亿人口,使社会更加文明、稳定与和谐,党和政府提出了全面建设小康社会、构建和谐社会的发展战略目标,这一目标的"精髓"就是要"以人为本","以人的全面发展为中心"。什么是"以人为本"? 台湾著名管理学家陈怡安教授将之精辟地概括为"点亮人性的光辉,回归生命的价值,共创繁荣和幸福"。构建人口均衡型社会、实现两性间的长期动态平衡,从根本上来说,是人性的体现,目标是要追随个人与家庭的健康、和谐、幸福,提升生命的价值,使人活得有尊严。在任何一个社会中,婚姻关系到每一个社会成员的切身利益,家庭构筑了社会的基本组织单元,是涉及面最广、影响力最大的民生问题。因此,家庭的和谐是社

① 石人炳. 性别比失调的社会后果及其特点——来自对台湾人口的观察. 人口研究,2008,(2):59.

② 刘爽. 男多女少不利于女性地位提高. 人口研究,2003,(5):44 ~ 47.

③ 国家人口发展战略研究课题组. 国家人口发展战略研究报告. 人口研究,2007,(1):5.

会和谐之“根”,两性的平衡、协调是社会和谐之“本”。没有千百万和谐的家庭,就不可能有和谐社会;而没有千百万幸福的婚姻,也不可能有稳定、和谐的家庭。在这个意义上,人口性别结构的长期动态均衡,是保证所有社会成员达成美满、幸福婚姻的前提与基础,发挥的是社会“基石”的作用。

没有人口系统内部要素的动态平衡,没有人口与资源环境、经济社会发展的全面协调可持续,就没有我们所为之追求、为之奋斗的幸福、安康、文明、和谐。正是在这样的意义上,人口性别结构的均衡是构建人口均衡型社会所不能也不应忽视的;也正是在这样的意义上,人口均衡型社会显现出其特有的社会发展和社会进步的意义,回应了时代的呼唤,体现着“人性、人本、人文”的特质,是构建和谐社会的有机组成部分和重要载体,是人口发展领域对科学发展观的最好诠释。

参考文献

[1] 石人炳. 性别比失调的社会后果及其特点——来自对台湾人口的观察. 人口研究,2008,(2):57~60.

[2]刘爽. 台湾人口婚姻:现状、特点与问题——兼与大陆地区人口婚姻状况的比较. 人口研究 2000,(4):61~66.

[3]邓国胜、郭志刚. 婚姻拥挤研究——兼论中国生育率下降的代价. 中国人口年鉴(1999). 中国社会科学院人口研究所中国人口年鉴编辑部编,1999.

[4]刘爽. 男多女少无助于妇女地位的提高. 人口研究,2003,(5):44~47.

[5]国家人口发展战略研究课题组. 国家人口发展战略研究报告. 人口研究,2007,(1):1~10.

[6]石人炳. 婚姻挤压和婚姻梯度对湖北省初婚市场的影响. 华中科技大学学报(社会科学版),2005,(4):46~50.

[7]于学军等. 为什么要建设“人口均衡型社会”? 人口研究,2010,(3):40~52.

[8]李建民. 论人口均衡发展及其政策涵义. 人口与计划生育,2010,(5):9~10.

实现中国人口长期均衡发展的主导力量:人口迁移和流动

段成荣

中国人民大学人口所

在计划生育政策和社会发展的双重作用下,我国已经实现了人口再生产类型的转变,步入低生育、高寿命的人口发展状态,为我国经济社会的发展创造了良好的人口环境。但这并不意味着人口问题的解决,在未来较长一段时期内,我国面临着人口长期均衡发展的重要目标。所谓人口均衡发展是一个国家或地区人口各要素变化之间的平衡及其外部关系的协调,并使人口的再生产、质量、结构和分布等向更高级均衡状态发展的过程。在低生育、高寿命的人口学背景下,随着城市化、现代化进程的逐步加快,未来我国人口长期均衡发展的主导力量是人口的迁移和流动。

第一,在人口绝对规模上,未来20年左右,在相对有限的自然增长完成之后,我国人口将进入衰减期。

根据人口预测,假定今后一段时期内保持1.8的生育水平不变,未来我国人口自然增长率将逐年减少。至2030年,我国人口自然增长率将下降至负值,进入衰退时期。我国人口发展格局的这一根本转折,加之我国经济长期持续发展形成的强大拉力,以及全球化的影响,必然带来越来越多的国际移民。从现阶段的现代化和工业化进程来看,这个过程已经开始,但目前还只是起步。

由于过去几百年来形成的闭关锁国思想,导致我国成为一个没有移民,同时对移民不熟悉、不了解、不知如何应对的国家。随着我国改革开放政策逐步深入,全球化趋势逐渐加剧,国际间的合作交流日益深化,这种状态将很快被改变,越来越多的国外人口将会涌入中国学习、工作和生活。整个中国社会必须为这个改变作出准备。主动作出准备可以赢得更多的时间,取得更好的效果。

以外国移民统计为例,在2010年的第六次全国人口普查增设了有关外国人口的普查内容,相对于以往仅通过出入境登记管理获取外国人口信息,这是一个很大的进步。人口普查信息的采集是应对国际移民潮流一个很好的准备,可以帮助我们准确了解在我国的外国人口的基本情况。但仅通过人口普查来获取外国人口信息,应对国际移民问题还远远不够,政府及整个社会还需要在更多方面作出准备。

第二,从人口空间分布格局上讲,未来我国人口的地区分布、城乡分布格局,将主要由人口迁移和流动决定,在可预见的几十年内,更主要地将由人口流动决定。

为了判断未来人口迁移流动的规模,我们结合农村剩余劳动力转移、人口城市化、产业发展等因素对未来50年内我国流动人口的变动趋势进行了预测。综合考虑各种因素的可能变动之后,我们认为,在未来20年左右的时间内,我国流动人口规模很有可能在现有基础上进一步增加1.5亿~2亿人。这一庞大规模的流动人口,将对我国未来的人口地区和城乡分布格局产生重大影响。

我国现有1.5亿~2亿流动人口,规模庞大且连续多年持续急剧增长的流动人口,已对我国社会的发展产生了广泛、深刻的影响,人们已经因为这1.5亿~2亿流动人口的存在而在诸多方面感受到了巨大的压力,各种需要限制人口流动的声音也因此而不断出现。然而,随着现代化、工业化进程的加快,尤其是促使流动人口产生的条件如农村剩余劳动力的存在、巨大的城乡和地区收入差异并未从根本上改变的条件下,未来流动人口规模仍将倍增。由此而新增的压力可想而知。整个社会一定要做好迎接未来新增1.5亿~2亿流动人口到来的充分准备,包括物质上的准备、舆论上的准备、制度上的准备以及社会心理上的准备等。唯其如此,才能使流动人口工作由被动变为主动,由消极变为积极,从而使管理和服务工作产生更大的成效。

第三,30年来,我国的流动人口以非均衡的形式推动了我国人口发展均衡格局的实现。

改革开放之前,依靠户籍制度以及一系列相关社会管理制度,我国实现了人口城乡分布在低水平上的均衡。这种均衡是以牺牲经济效率、牺牲社会发展为代价的。历史证明,人口流动有其自身的规律,违反其规律则会给国家的社会经济发展带来一系列的后患,而只有了解规律、尊重规律、利用规律才能有利于国家社会经济的发展。

20 世纪 80 年代中期以来,我国流动人口大量产生、急剧增长,给城乡特别是城市社会经济发展带来了巨大的冲击。根据第四次人口普查数据估算,1990 年全国流动人口数量达到 2135 万人,占全国总人口的 1.89%。而仅仅 5 年之后,1995 年全国流动人口的数量几乎翻了两番,达到 7073 万人,占全国总人口的比例进一步提高到 5.86%。2000 年,全国流动人口数量超过 1 亿。进入 21 世纪以后,流动人口继续保持快速增长的势头。2005 年,全国流动人口数量达到 14 735 万人(见图 1)。在短短的 20 多年时间内,全国流动人口规模从仅仅 660 万人增加到近 1.5 亿人,增长了 21.4 倍。今天我们面临的形形色色的流动人口问题,都直接源于流动人口的巨大规模及其快速增长。

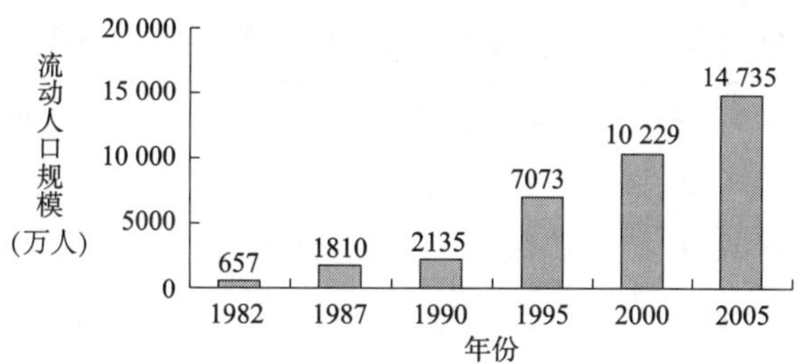

图 1　1982～2005 年我国流动人口规模变动趋势

从流动人口规模急剧增长的现实来看,这明显是一种非均衡的过程。

在很长时期内,人们注意到的是这个过程的非均衡性,强调的是这个过程的非均衡性。甚至出台了很多措施,试图限制、"扭转"声势浩大的人口流动势头。但几十年过去了,诸多限制措施,都以失败告终。究其原因,是这些措施仅仅看到了现阶段人口流动的非均衡性,而忽视了从历史长远发展大背景下这种流动的必然性。

世界各国历史发展证明,人口从乡村向城市的集中,实现人口城市化,是人口空间分布格局的高级均衡,是人口发展和社会经济发展的必然结果。我国作为一个经济快速发展的发展中国家,目前正处在工业化中期阶段,城市化进程仍落后于工业化发展。

因此,在我国的现实条件下,在可预见的未来时期内,人口流动既是实现我国人口城市化的必经之路,也是实现我国人口分布格局高级均衡状态的必然选择。看待我国的流动人口问题,必须从这样的高度出发,认识到流动人口长期存在并将大规模增长的现实意义,积极推动我国人口流动进程的实现。

第四，未来一段时期内，流动人口极有可能加剧我国人口分布格局的“不平衡”性。

改革开放以来，在现代化、工业化进程加速的背景下，伴随着流动人口规模急剧增长，流动人口的空间分布呈现出明显的集中化趋势。这与这些年来我国经济社会发展的区域不平衡格局是完全一致的。只要我国经济社会发展的区域不平衡格局不发生根本改变，完全有理由相信，流动人口流入地分布的这种集中趋势也会继续保持下去。这是我们分析和判断未来一段时期我国流动人口分布的一个基本出发点。

首先，流动人口的流向变动特别突出地表现为流入地分布向东部地区集中的趋势（见表1）。

表1　东、中、西三大区域吸收的流动人口在全国流动人口中所占比例（%）

地区	1982年	1987年	1990年	2000年	2005年
东部	38.42	43.77	49.16	56.95	64.60
中部	37.94	28.74	29.00	20.42	17.15
西部	23.68	27.48	21.82	22.65	18.27
总计	100.00	100.00	100.00	100.00	100.00

改革开放之初，东、中、西部对流动人口都有一定吸引能力。1982年，东部地区吸收的流动人口虽然相对较多，但只比中部地区多吸收了不到1个百分点。即使是西部地区，当时也吸收了全国流动人口的23.68%。

随着改革开放的不断深入，东部地区的发展步伐大大加快，东部地区在提供就业岗位和增加收入的机会方面遥遥领先于中部和西部地区。于是，在1982年以后，东部地区所吸引的流动人口在全国全部流动人口中的比例大幅度上升，1987年达43.77%，1990年接近全国的一半，2000年达56.95%，2005年则进一步提高到占全国流动人口的2/3。

与之相对的则是同期中部和西部地区所吸引流动人口份额的大幅下降。中部地区从1982年的37.94%下降到2005年的17.51%，西部地区相应地从23.68%下降到18.27%。

进一步考察，流动人口向东部沿海和南部沿海地区集中。

根据国务院发展研究中心的划分方法，可以将大陆各省市区划分为八大综合经济区，北部沿海（北京、天津、河北、山东）、东部沿海（上海、江苏、浙江）、南部沿海（福建、广东、海南）、黄河中游（陕西、山西、河南、内蒙古）、长江中游(湖北、湖南、江西、安徽)、大西南(云南、贵州、四川、重庆、广西)、大西北(甘肃、青海、宁夏、西藏、新疆)、东北综合经济区(辽宁、吉林、黑龙江)①。

依据上述综合经济区划分方法,可以得到我国流动人口在八大综合经济区分布的历史变动轨迹,如表2所示,从表中可以更清楚地看到我国流动人口流入地分布的集中趋势:流动人口显著地向东部沿海和南部沿海地区集中。

表2 八大综合经济区吸收的流动人口占全国流动人口的比例(%)

地区	1982年	1987年	1990年	2000年	2005年
东北地区	16.80	13.02	11.79	7.55	6.95
北部沿海地区	13.82	13.04	11.76	11.53	11.97
大西北地区	7.43	10.59	5.19	5.24	3.14
黄河中游地区	17.43	14.74	13.03	10.10	7.98
大西南地区	9.31	10.50	10.43	12.83	10.98
长江中游地区	15.02	11.77	14.14	10.40	9.71
东部沿海地区	11.27	12.98	14.04	16.87	20.58
南部沿海地区	8.96	13.35	19.60	25.50	28.71
总计	100.00	100.00	100.00	100.00	100.00

南部沿海地区一直是我国改革开放的前沿阵地,是我国最重要的外向型经济发展的基地,是消费品生产基地和高新技术产品制造中心,也是我国最早的和最大的流动人口流入中心,其流动人口占全国流动人口的比例由1982年的8.96%,上升到1990年的19.6%,到2005年这一比例进一步上升到了28.71%,增长了20个百分点。

东部沿海地区从20世纪90年代起开始成长为我国最具影响力的多功能的制造业中心,其流动人口占全国流动人口的比例由1982年的11.27%,上升到1990年的14.04%,到2005年,这一比例上升到了20.58%,上升了9个百分点。

在东部沿海和南部沿海地区流动人口份额大幅上升的同时,其他地区

① 国务院发展研究中心于2005年6月发布的《地区协调发展的战略和政策》报告,网址:http://www.southcn.com/news/china/zgkx/200506130391.htm.

的流动人口份额都在下降(大西南地区除外,该地区的份额略有上升),最为显著的是东北地区和黄河中游地区。同期,北部沿海地区、大西北地区和长江中游地区吸收的流动人口份额也在下降。

其次,尤为突出的是,流动人口呈现出向极少数城市集中的趋势。

截至2007年,我国有655个城市,但流动人口并不是均匀分布在这数百个城市之中,而是十分集中地分布在少数城市里,而且还呈现出日益集中的趋势。

2005年,吸收流动人口最多的5个城市吸纳了全国流动人口总量的21.93%;吸收流动人口最多的10个城市吸纳了全国流动人口总量的32.14%。吸收流动人口最多的50个城市吸纳了全国流动人口总量的60.08%(见图2)。这也向流动人口管理和服务工作提出了一个明确的要求:要集中精力抓重点。抓住前50个城市,就抓住了全国流动人口的60%。

流动人口的流入地分布还呈现出向少数城市集中的趋势。排名前10位城市吸收的流动人口占全国流动人口总量的比例从1982年的16.42%提高到了2005年的32.14%;排名前20位城市吸收的流动人口占全国流动人口总量的比例从1982年的25.17%提高到了2005年的43.00%;排名前50位城市吸收的流动人口占全国流动人口总量的比例从1982年的42.83%提高到了2005年的60.08%。流动人口的集中程度明显增加了。

在对城市进行排名的时候,我们还发现了一个有意思的现象。虽然前10位城市的流动人口比例上升很快,但排名第11~20位的城市的流动人口比例变化却不明显,这一比例从1982年的8.75%上升到了10.86%,仅上升了2个百分点;排名第21~30位的城市的流动人口比例从1982年的6.76%上升到了7.51%,上升不到1个百分点;排名第31~40位和第41~50位城市的流动人口比例甚至还在减少。流动人口在城市的分布表现出明显的极化现象。

这种集中趋势,是我国整体经济发展格局的结果。改革开放以来,无论是在不同省份的农村地区居民之间,还是在不同省份的城市地区居民之间,收入差距都呈扩大之势。其中农村居民人均纯收入的省际间差距的变异系数,1980年为0.2,1990年扩大为0.27,2002年上升为0.34,比1980年扩大了70%;城镇居民人均可支配收入省际间差距的变异系数,1980年为0.13,1990年扩大到0.21,2002年进一步扩大到0.27,比1980年扩大1倍多(胡联合、胡鞍钢,2005)。省际间的收入差距不断加大,这是流动人口流入地分布越来越集中的直接诱因。

流动人口向极少数城市集中

不同排名段城市的流动人口占全部流动人口的比例(%)

排名段	1982	1990	2000	2005
1~5	10.26	17.25	19.95	21.93
1~10	16.42	23.67	27.52	32.14
1~20	25.17	33.59	36.94	43.00
1~30	31.93	40.79	43.53	50.51
1~40	37.73	46.94	48.80	55.80
1~50	42.83	52.16	53.24	60.08
11~20	8.75	9.92	9.42	10.86
21~30	6.76	7.2	6.59	7.51
31~40	5.8	6.15	5.27	5.29
41~50	5.1	5.22	4.44	4.28

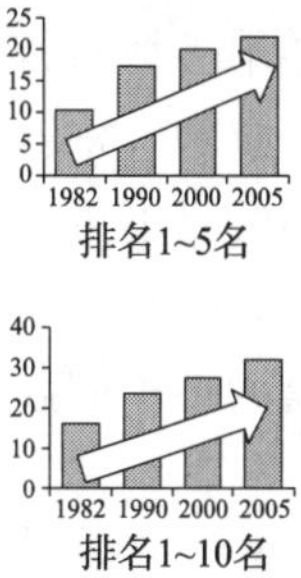

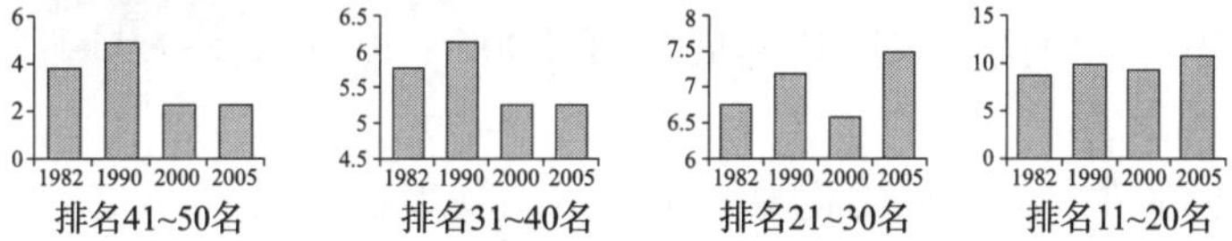

排名1~5名

排名1~10名

排名41~50名　排名31~40名　排名21~30名　排名11~20名

图2　1982~2005年我国流动人口的流入地分布变动趋势

从经济发展优势来看,内地和沿海差距还很大。沿海地区在过去一段时间取得经济发展成果,使得它具备了吸引资本、技术、人才的绝对优势,这在短时间内不会改变,直到它邻近饱和值,中西部地区才可能凭借成本优势抢夺资本、技术、人才等资源。

未来一段时期,这种集中的趋势不会发生根本的改变,流动人口将继续保持向东部沿海城市集中的势头。整个流动人口管理和服务工作,都应该顺应这种势头。当我们考虑我国人口的长期均衡发展时,也需要充分考虑到这一发展势头。

第五,引导人口有序流动、合理分布,是实现我国人口分布格局均衡化的应有之意。

但问题是,什么样的序是有序?什么样的理是合理?这个问题并没有得到根本的解决,导致我们在引导人口流动和分布时,很多情况下是盲目的,甚至有时候我们的引导本身就是无序的,是不合理的。

我们认为,世界各国人口空间变动的基本规律,以及改革开放30多年来我国流动人口自身体现出来的规律,应该就是我们需要考虑的序和理。因此,需要加强对这些规律的研究,在此基础上,更重要的是在我们的工作中自觉地遵循这些规律。中国人口自身的各种特点,不能成为我们拒绝遵循人口变动一般规律的理由和借口。

目前,对流动人口和解决流动人口问题的认识,还有很多方面需要进一步明确。比如,流动人口是积极因素还是消极因素?应不应该像对待城市市民一样平等地对待流动人口?要不要保障流动人口的权利?保护流动人口的哪些权利?中国的流动人口是不是独一无二的?国外解决移民问题的经验和办法可不可以借鉴和推广到我国来?很多问题,迄今都没有明确、合理、统一的认识。在建设人口长期均衡型社会的过程中,我们非常有必要对这些重要的理论问题加以深入的研究。

参考文献

[1]陈卫. 中国未来人口发展趋势:2005～2050[J]. 人口研究,2006,(4).

[2]侯亚非. 人口城市化与构建人口均衡型社会[J]. 人口研究,2010,(11).

构建“三型”社会:以人为本的可持续发展

张耀军

中国人民大学人口与发展研究中心

一、“三型”社会的内涵

“三型”社会是在“两型”社会的基础上提出的。“两型”社会即资源节约型社会和环境友好型社会。所谓资源节约型、环境友好型社会,就是在社会建设、生产、流通和消费各个环节或领域,在经济和社会发展各个方面,切实保护和合理利用各种资源,提高资源利用效率,以尽可能少的资源消耗,尽可能少的污染物排放,尽可能小的负面环境影响,获得最大的经济效益和社会效益的同时,保护好我们生存的自然环境,求得最大限度的环境效益,实现人与自然的和谐、经济社会可持续发展。“三型”社会是指在“两型”社会的基础上,再加入“人口均衡型社会”这一社会型态,即人口均衡型社会、资源节约型社会和环境友好型社会。

在“三型”社会中,人口均衡是“三型”社会的统领,人口均衡是实现资源节约、环境友好的前提条件。只有人口均衡,资源节约和环境友好才能实现,“三型”也才能得以顺利构建。

二、“三型”社会是三种生产理论指导的实践形式和目标

(一)从两种生产理论到三种生产理论

三种生产理论在两种生产理论的基础上发展而来。两种生产理论是马克思主义政治经济学的基础理论之一,它是关于人的生产与物质资料生产之间关系的理论。两种生产理论认为,社会的生产包括两个方面,即物质资料的生产和人口自身的生产。这两个方面只有保持适当的比例,即二者达

到一定的平衡,社会生产才能顺利进行。两种生产理论在工业革命前曾长期指导着社会实践。在工业革命前的时代,由于人口与作为生产资料的自然资源相比,人口少,土地多,人类生产能力的整体水平也低,人们的生活水平与生活质量在很大程度上取决于农业生产技术与人口数量,因此,追求人口数量的增长和社会财富的增加成为社会发展的首要目标。

工业革命发生后,技术水平的提高促进了劳动生产率的提高,尤其是第二次世界大战后,世界发达国家经济高速发展,对自然资源进行掠夺式开发,导致资源缺乏、环境恶化。中国自改革开放起,生产能力大幅度上升,在发达国家出现的资源环境问题也在我国相继出现(邬沧萍、侯东民,2005)。

从人口与环境之间的关系角度看,两种生产理论隐含着一个基本假定,就是自然环境可以提供无限的环境资源与消纳无限的废物。这也意味着,当人类对环境的作用强度和范围较小,对资源的利用没有超出其自身的可更新能力,对环境的污染在环境自身的自净能力范围内时,两种生产理论可以正确地指导社会实践[图 1(a)]。可是,20 世纪中期以后,大规模的、过度的与掠夺性的使用资源环境,环境污染与生态破坏等严重后果开始逐渐凸显出来。在这一时代背景下,两种生产理论难以对此类问题进行合理的解释,更难以给出适当的解决对策。对环境资源从无限到有限的认识的转变,是可持续发展对过去传统发展模式的反思。三种生产理论应运而生(王奇、叶文虎,2002)。

三种生产理论是在两种生产理论的基础上再加一个环境生产,即包括人口生产、物质生产和环境生产[图 1(b)]。环境生产虽然后来才被人类认识到,实际上较人类的产生和物质生产要早很久。实质上,整个地球生态系统始终存在着自然环境的生产,只是在人类产生以后才形成了人的生产与物质生产。人的生产从环境生产中取用生活资源,同时排放生活过程中所产生的废物于环境。物质资料生产则从环境中索取资源,同时向环境排放生产过程中所产生的废物。而环境生产不仅需要向人的生产和物质资料生产供给环境资源,而且还要消解后两者所产生的废物。假如人类对环境的影响不超过自然环境自我生产能力(也就是不超过环境承载能力),即环境生产能够无限满足人的生产与物质资料生产的需要,则以"两种生产理论"为指导,调节好人的生产与物质生产之间的关系,就可以保证社会的可持续发展。而随着人口的增长和人们开发自然力度的增强,由于在实际过程中,环境生产自我生产支持人口生产和物质生产的能力正被突破。人类活动过程中如何节能减排,是保证整个生产顺利进行的基本前提。于是,以"三种生产理论”为指导,协调好人的生产、物质生产和环境生产三者之间的关系,是当今社会持续发展的根本保证。

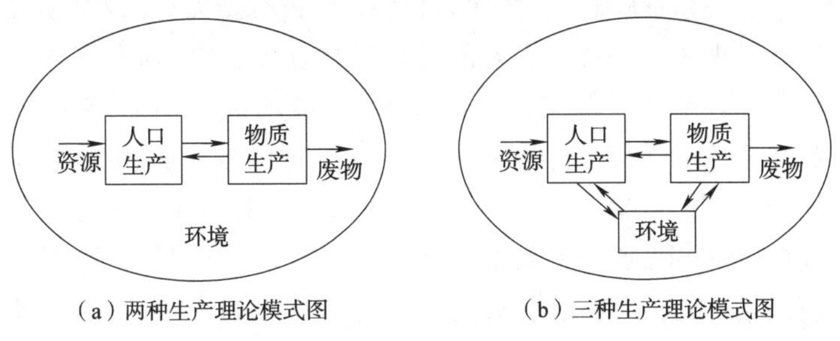

(a)两种生产理论模式图　　(b)三种生产理论模式图

图1　两种生产理论和三种生产理论模式图

(二)“三型”社会是三种生产理论指导的实践形式和目标

“三型”社会是可持续发展的具体实践形式,三种生产理论指导着“三型”社会建设,二者之间是理论与实践的关系。三种生产理论虽然是指导社会实践的理论,但由于人类对物质占有的贪婪,又加上人类自身生产增长迅速,导致大量的资源被浪费和消耗,环境污染日趋严重,所以在三种生产中,人口生产和物质生产将面临着超过资源环境的生产能力,如果人们不调节自己的行为,很可能面临自然资源枯竭,环境系统崩溃的危险。“三型”社会中,以人口均衡为统领,强调资源节约、环境友好,这是三种生产理论对社会发展指导的具体化,“三型”社会是三种生产理论的宏伟蓝图和远大目标。

“三型”社会和三种生产理论都隐含着这样的发展理念:资源环境有限,倡导生态环境文明;追求人口与物质生产、资源环境之间相互协调,不可偏废一方;最终的目标是天人合一,求得可持续发展。

三、“三型”社会弥补“两型”社会中人的要素的缺失

2005年,党的十六届五中全会提出,要加快建设资源节约型、环境友好型社会,即“两型”社会,促进经济发展与人口、资源、环境相协调。提出促进人口、资源、环境可持续发展,是完全正确的,但仅仅通过资源节约型、环境友好型“两型”社会去实现这一目标,几乎是不可能的。原因是忽视了其中一个最重要、最能动的要素,即人的因素。众所周知,人既是物质文明的创造者,也是物质文明的享有者,离开了人的因素,资源节约、环境友好都无从

谈起(《人口研究》编辑部,2010)。

可持续发展,是迄今为止提出的人类社会发展的最高目标,是人类社会追求的天人合一的最高境界。然而,可持续发展不是无源之水,不是无本之木,更不是空穴来风。可持续发展需要人口均衡型社会、需要资源节约型社会、需要环境友好型社会做支撑。可以说,人口均衡型社会、资源节约型社会、环境友好型社会既是可持续发展社会目标的具体体现,也是可持续发展目标的三个支撑点,三者缺一不可。三点定面,且由不在一条直线上的三点构成的三角形最稳定,这是最基本的几何原理。若“三型”社会中缺少其一,则可持续发展就失去了有效支撑,这一理想的平台将难以建立,即使建立起来,也绝不可能稳定(见图2)。

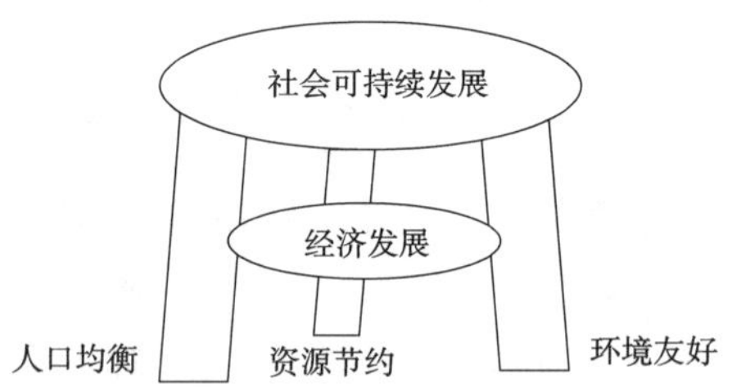

图2 “三型”社会对可持续发展的支撑

在人口均衡型社会、资源节约型社会、环境友好型社会的三个支点中,最重要、最根本的是人口均衡。如果建立起了人口均衡,则资源节约、环境友好就容易实现。人口均衡既包括人口自身的均衡,也包括人口与经济和资源环境的协调发展。

需要指出的是,经济系统是资源和环境的亚系统,经济系统的发展受资源环境的约束。因此,可以认为,人口系统是经济系统的发展推动系统,资源环境系统是经济系统发展的支持系统。经济系统是社会发展系统的基础。只有构建人口均衡型社会、资源节约型社会和环境友好型社会的“三型”社会,才能促进经济发展,也才能促进社会的可持续发展。

四、“三型”社会体现了以人为本的可持续发展观

人口均衡、资源节约和环境友好“三型”社会是人口、资源、环境可持续发展含义的诠释和具体体现。“三型”社会中,以人口均衡型社会为统领,充分体现了以人为本的可持续发展观。以人为本,简单地讲,就是做任何事情

都要依靠人,做事情的最终目的是为了人。所以,可持续发展最终是人的可持续发展。只有人口、资源、环境协调发展,才能实现人的可持续发展。

人口均衡包括两个方面的内容,一是人口内部的均衡,二是人口外部的均衡(见图3)。人口内部均衡包括人口规模、人口分布、人口结构和人口素质等要素。人口规模指人口数量要与经济、社会、资源环境承载力相匹配,人口超载将会引起一系列的社会问题及自然灾害。人口分布指人口在地域上的分布,人口的自然的均衡分布是人口均衡的重要因素之所在。人口结构既包括性别结构均衡,也包括年龄结构的均衡,还包括人口素质的改善。人口素质包括健康素质和文化素质。人口素质没有最好,只有更好,这样的均衡实质上是一种状态改善的过程。人口的素质越高,人们越注重资源节约,越注重环境保护。人口外部均衡指人口与经济发展水平、资源禀赋、环境容量相一致,即人口的规模和分布在区域的经济承载能力、资源承载能力、环境承载能力的限度内。如果超出了这一限度,则处于失衡状态。假设人口的空间分布不均衡,或规模超出了区域经济的承载力,则人类会在更大程度上进行生产,这意味着将耗费更多的资源,使用更多的环境成本,进而导致超出资源环境的承载能力,资源节约型社会和环境友好型社会的建设则不可能实现。人口内部失衡对资源节约、环境友好也具有重要的影响。如人口年龄结构、人口性别结构,都会影响到对资源的利用及保护。如果男女性别比过度失衡,则会引起社会的不和谐甚至社会紧张,进而影响到资源利用及环境保护。年龄与资源利用也有关系。如老龄化导致家庭规模变小、能源消耗的经济效益降低并增加温室气体的排放。总之,实现了人口均衡,不仅促进了人的发展,而且也为建立资源节约型社会、环境友好型社会奠定了基础。

以人为本不等于以人为中心。“以人为中心”曾一度扭曲了人与自然的关系,过分强调人的需要和利益,完全忽视自然生存发展的需要和承载力,把自然界当做“异族”去征服、掠夺,造成了生态破坏、资源匮乏、环境污染等不可持续发展的问题,在人口、资源、环境与经济社会发展之间出现了一系列的尖锐矛盾,影响了人类的生存和持续发展。正是在这种背景下,人们提出了可持续发展思想。可持续发展思想就是要摒弃那种“征服自然”、“奴役自然”的极端认识和做法,回归到“以人为本”的人口、经济、社会与自然协调发展的正确轨道上来,追求人类社会的长期稳定持续发展。以人为本的发展不是单纯的经济增长,而是既包含人口、经济、社会的发展又包含资源环境持续发展。经济发展只是一种手段,服务于人的生存和可持续发展。人

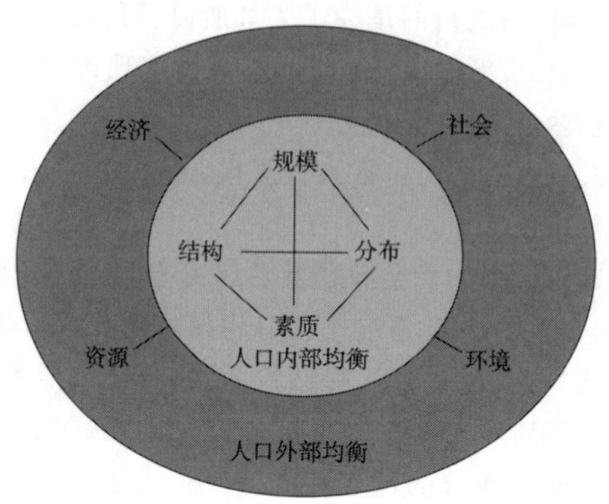

图 3　人口均衡型的内容

的生存和持续发展又依赖于自然生态系统的发展，只有自然生态系统的运行和持续发展才能为社会经济发展提供持久稳定的自然资源（刘良荣，2003）。只有人口、经济、社会与自然协调发展，才能为人的生存和持续发展提供可靠的保障。

五、结　论

“三型”社会指人口均衡型社会、资源节约型社会和环境友好型社会。其中人口均衡型社会统领“三型”社会的构建。“三型”社会体现了“以人为本”的可持续发展观。

三种生产理论指导着“三型”社会的构建，“三型”社会是三种生产理论的实践形式和目标。

人口均衡包括两个方面的内容，一是人口内部的均衡，二是人口外部的均衡。人口内部均衡指人口结构既包括性别结构均衡，也包括了年龄结构的均衡，还包括人口素质的改善。人口素质包括健康素质和文化素质。人口的素质越高，人们越注重资源节约，越注重环境保护。人口外部均衡指人口规模和人口空间分布与经济发展水平、资源禀赋、环境容量相一致，即人口的规模和分布在区域的经济承载能力、资源承载能力、环境承载能力的限度内。只有实现了人口内部和人口外部的均衡，才能称得上可持续发展。

参考文献

[1]邬沧萍,侯东民. 人口资源环境关系史[M]. 中国人民大学出版社, 2005:47 ~ 141.

[2]王奇,叶文虎. 从两种生产理论到三种生产理论[J]. 生态经济, 2002,(1):28 ~ 30.

[3]徐静,徐梅. 用“三种生产理论”指导资源型城市转型[J],贵州社会科学, 2005, 2(3):21 ~ 23.

[4]《人口研究》编辑部. 为什么要建设“人口均衡型社会”? [J]. 人口研究, 2010,5,34(3):40 ~ 52.

[5]刘良荣. 以人为本:可持续发展的核心价值[J]. 理论月刊, 2003,(3):54 ~ 55.

出生性别比偏高是我国人口非均衡发展的典型表现

原 新

南开大学经济学院人口与发展研究所

在我国人口转变的过程中，有些人口现象的出现虽然是我们所不希望的，但却是人口变动规律的必然结果，是不以人们的意志而转移的，是人口长期均衡发展的必然表象。出生人口性别结构失衡在我国表现为出生性别比长期偏高且持续升高，这是我国实现人口转变和低生育水平过程中出现的重大的非均衡人口现象，是推进我国人口长期均衡发展过程中的最不和谐音符，是我国人口非均衡发展的典型特征。出生人口性别比长期持续偏高是严峻的人口问题，更是重大的社会问题，事关男女平等和计划生育两项基本国策的落实，对建设社会主义和谐社会将产生直接和深刻的影响。

一、出生性别比的非均衡特征

历次人口普查资料和人口统计资料显示，我国出生性别比自 20 世纪 80 年代初期开始偏高，并呈持续升高态势，1982 年、1990 年和 2000 年分别为 108.47、111.14 和 116.86，2009 年达到 119.45。目前，中国已经成为世界上出生性别比偏高程度最高的人口大国，也是发展中人口大国在人口转变过程中出生性别结构失衡最严重的国家。

1. 出生性别比偏高且持续升高

从出生性别比偏高的演变进程来看，20 世纪 50～80 年代，尤其是 70 年代，我国出生性别比围绕 106 窄幅波动，处于正常值范围内，与无男孩偏好国家或地区出生性别比没有明显差异。80 年代初期开始偏高且缓慢上升，省际差异较小；90 年代快速上升，省际差异扩大；2000 年以来上升趋势减缓，但却在高位振荡,2004 年达到 121.20 的历史最高纪录,之后,一直徘徊在 120 上下,使中国成为世界上出生性别结构失衡最为严重的国家(见图 1)。2009 年我国出生人口性别比为 119.45,比上一年下降了 1.11 个百分点。这是自 2004 年出生人口性别比升至 120 以上以来,第二次降至 120 以下,也是“十一五”期间的第一次下降。2010 年第六次全国人口普查数据显示,出生人口性别比进一步降为 108.06。这是长期综合治理的必然结果,希望这是持续下降的开始。尽管如此,出生人口性别比依然在高位振荡,我们务必保持清醒的认识,治理出生性别比偏高任重道远。

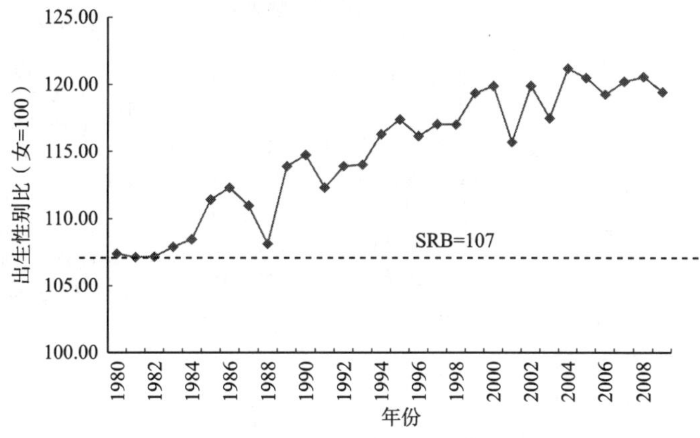

图 1　我国出生人口性别比的变化(1980 ~ 2009 年)

资料来源:1980 ~ 2009 年间历次全国人口普查资料、全国 1% 人口抽样调查资料和年度人口变动抽样调查资料。

2. 出生性别比偏高的空间范围不断扩大

按省级行政单位统计,1982 年第三次全国人口普查时,我国有 17 个省份出生性别比处于正常值范围,10 个省份在 107 ~ 110,3 个省份在 110 ~ 120;1990 年第四次全国人口普查时,出生性别比偏高区域迅速扩大,仅有 6 个省份处于正常值范围,7 个省份在107 ~ 110,17 个省份在 110 ~ 120,暂无 120 以上的省份;2000 年第五次全国人口普查时,出生性别比偏高程度继续加深,还剩 4 个省份处于正常值范围,107 ~ 110 和 110 ~ 120 的分别有 4 个和 12 个省份,在 120 以上的 11 个省份中有 5 个省份超过了 130;2005 年全国 1% 人口抽样调查时,出生性别比上升速度趋缓,仅剩 1 个省份处于正常值范围,107 ~ 110 和 110 ~ 120 的分别有 3 个和 16 个省份,仍有 11 个省份处于 120 以上,其中,安徽、江西和陕西位列三甲,其出生性别比高居 130 以上(见

表1)。另有8个省市的出生人口性别比高达120～130。

表1 中国出生性别比的变化情况(1982～2005年)

出生性别比	1982年	1990年	2000年	2005年
≥130 严重偏高			安徽、江西、河南、广东、海南(22.81%)	安徽、江西、陕西(11.03%)
120～130 高度偏高			江苏、福建、湖北、湖南、广西、陕西(24.88%)	上海、江苏、福建、河南、湖北、湖南、海南、贵州(30.21%)
110～120 中度偏高	安徽、广东、广西(14.48%)	天津、河北、辽宁、江苏、浙江、安徽、福建、江西、山东、河南、湖南、广东、广西、海南、四川、陕西、甘肃(74.87%)	北京、天津、河北、山西、辽宁、上海、浙江、山东、重庆、四川、云南、甘肃(40.00%)	北京、天津、河北、山西、内蒙古、黑龙江、浙江、山东、广东、广西、重庆、四川、云南、甘肃、青海、宁夏(51.57%)
107～110 轻度偏高	河北、山西、吉林、陕西、江苏、浙江、山东、河南、四川(47.60%)	北京、山西、内蒙古、吉林、黑龙江、湖北、云南(18.74%)	内蒙古、吉林、黑龙江、宁夏(7.39%)	辽宁、吉林、新疆(6.97%)
≤107 正常范围	北京、天津、内蒙古、辽宁、黑龙江、上海、福建、江西、湖北、湖南、贵州、云南、西藏、甘肃、青海、宁夏、新疆(37.92%)	上海、贵州、西藏、青海、宁夏、新疆(6.39%)	贵州、西藏、青海、新疆(4.92%)	西藏(0.22%)

注:①1984年成立海南省,之前在广东省;1997年成立重庆市,之前在四川省。②括号内数字为这些省份人口占当年全国总人口的百分比。

资料来源:1982年、1990年、2000年全国人口普查资料,2005年全国1%人口抽样调查资料。

从偏高区域所覆盖人口来看,出生性别比偏高问题日趋严重,偏高区域范围逐渐扩大。1982年,出生性别比处于正常范围的人口占全国人口的37.92%,轻度和中度偏高的分别占47.60%和14.48%;到1990年,处于正常范围的只剩下6.39%,轻度和中度偏高的分别占18.74%和74.87%;到

2000 年和 2005 年,处于出生性别比偏高区域的人口分别占 95.08% 和 99.78%,其中,有 40% 以上的人口生活在高度(或严重)偏高区域,出生性别比偏高地区扩大到除西藏以外的所有省份。

出生性别比偏高的地区主要分布在东、中部社会经济较发达地带,这些地区人口比较稠密,同时其生育政策也相对比较严厉;虽然西北、西南部等经济相对不发达地区的出生性别比也超出正常范围,但偏高程度相对较小,这与人口分布的爱辉—腾冲线基本吻合。出生性别比偏高区域主要集中在东南部人口稠密地区,受人口数量和出生性别比偏高程度的双重作用,这些地区对全国出生性别比偏高的影响较大。根据各省份对全国出生性别比升高影响程度的分析,国家人口计生委已将安徽、河南、江西、湖南、江苏、广东、河北、湖北、贵州、广西、陕西、四川、山东和福建等 14 个省份作为全国综合治理出生性别比偏高问题工作的重点地区,重点地区重点治理。

出生性别比偏高的传播路径从沿海逐步向内地扩散。根据 2000 年全国人口普查数据,将 344 个地市出生性别比按东、中、西部聚类比较,东部地区出生性别比偏高起始时间早于西部地区,同时,其偏高程度也比西部地区严重,总体上表现为西部→中部→东部渐次升高。从南北方向进行比较,出生性别比的地理分布以黄河为界,黄河以北地区的出生性别比低于全国平均水平(116.86),而黄河以南地区的出生性别比高于全国平均水平。与第三、第四次人口普查进行比较,出生性别比偏高的范围逐渐从沿海发达地区向中西部地区蔓延,这可能与经济发展水平、人均可支配收入和性别鉴定技术(例如,B 超)的可及程度有关。

3. 出生性别结构失衡的城乡差异显著

20 世纪 80 ~ 90 年代初期,出生性别比偏高问题主要集中在农村地区,1990 年以来,城市地区也开始出现出生性别比偏高和持续升高现象。1990 年,城市、镇和乡村出生性别比分别为 108.9、112.1 和 111.7;2005 年,城市、镇和乡村出生性别比分别为 115.2、119.9 和 122.9,均有不同程度上升。但总体来看,历年乡镇出生性别比明显高于城市地区,城乡差异显著(见表 2)。

表 2 我国城乡出生性别比变化

年份	城市	镇	乡村
1982	106.9	107.7	107.7
1990	108.9	112.1	111.7
1995	111.9	115.6	117.8
2000	112.8	116.5	118.1
2005	115.2	119.9	122.9

资料来源:1982 年、1990 年、2000 年全国人口普查资料,以及 1995 年和 2005 年全国 1% 人口抽样调查资料。

4. 出生性别比随孩次增加而上升

根据历次人口普查和抽样调查分孩次出生性别比资料,一孩出生性别比基本正常,二孩及多孩出生性别比随孩次增加而逐步升高,孩次越高,出生性别比偏高问题越严重,如二孩出生性别比从 1982 年 106.0 增至 2000 年 151.9,2005 年下降到 143.2;三孩及以上胎次的出生性别比,从 1982 年 127.0 迅速增加到 2000 年 159.4,2005 年略有下降,为 152.9。最值得关注的是 2005 年一孩出生性别比开始偏高,达到 108.41,因为我国目前出生人口的 3/4 左右是第一胎生育,头胎出生人口性别比偏高将会产生大量的女婴赤字或男婴盈余。从对出生性别比升高贡献率来看,孩次差异较大,一孩贡献率为 6.97%,二孩贡献率为 77.04%,尽管多孩年出生人口数量远远少于一孩,但其贡献率仍达到了 16%,是一孩贡献率的两倍多①。这表明,在二孩及多孩生育中,存在着集中性别选择生育行为。

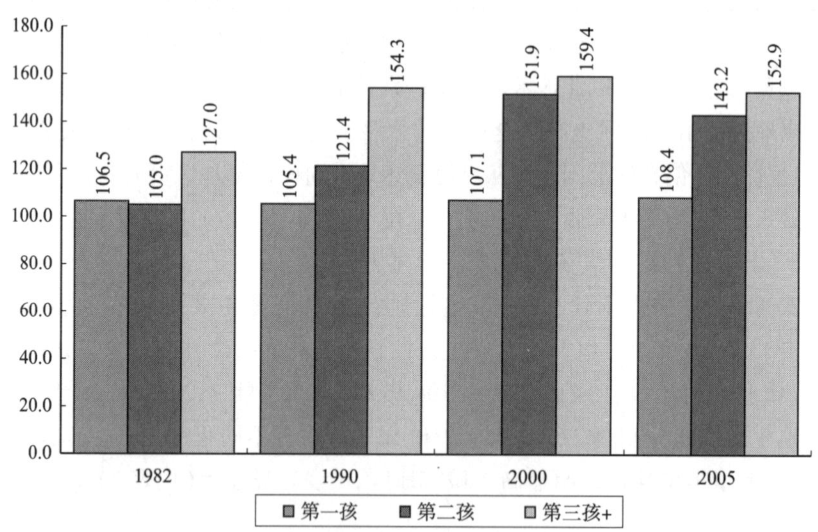

图 2 我国出生性别比的孩次差异及其变化

资料来源:1982 年、1990 年、2000 年全国人口普查资料,2005 年全国 1% 人口抽样调查资料.

① 蔡菲. 出生性别比升高的分因素贡献率. 人口研究,2007,(4):9 ~ 19.

不仅如此，孩次出生性别比还与前一胎出生孩子的性别密切相关，在生育状态上，纯女户孩次递进生育性别比高于纯男户。从2000年普查数据来考察孩次性别递进生育性别比，出生性别比与已生育孩子性别结构呈现显著相关关系，已经生育"0男1女"妇女的下一胎次生育性别比为209.45，已经生育"0男2女"、"0男3女"和"0男4女"妇女的下一胎次生育性别比均上升到了300以上；而与之形成鲜明对比的是，已经生育"1男0女"、"2男0女"、"3男0女"和"4男0女"妇女的下一胎次生育性别比均在正常值之下，已经生育"2男0女"妇女的下一胎次生育性别比甚至降到了68.16。[①]纯女户孩次递进生育性别比明显高于纯男户，纯女户偏男选择生育现象比较明显，而纯男户却表现出偏女倾向。

5. 受教育程度高的妇女的出生性别比低

小学以下文化程度妇女的出生性别比均超出了正常值范围，城市和镇人口出生性别比达到了110以上，高于乡村人口出生性别比；具有小学文化程度的妇女，其生育性别比均在120以上，而且这在城市、镇和乡村人口中的差别不大。自初中开始，随文化程度的提高，出生性别比有所下降，城镇出生性别比的降幅达到了4个百分点以上，而乡村自高中文化程度才开始出现4%以上的降幅。这表明，提高妇女受教育程度对于降低出生性别比有着积极意义。

6. 部分少数民族出生性别比也偏高

将少数民族出生性别比与汉族的进行比较，从总体上来看，少数民族的出生性别比为111.93，汉族的为121.10，前者低于后者将近10个百分点；分孩次来看，少数民族各孩次出生性别比均低于汉族，少数民族一孩出生性别比处于正常范围内，而汉族的略微偏高，少数民族二孩及多孩出生性别比比汉族低30～50个百分点。另外，在所列抽样样本量大于3000的12个少数民族中（见表3），只有维吾尔族和藏族出生性别比处于正常水平，其余民族均高出了正常值范围；与1990年第四次人口普查相比，除满族和藏族出生性别比有所降低外，其他民族均有不同程度上升；除侗族、土家族、瑶族出生性别比略高于汉族外，其余都低于汉族。

① 王广州，傅崇辉．中国出生性别比升高的孩次性别递进过程分析．人口学刊，2009，(1)：3～9.

表 3 我国部分少数民族的出生性别比(2000 年)

民族	男性	女性	SRB	民族	男性	女性	SRB
壮族	10 390	8653	120.07	满族	4937	4507	109.54
苗族	8217	7194	114.22	藏族	4305	4233	101.70
维吾尔族	7716	7371	104.68	蒙古族	3307	3012	109.79
彝族	7677	6861	111.89	布依族	2956	2674	110.55
回族	6853	6095	112.44	侗族	2343	1849	126.72
土家族	5505	4519	121.82	瑶族	1729	1420	121.76

注:为了满足出生性别比对样本量的最低要求,只列出了出生人口抽样样本数在3000以上的少数民族。

资料来源:2000 年全国人口普查资料。

小结:我国当前的出生性别结构失衡问题已经十分严峻,目前出生性别比继续升高的趋势虽然得到初步遏制,但是,出生性别比依然在高位运行,尚未见到稳定逆转的迹象。出生人口性别比偏高是具有男孩偏好国家或地区在生育率下降过程中的普遍现象。我国的特殊性在于,计划生育政策和社会经济发展共同促进了非自愿的或自愿的生育率下降,现代避孕、胎儿性别鉴定、人工流产等技术的进步与普及,为人们满足既要少生,又要获得理想的子女性别结构提供了必要手段,促成了我国出生人口性别比的偏高和持续升高,使我国成为世界上出生性别结构失衡非常严重的国家。

二、出生性别结构失衡的主要问题

出生性别结构失衡给我国的经济、社会、政治、文化等方面带来的影响是全面的、结构性的,也是深刻的和长远的。从人口变动的角度看,出生性别结构失衡将带来如下主要问题。

1. 男女人口数量相差规模巨大

我国已经经历了近 30 年的出生性别比偏高历程,最直接的非均衡后果就是男女出生人口数量的不匹配,而且这个特征将伴随各个出生性别比偏高出生队列终生,带来一系列的社会经济问题。

根据国家统计局公布的 1980 年以来每年的人口总数、出生率数据,1980 年以来的历次人口普查、1% 人口抽样调查和人口变动抽样调查公布各年份的出生性别比数据,推算:1980 ~ 2009 年期间,我国出生人口合计 59 557 万人,其中,男性出生 31 772 万人,女性出生 27 785 万人,二者相差 3987 万人,即过去 30 年间,男性比女性多出生 3985 万人。但是,根据出生性别比的大数规律,正常的出生性别比值域为 130 ~ 107,也就是说,正常情况下每出生 100 个女婴,男婴出生应该是 103 ~ 107 个,即每出生 100 个女婴对应的男婴应该多出 3 ~ 7 个。扣除这应该多出生的 3 ~ 7 个男婴,1980 ~ 2009 年期间,我国男婴比女婴非正常多出生 1973 万 ~ 3107 万人,这些男性将先天性的不存在与之相对应的女性。毋庸置疑,这个女性赤字或男性盈余规模包含了因胎儿性别选择消失的女婴、出生漏报和瞒报的女婴等,但是在现有统计资料中很难区分各要素的比重。

2. 对女性生存权的严重侵犯

坚持男女平等,保护妇女儿童权益是我国构建社会公共政策体系的核心价值观之一,是党和政府一贯坚持的政治方针,攸关社会安全稳定和社会和谐。我国出生人口性别比偏高且持续升高的最直接表现就是女性出生人口相对于男性出生人口的不平衡以及低龄女童非正常的高死亡率水平,导致出生人口乃至总人口的女性“赤字”。这是对人类生命和生活质量的损害,是对女性生存权利的践踏。

理论计算,如果年出生人口规模为 1500 万,要使出生人口性别比达到 120 的水平,就要有至少 40 万例女胎被人为选择消失;相对应的,就有 40 万例男胎因为参与胎儿性别选择活动而被保留下来。胎儿性别选择的直接受害者是女性胎儿和生育女孩的妇女,一方面,这是对女性生命权的严重侵犯,那些无辜的女性胎儿还没有面世就被残酷地剥夺了出生的权利。另一方面,性别选择性的人工终止妊娠手术让怀孕妇女蒙受巨大伤害,承受身体和精神的双重痛苦,有的要付出终身不孕甚至死亡的惨痛代价。这种行为不仅违反了我国宪法和相关法律的规定,也违反了国际人权公约,理应受到全社会的强烈谴责。

3. 出生性别失衡的危害具有长期性

人口现象是长周期事件,人口问题的表现具有明显的滞后性,现在呈现的人口问题是以往播种的结果,一旦问题显现,往往已失去治理和解决的最佳时机。出生人口性别比偏高是一种人口现象,有其自身演变的规律性,扭转其发展方向,需要长期不懈的努力。

出生人口性别比偏高是多因素综合作用的结果,文化基础,是传统的重男轻女观念;生育政策基础;社会经济基础,是农村以“包产”、“包干”为主导的小农经济体系,城镇以具有强烈家族经济特征的乡镇企业、私有经济和民营经济的大发展，男孩的劳动力供给和家族财富传承功能被彰显放大，再加之相应的法律法规和社会政策不健全（如遗产继承法），经济发展非但没有消除人们的男孩偏好，反而强化了这种偏好；技术基础，是B超、引产等现代医疗技术广泛普及，为非法的胎儿性别选择提供了安全便捷的保障。这些要素的组合共同促成了我国出生人口性别比偏高且持续升高的现实。可以预见，所有这些要素并不会在短期内发生根本性改变。因此，要想改变出生人口性别比偏高的轨迹，需要做长期的艰苦卓绝的努力，要高瞻远瞩。

4. 难以逆转的社会经济后果

女性肩负人类繁衍生息和永续发展的重任。出生性别结构事关社会结构和社会生活的正常秩序，关系人口的长期发展。我国长期的出生人口性别比偏高和不断升高的过程，对社会经济系统的冲击是全方位的。

第一，人口发展问题。女性是生育者，女性“赤字”必然导致出生率水平下降，进一步减少人口总量和适龄劳动人口规模，并加速人口老龄化进程，对人口长期持续发展的影响不容忽视。出生性别比偏高会降低人口的规模，生育水平中方案下，2050年出生性别比偏高比正常出生性别比方案下人口规模降低1400万，2100年比低方案少8700万。出生性别比偏高一定程度上降低出生人口规模，2050年出生性别比偏高方案下出生人口规模低于正常出生性别比方案下86万人，2100年前者低于后者186万人。出生性别比偏高是对老龄化有加速的作用，这种影响在2031年开始显现，然后呈现扩大的趋势。①

第二，社会经济问题。出生人口性别比长期失衡，与人口老龄化日益严重并存，加剧人口结构的不合理性，不利于社会经济的发展；长远看，“盈余”男性没有配偶和子嗣，与人口老龄化交织，会增加养老的复杂性和艰巨性。

第三，就业挤压问题。男性多余会增强劳动力就业市场的激烈竞争，加剧女性就业难度；某些行业和职业中可能出现女性就业人口缺乏而要男性替代的现象；男性就业岗位会因为男性过多而饱和，由此产生的劳动力过剩会引发就业市场的更加激烈的恶性竞争，从而导致更多社会问题的产生。

第四，婚姻挤压问题。严重的女性婚龄人口短缺，在代际之间会因为争夺配偶而发生矛盾，扰乱婚姻市场；出生性别比作为性别比的起点对总人口性别比和婚配性别比都产生直接的影响。高出生性别比使得总人口性别比

---

① 陈卫，李敏．中国出生性别比偏高的长期人口后果．人口与发展，2010，(4)：32～37．

远高于总人口性别比 92 ~ 102 的正常值域,生育率中方案下,2018 年之前我国初婚市场处于低度的婚姻拥挤。出生性别比中方案下,初婚市场在 2038 ~ 2054 年处于中度挤压状态;出生性别比高方案下,2029 年之后婚配性别比持续升高,在 2050 年达到峰值 121.50 后缓慢下降,基本维持在 120 左右,初婚市场处于高度挤压状态。①同时,单身男性剧增,会危及婚姻和家庭稳定,引发色情业、拐卖妇女、买卖婚姻等问题,危害社会稳定。

第五,妇女地位问题,没有生育男孩妇女的社会和家庭地位会受到威胁,而通过性别鉴定和人工终止妊娠或通过计划外生育方式得到男孩的妇女,也并未因此从重男轻女的传统枷锁下彻底解放。总之,在经历了长时期的出生人口性别比偏高之后,这些问题已经开始显现,我们必须保持清醒的认识。

小结:出生性别结构失衡已经是一个严峻的客观现实,两三千万人的男性"盈余"或女性"赤字"本身的问题就已经十分严重。更为严峻的是,目前,还没有看到出生人口性别比开始稳步下降的迹象,由此所引发的一系列社会经济问题还将在现有基础上进一步加剧。治理出生性别比偏高问题不可能一蹴而就,要有打持久战的思想准备,需要艰苦卓绝的长期努力。我国出生性别结构失衡对社会经济生活带来巨大的冲击,解决不好,将会危及经济发展、社会进步和政治稳定。

三、促进出生性别结构平衡的行动与对策建议

治理出生性别比偏高和改善出生性别结构是政府和社会义不容辞的责任,关系社会稳定和社会和谐。我国在改善出生性别结构的行动中,主要从促进社会性别平等和综合治理出生性别比问题专项活动两个方面大力推进,在政府层面和公民社会层面平行展开。政府主要通过采取各种法规和政策措施来提高妇女地位、促进性别平等;公民社会则主要在政府的协调下参与各项社会活动,充分发挥自身在促进性别平等活动中的作用。

1. 促进社会性别平等行动

第一,政府层面的作为。新中国成立以来男女平等就一直是我国政府在生活生产领域长期坚持的基本原则,这个原则与 1995 年世界妇女大会通过的《北京宣言》"社会性别意识主流化"理念相融合,渗透到社会生活的各

① 陈卫,李敏. 中国出生性别比偏高的长期人口后果. 人口与发展,2010,(4):32 ~ 37.

个领域。法律上,已经形成了以《宪法》为基础,以《妇女权益保障法》为主体,包括国家各种单行法律法规、地方性法规和政府各部门行政法规在内的一整套保护妇女权益和促进男女平等的法律体系。政治上,积极探索促进妇女参与民主化进程的途径,如完善法律体系建设,促进妇女参政;制定专门政策、规划和纲要,向提高妇女参政水平倾斜。经济上,促进妇女就业和维护妇女的劳动权益,保障妇女享有与男子平等的就业机会、共享社会经济资源和社会发展成果。教育上,用法律保障妇女受教育的平等权利,通过扫盲、“希望工程”、“春蕾计划”、职业培训等方式提高妇女受教育水平。健康上,把妇女健康放在促进性别平等的优先位置,同时,开展优质服务、生殖健康、知情选择、艾滋病防治等一系列活动促进妇女健康,提高妇女的预期寿命。在反暴力方面,立法防治对妇女的暴力和犯罪,坚决反对和打击家庭暴力、拐卖和收买妇女儿童、买卖和包办婚姻等,为遭受家庭暴力的妇女提供服务。

第二,公民社会层面的努力。改革开放以来,以各种社会组织为载体的相对独立的公民社会迅速崛起,并逐渐在社会管理和服务事务中发挥重要作用。目前,在我国性别平等领域相对活跃的非政府组织有三类。一是国际组织。以 1995 年世界妇女大会为契机,联合国机构、福特基金等国际组织开始进入到我国妇女及社会发展领域,引入社会性别平等理念,与政府和民间组织在促进性别平等方面进行了创新性、持续性合作。二是各级妇女联合会、计划生育协会、共青团等社会团体成为连接政府与公民社会的桥梁,在促进性别平等方面卓有成效。三是各类研究型、服务型、联谊型和综合型民间组织,如高等院校的女性研究中心、反对家庭暴力网络、法律援助中心、农家女文化发展中心等,通常专注于某一问题和领域,为促进我国性别平等作出了积极贡献。

政府和公民社会在促进性别平等方面所采取的一系列措施,尽管初衷并不是为了直接治理出生性别结构失衡,但客观上却起到了改善女孩生存环境和抑制出生性别比升高的作用。

2. 治理出生性别结构失衡专项行动

这是针对出生人口性别比偏高采取的专项治理行动,主要包括两个层次:一是公共政策治理;二是综合治理出生人口性别比偏高行动。

第一,公共政策治理。以打击非医学需要的胎儿性别鉴定和非医学需要的选择性别人工终止妊娠(即“两非”)为核心内容。政府自 1986 年开始,即采取公共政策措施治理出生人口性别比偏高,陆续出台了一系列查处“两非”的法律法规，内容包括严禁滥用人工授精技术，严禁非医学需要的胎儿性别鉴定和非医学需要的选择性别人工终止妊娠手术，处方管理终止妊娠药品和促排卵药品，严禁溺弃女婴、严惩溺、弃、残害女婴和拐卖、绑架妇女儿童的犯罪活动以及歧视、虐待生育女婴妇女等违法行为。2006 年中共中央国务院《关于全面加强人口和计划生育工作统筹解决人口问题的决定》明确把“综合治理出生人口性别比偏高问题”列为统筹解决人口问题的五大任务之一，在国家层面上进一步开展“关爱女孩行动”、“婚育新风进万家活动”，推动“幸福工程”、“春蕾计划”等社会公益活动。

第二，综合治理出生人口性别比偏高专项行动。2005 年，国家提出广泛开展关爱女孩综合治理出生人口性别比偏高问题行动计划，标志着治理出生人口性别比工作进入了扩展深化阶段。这个阶段的宗旨是：以人的全面发展为中心，以维护妇女和女孩的生存权、发展权、受保护权和参与权等基本权利和权益为目标，通过建立行为约束机制、利益导向机制和制度创新机制，改善女孩生存环境，使出生性别比逐渐趋于正常，促进性别平等，构建和谐社会，为我国经济社会协调可持续发展提供有利的人口环境。

同时，确定分三步走的综合治理出生人口性别比偏高战略：第一步为遏制阶段（2006～2010 年），以行为约束机制为主，以利益导向机制为辅，同时探索制度创新机制，在计划生育优质服务基础上，有效控制侵害女婴和女孩生存权利行为，控制出生性别比及偏高的女孩死亡水平的继续升高。第二步为下降阶段（2011～2015 年），在行为约束制度化的基础上，强化利益导向机制，同时进一步深化制度创新机制，使女婴和女孩的生存权利得到群众的尊重和保护，性别平等观念深入人心，出生性别比及偏高的女孩死亡水平逐渐下降。第三步为稳定阶段（2016～2020 年），在行为约束和利益导向制度化的基础之上，重点进行制度创新，形成多部门的高效合作，建立完善的可持续发展机制与制度创新机制；并以此为起点，将“关爱女孩”行动扩展、深化为更广范围、更深层次的行动，在保持正常的出生人口性别比及女孩死亡水平长期稳定的基础上，建立性别平等的、和谐的新型社会。

3. 进一步的对策建议

出生人口性别比偏高是多因素共同作用的结果，综合治理工作是一项长期而艰巨的社会系统工程，仅仅依靠某一两个部门难以从根本上治理出生性别比偏高问题，治理工作任重道远，各地要树立信心，坚定信念，不懈努力，统筹应对。

（1）建立健全部门协调和区域协作机制。在统筹解决人口问题和人口计生综合改革的框架下，第一，通过加强高层倡导，积极建立健全部门协调机制，建立地方“一把手”负总责的组织领导机制；第二，建立区域协作机制，形成“全国一盘棋”的综合治理格局；第三，统筹解决，资源整合，把出生性别比治理工作纳入流动人口区域协作框架体系。

(2)加强国家和地方立法，为查处“两非”提供法律依据。第一，继续推动在《刑法》中增加“非医学需要的胎儿性别鉴定罪”和“非医学需要的选择性别人工终止妊娠罪”条款；第二，将违法销售终止妊娠药品的处罚条款纳入《药品管理法》；第三，最好由国务院出台治理出生性别比偏高问题的专门条例。

(3)抓住重点区域和重点人群的综合治理工作。第一，探索动态化的重点地区管理机制，建立“14 + X”模式，继续抓好 14 个重点省(区)的督导，同时，严密监控 17 个非重点省(市、区)，严防升高，对已经升高省(区)要纳入重点地区管理范畴；第二，明确重点人群，要做好孕情全程服务管理工作；第三，个别省份出现一胎出生性别比偏低现象，这是新情况，需特别关注，加强调研，查明原因，严防一胎选择女孩现象或漏报瞒报；同时，要严密关注部分地区一胎出生性别比偏高现象，因为一胎的出生数量很大，要制定预案。

(4)积极探索中国特色的综合治理出生性别比模式。借鉴国际经验(如韩国)，探索“经济 + 社会 + 法律”综合施治的中国模式。经济领域，继续完善利益导向机制，加大利益补偿力度，使计划生育家庭真得实惠。社会领域，在社会政策改革中普及社会性别平等和社会性别主流化意识；推动建立健全城镇和农村养老保障制度、医疗保障制度、最低生活保障等福利制度，弱化农村家庭对儿子的养老依赖；加强宣传教育，促进改变传统的生育观念；法律法规领域，增加相应的性别选择处罚条款，出台专项法规，依法加大打击“两非”的力度。

人口现象是长周期事件，在出生人口性别比问题上采取的任何决策，必须在解决当前问题的同时，为长远的人口、社会、经济后果做充分的准备。我国应对出生性别失衡各种挑战的制度、经济和社会基础还比较薄弱。出生性别比偏高问题将长期伴随我国的社会发展，这不以任何人的意志为转移。综合治理出生性别结构失衡是一项长期的、艰巨的任务。和谐的社会是一个两性共有平等机会和共享平等权利的社会。我国正处在经济社会转型期，出生性别结构失衡本身以及所带来的问题将在未来更加复杂多变的人口背景下不断升级，要保持足够警惕。创新公共政策体系和高度重视并采取综合措施治理出生性别比偏高问题,优化人口结构,提高出生人口素质,攸关维护人民群众切身利益和促进社会和谐稳定。

参考文献

[1] 国家人口计生委"关爱女孩行动"领导小组办公室专家组. 中国"关爱女孩行动". 中国人口出版社,2008.

[2] 国务院人口普查领导小组,国家统计局. 历次中国人口普查资料(1982,1990,2000). 中国统计出版社.

[3] 国务院人口抽样调查小组,国家统计局. 全国1%人口抽样调查资料(1995,2005). 中国统计出版社.

[4] 国家统计局. 中国统计年鉴(1980~2010年各年). 中国统计出版社.

经济增长方式转变与人口均衡发展

杨云彦

中南财经政法大学

一、经济增长方式转变与“民工荒”背后的深层含义

从2004年开始，民工荒由珠三角始发，然后慢慢向长三角扩张，并逐渐蔓延到中西部劳动力迁出大省，引起了社会各界的广泛关注。许多专家学者都对“民工荒”给予高度关注和各种解读：“民工荒”使企业普遍招工不足，无法按时、按量开工，给遭遇“民工荒”的地区和行业造成了很大的经济损失，从而影响到地区经济发展，尤其会影响到后危机时代的经济复苏。

2010年“民工荒”的显现与我国劳动密集型产业的快速发展以及国际金融危机的发展变化有很大关系。长期以来，我国一直是依靠“两头在外”的外向型经济来促进经济发展，外向型经济主要的竞争优势是依靠劳动密集型产业，从一开始就是建立在利用劳动力近乎无限供给以及与此相联系的廉价劳动力低成本的基础上，而大量的廉价劳动力主体是农民工，这也是长期以来我国经济持续稳定增长的一个重要力量源泉。但是，金融危机发生后，西方发达国家的需求急剧萎缩，导致我国出口明显下降，沿海地区大量工厂开工不足，有的甚至倒闭，于是就出现了2009年的农民工返乡潮。随着西方国家2010年的经济开始企稳回升，经济发展的预期发生了V形反转，沿海地区制造业率先复苏，使得国内用工需求明显上升。也可以说，民工荒是由经济扩张引起的劳动力诱致性需求增加，导致的区域性和结构性劳动力短缺。

“民工荒”的另一个直接原因就是我国城乡一体化进程的加快，特别是国家的惠农政策越来越多，农村和农业呈现出良好的发展势头，外出打工不再是农民从事非农就业的唯一选择。一些企业、用人单位还在用老眼光看

待农民工，劳动条件、工资待遇没有随之改善，导致许多民工选择就近就业或留在农村，还有些农民工选择回乡创业。对农民来说，外出打工的吸引力在逐渐减弱，特别是对于那些收入偏低、保障欠缺的工作，在原有工资水平上其用工缺口会进一步扩大。

如果说金融危机给我国的经济发展方式敲响了警钟，那么“民工荒”则昭示着人口均衡发展应该成为我国一个新的方向。从人口均衡发展的角度看，影响经济社会协调发展的不再仅仅是人口数量问题，人口的素质、结构、分布等无不与经济发展息息相关，必须统筹解决人口问题，实施人口均衡发展战略，特别是要努力实现我国从人口大国向人力资本强国的转变，才能为经济又好又快地发展提供强有力的支撑。

二、经济增长方式转变与人口的均衡发展

投资、出口和消费是推动国民经济增长的“三驾马车”。近年来，我国对外经济环境发生了较大的改变，世界经济增长放缓、国际市场需求不旺、国际贸易保护主义抬头，给我国扩大出口带来了相当大的压力和困难，出口总体竞争力不强也制约着我国出口的可持续发展。长期来看，出口导向型发展战略对经济增长的带动效应将越来越小，“三驾马车”之一的外需对国民经济的拉动作用逐渐减弱。通过内需带动经济增长，应该、也可能成为我国今后一段时间内经济增长的主要方式，城市化成为我国经济增长的主要动力。这其中，对人口均衡发展也提出了相应的课题，就是在数量目标之外，应该更多关注人口的结构问题。

人口均衡发展包括两个层面的内容，第一是人口自身的均衡发展，第二是与经济社会、资源环境的均衡发展。从第一层面看，人口均衡发展要求我们不仅重视数量目标，还应关注结构和素质目标，形成统筹协调、多目标并重的政策取向。

评价人口发展的数量目标问题，需要对我国的人口形势有一个清醒的认识。要看到，目前我国的低生育水平，在很大程度上还是依靠行政约束手段来实现的。由于工作方法和手段的局限，目前计划生育工作还存在一些盲区，政策外生育的现象并不罕见。另外，人口预期寿命延长，也会导致人口增长。根据相关预测，我国按现行的计划生育政策到2030年，人口会达到峰值15亿以上，然后再开始缓慢减少。虽然我们没有必要过度追求人口数量的减少，特别是过快的减少，但也不可否认，在很多自然灾害和环境困局后

面,都可以发现人类活动的影响;很多天灾背后都有人祸的因素。人口众多在相当长的历史时期都是我国的一个基本国情,这些都决定了计划生育应是我国需要长期坚持的一项基本国策。

当然,计划生育国策并不等于生育政策,更不能简单等同于独生子女政策,事实上,目前我国生育政策各省根据自身的情况具体制定,也是不完全一样的。在不少地方,农村里夫妻双方都是独生子女的可以生两个小孩。一些省份在修订地方人口与计划生育条例时,也取消了生育间隔期。这些都体现了生育政策的灵活性和以人为本的精神。

人口均衡发展还要求我们统筹考虑人口发展的多个方面,尤其要更加关注结构性问题。包括综合治理出生人口性别比偏高的问题,充分应对人口老龄化,做好流动人口服务管理工作,促进流动人口向城镇的转移和社会融合。

统筹解决人口问题要积极化解老龄化社会带来的负面影响。老龄化是人口发展的一个阶段,每个发达国家都经历了老龄化的过程,它是一个社会成熟的标志。老龄化同时也是一个非常严峻的挑战,其带来的经济和社会影响是非常复杂的,特别是对中国来讲,在经济发展水平还不是非常高的时候迎来的一个快速老龄化,大规模人口“未富先老”,将给我国的经济发展造成巨大的压力和挑战。但老年人并不就是社会和家庭发展的“包袱”。健康老龄化意味着老年人可以减轻自己对家人和社会的服务与医疗的负担。把身体健康因素与人力资本积累等因素结合起来考虑,有效工作年龄理应伴随预期寿命的提高而延长,加上他们的工作经验,还可以继续创造社会财富,为家庭和社会作出贡献,所以还可以通过推迟退休年龄,来缓解我国老龄化的压力。加强对老年人生活和就业参与的关注,围绕老年服务可带动很多相关产业的发展,同时,也会为人口计生工作提供新的发展机会。所以不应把人口老龄化看做一种负债,而是新的人口发展的阶段带来的新的发展机遇。

人口均衡发展要求我们更加专注综合治理出生性别比失调的问题。综合治理出生性别比问题,要对非医学需要的胎儿性别鉴定和非医学需要的选择性别人工终止妊娠的行为进行严厉地打击,要在法律上给予更多的支持,如修改刑法,加大对“两非”行为的打击力度。但更重要的是要切实解决农村“女儿户”的困难,为她们创造一个良好的发展环境,切实提高妇女地位,让男女平等的理念真正地反映到生育行为之中,只有这样才能促使性别比失调的问题得到根本的解决。

三、投资于人、促进发展方式转变

亚洲新兴工业化国家和地区如日本、新加坡、韩国等，都在短期内迅速实现了经济的迅速发展。在这些国家经济起飞的准备阶段，人口增长率很高，但劳动力的增长速度却要明显慢些，其主要原因在于新生人口进入劳动队伍至少要在十余年以后。这意味着，在当时就业问题还不至于对经济构成明显压力，劳动力增长的速度正好满足就业需求增长的速度，工业吸收了新增的就业人口，使他们转移到城镇中去，推动了城市化进程。战后出生高峰新增的人口在60年代相继进入劳动年龄，加上妇女就业率的提高，劳动力增加的速度甚至超过了3%，他们正好赶上劳动密集型产业大发展的时期，为经济发展提供了充足的廉价劳动力，增强了劳动密集型产品的国际竞争力。随着这些国家经济发展进入更高阶段，上一个十年生育率的下降减缓了此时进入劳动年龄的人口，更由于教育的发展，延缓了劳动适龄人口进入就业的步伐，开始出现劳动力短缺的情况。在初期，妇女参与率的提高在一定程度上弥补了劳动力不足的问题，而到中后期，劳动力短缺问题就变得尤为突出了。在人口转变的同时，教育的发展也促进了经济的发展。通过教育的迅速发展，对这些国家经济转型和产业升级起到了重要促进作用，这就是人口红利深化、由数量型向质量型人口红利转变的过程。

与亚洲新兴工业化国家一样，我国在人口转变期同样会遇到劳动力短缺问题，劳动力总量优势趋于下降乃至最终消失，经济发展和企业竞争力越来越仰仗劳动生产率的提高，而劳动生产率提高的一个重要途径是对现有劳动力人力资源的再开发，以弥补劳动年龄人口增速减缓造成的第一人口红利渐近消失的问题。人力资源再开发可以说是对第一类人口红利的再延续。通常我们所说的人口红利是人口转变过程中因生产人口和消费人口比例结构的变动而产生的有利于经济发展的人口结构，以往对人口红利的研究注重的主要是劳动力的规模和比重，而忽视了体现在劳动力身上的素质因素。由人口转变带来的有利于经济发展的人口结构，确切地说应是人口窗口，即人口机遇期。人口机遇期并不必然导致社会对人口红利的收获，它还需要一定的条件：首先，社会经济资源和劳动力资源都可以得到有效利用，处于劳动年龄段的人口基本上都能与适当的就业岗位相结合，尽量减少劳动力的闲置或隐性闲置；其次，现有的劳动力有足够的人口素质，能够和现阶段资本积累和技术升级相适应，充分提高劳动生产率，并有能力进行教育和健康方面的再投入。

“民工荒”从根本上说，是我国人口的迅速转变带来的人口分布、人口结构与社会、经济和资源不相协调的结果。当前普遍发生的劳动力短缺最主要的还是人力资本的短缺，是技能型劳动力的供给满足不了社会经济转型和企业快速发展的需要。整体上看，“民工荒”并不是由于农村劳动力绝对数下降，而是由特定人群短缺而造成的结构性供给不足，或者可以说是结构性有效供给总量不足，即真正能够满足流入地需求又能外出的劳动力数量有限。

“民工荒”预示着我国廉价劳动力无限供给时代的结束，也标志着过去完全依靠粗放式要素投入推动经济增长的方式难以为继，这就要求我国应加快经济发展方式的转变，并相应的转变人口发展方式，加大投资于人的力度，实现人的全面发展，促使我国从人口大国向人力资本强国转变。适应经济增长方式转变的需要，解决现有劳动力结构性短缺问题。人口素质的提高意味着形成一个更具有报酬递增性质、更加可持续的经济增长源泉。要实现对第一人口红利的延续和再开拓，以及改善现有人口结构和人口分布，一个主要途径是对现有劳动力进行人力资源的二次开发，也就是要对人进行投资。这里面包括提高人口素质，推行素质教育，加强和改善职业技术培训，进一步健全完善劳动力市场，建设学习型社会，全面开发人力资源，推行灵活和具有弹性的就业制度和退休制度，加快户籍制度改革促进农村人口向城镇转移定居的步伐等。

建设人口均衡型社会的现实困境与出路

陆杰华 朱 荟

北京大学社会学系

人口问题的本质是发展问题。人口始终是影响我国经济社会发展进程的一个重要因素。作为世界人口最多的发展中国家,我国的人口与发展问题现实情况复杂,人口数量、结构与分布等问题交织,人口、资源和环境之间的关系紧张,人口与经济社会的可持续发展成为我国现阶段面临的关键难题。现实昭示我们,统筹解决人口问题的关键在于确立人口与资源环境、人口与经济社会发展相适应的发展战略,重点是把人口问题引入系统规划范畴。"人口均衡型社会"着眼于从系统、动态、均衡和可持续发展的视角来规划和解决中国的人口问题,不仅是以往人口发展实践的系统总结和提炼,同时也是这一人口理念在理论上的丰富和深化。"建设人口均衡型社会"这一理论命题是新时期具有中国特色的社会主义人口理论体系的新成长点,这一项重大的人口战略关系到中国未来经济和社会发展的总体部署和发展的可持续性,具有重大的现实和理论意义。本文主要从理论内涵、实践探索、现实困境和对策出路四个方面对建设人口均衡型社会的相关问题进行理论探讨。

一、人口均衡型社会的理论内涵

(一)人口均衡理论发展与演变

历经两百余年发展历程的人口均衡理论是一种以经济学中的均衡分析为视角研究人口问题的理论流派,其理论目标是探索在各种社会经济条件下,人口数量与经济增量的动态制衡关系,以寻求人口与经济协调发展。

1798年马尔萨斯在《人口原理》中建立了“两个原理”、“两个级数”和“三个命题”为主体的人口理论体系，以及以“两个抑制”为核心的人口控制论，为后世相关人口均衡思想的诞生奠定了初步的思想基础和理论铺垫。1874年瓦尔拉斯在《纯粹经济学要义》中研究经济要素变动趋于零的稳定状态，并第一次提出了一般均衡理论，人口作为经济体系中的重要因素之一，众多学者将目光聚集到人口均衡发展的研究上。坎南于1888年首次明确提出适度人口论，阿尔弗雷德·索维继承并发展了适度人口论，他在1952年的《人口通论》中将适度人口概念扩展到经济领域之外，人口均衡思想此时已初具雏形。1972年罗马俱乐部发表的《增长的极限》可以视为人口均衡思想的里程碑，从此如何正确处理经济发展同人口、资源及环境问题的关系成为了全世界各国发展中所必须认真考虑的中心议题。我国学者从20世纪70年代之后人口学学科恢复之后就开始进行人口与资源、环境、经济与社会综合协调发展的早期研究，并为完善具有中国特色的人口均衡理论体系，为我国建设人口均衡型社会奠定了初步的理论基础。

（二）人口均衡型社会的概念与内涵

人口均衡型社会是在稳定人口系统内部诸要素均衡发展的基础上，按照科学发展观和可持续发展理念的指导，探求与人口规模、结构分布等要素相关的人口发展与经济发展、社会稳定、资源承载和环境保护之间协调平衡的社会发展模式。人口均衡型社会有别于资源节约型和环境友好型社会，后者侧重于人口系统的外部平衡发展，而前者还包括人口要素之间的内部均衡，以及内外的动态博弈。具体而言，人口均衡型社会既要求人口系统内部各要素之间的均衡，如人口数量、结构、分布等要素的平衡稳定；又要求人口系统与经济、社会、资源、环境等外部诸多系统的协调发展。从这个角度说，建构人口均衡型社会，不但要考虑到人口系统内部各要素的相互制约，也必须要考虑到诸多外部条件对人口发展的限制，是一个多目标统筹决策的结果。建设资源节约型、环境友好型和人口均衡型社会的“三型社会”是缓解资源供给矛盾、保护生态环境、统筹解决人口问题，实现经济社会可持续发展的根本出路，也是在我国的社会经济条件、资源环境压力和人口现实状况下，坚持以人为本的理念，按照和谐社会的发展要求，实现人口与经济、社会、资源、环境等系统的协调发展的必然选择。

（三）建设人口均衡型社会的现实意义

现阶段我国处于一个经济和社会高速发展的战略机遇期，人口转变超前于经济社会发展,具有相当的不稳定性。人口发展形势依然严峻,一方面,在人口总量矛盾仍然存在的同时,人口红利期已逐渐减弱,以粗放型、密集型为特征的产业模式已经表现出与我国的人口均衡发展不相适应的一面;另一方面,以老龄化为特征的人口抚养比上升,出生性别比严重失衡,以及流动人口、农村人口问题等人口发展的重点难点凸显。

落实以人为本的科学发展观,人口问题处于十分重要的位置。科学发展观要求在人口、资源、环境约束的条件下,实现经济社会健康快速且可持续的发展。人口均衡理论为这个发展提供有力的思想武器,建设人口均衡型社会这一战略决策成为坚持科学发展观的重要组成部分。建设人口均衡型社会作为具有中国特色的社会主义人口理论体系的新生长点,在整体战略规划上立足于我国人口多、底子薄的老国情及人口渐老、人力资本存量小的新国情,从长远和大局来思考我国的人口问题。在具体做法上,坚持计划生育的基本国策,按照科学发展观的总体要求,遵循以人为本的政策理念,既把稳定低生育水平作为现阶段人口计生工作的首要任务,又与构建和谐社会的宏伟目标相呼应,倡导与时俱进的新型人口公共政策体系——"控制人口数量、提高人口质量、优化人口结构、协调人口分布,促进人口与资源环境的可持续发展",建立统筹解决人口问题的机制体制,为经济、社会、资源、环境协调和可持续发展创造良好的人口环境。

二、建设人口均衡型社会的现实困境

"人口均衡型社会"是将人口问题置于资源节约型社会、环境友好型社会的基本框架之中,努力将人口的发展与经济社会的发展有机结合起来的一种社会发展模式。由于这种人口发展理念摆脱了局限于人口领域来治理人口问题的"小人口观",在统筹解决人口数量、人口质量、人口结构、人口分布等相关问题的同时,兼顾了资源与环境的可持续发展问题,可以有效解决当前中国发展中所面临的一系列深层次矛盾,必将成为新时期我国处理人口问题的基本原则和根本价值取向。作为中国人口问题治理理念的一次重大转型,人口均衡型社会在建设过程中不可避免地面临着一系列的现实困境。本部分重点从人口形势复杂、理论指导局限、战略规划偏差和工作机制滞后这四个方面对我国建设人口均衡型社会的现实困境进行初步剖析。

(一)建设人口均衡型社会的人口形势困境

现阶段我国经济高速发展,社会急剧转型,人口发展面临着前所未有的复杂局面，人口安全仍面临较高风险，人口与经济社会资源环境之间的关系仍处于紧张状态，复杂的人口形势对建设人口均衡型社会带来多方面的严峻挑战。主要表现在以下几点：一是人口惯性下人口总量持续增长的威胁。人口惯性增长势头依然强劲，据预测，我国人口在未来 30 年还将净增 2 亿人左右，人口峰值在 2033 年将达到 15 亿人，人口总量的持续上升造成人口与资源环境的矛盾日益尖锐。二是人口结构性失衡对可持续发展的重大影响。以老龄化为特征的年龄结构失衡、以出生性别比偏高为代表的性别结构失衡，以及人口地区分布失衡等诸多人口结构性矛盾日益显现，对经济发展和社会稳定造成了严重的隐患。三是人口素质难以适应日趋激烈的综合国力竞争。“大国地位的保障依赖于综合国力的提升，而人口是一个大国提升综合国力的最重要因素。”（张先兵等，2009）我国劳动力人口受教育水平总体不高已成为影响我国综合竞争力和产业结构升级的主要限制因素。四是以流动人口和农村人口问题为代表的人口发展中的重点难点问题凸显。我国约占 2/3 的总人口、老年人口和少儿人口都生活在农村，同时农村大量剩余劳动力外出经商务工，形成了规模庞大的流动人口，由此带来的农民工权益保护、留守老人和留守儿童等一系列社会问题成为我国转型时期面临的重大难题。

（二）建设人口均衡型社会的理论指导困境

我国长期以控制人口数量为核心的“小人口观”思想作为解决人口问题的理论指导，“小人口观”与新时期人口均衡型社会“统筹解决人口问题，促进人的全面发展”的发展目标不相适应。从这个角度说，建设人口均衡型社会面临理论指导局限性的现实困境，最主要表现在以下几点：一是将我国的人口问题简单划归人多问题，忽视了人口体系中人口质量、人口结构和人口分布等其他诸多因素；二是长期以来将人口数量视为制约我国经济发展的主导因素，忽视了资源环境的压力和人口与经济社会的协调发展；三是将解决人口问题的途径归结于简单的生育政策，忽视了广义人口政策体系中法律法规、地方政策以及经济、社会政策等诸多要素对人口问题的刺激作用；四是将人口发展限制在人口计生部门，忽视了部门协作、社会参与的综合服务管理格局。“中国长期以来的人口理论和政策研究主要集中在生育率以及作为结果的人口数量和增长率上面。”（蔡昉，2006）新时期建设人口均衡型社会，统筹解决人口问题需要在科学发展观的指导下形成一种宏观统领协调发展，具有全局性、前瞻性、系统性以及跨学科、跨部门、跨地区的理论指导。从这个角度看,我国建设人口均衡型社会的理论指导无论从理论上还是实践上都存在局限,亟待创新。

(三)建设人口均衡型社会的战略规划困境

从建设人口均衡型社会的探索实践来看在战略规划上存在整体性偏差。20世纪70年代以来,我国实施刚性的人口控制政策,严格执行人口计划生育政策。在降低人口出生率、控制人口数量上取得了立竿见影的效果。由于我国长期以计生政策为主导的人口战略规划的整体性偏差,使得我国现阶段暴露出种种人口问题,人口与经济社会协调发展很可能引发新的社会问题,诸如由出生性别比例失调导致的男性成婚困难、由人口年龄结构失衡导致的老龄化社会的抚养压力,以及“人口红利”期减弱之后,国民经济发展后劲堪忧。从微观数据上分析,我国建设人口均衡型社会的战略规划也不乏细节性偏差。以对比2004年国家人口计生委发布的人口战略数据和2008年国家统计局公布的人口统计数据为例,2004年人口战略:“人口总量压力巨大,今后20年内每年仍要净增800万到1000万人口。”对比2008年统计数据:“2007年年末全国总人口为132 129万人,比上年末增加681万人”;2004年人口战略:“假定到2017年左右,我国城镇人口比例将达到40%左右。”对比2008年统计数据:“2007年城镇人口比例44.9%。”(《中国人口年鉴·2008》)纵观我国人口战略发展的经验教训,可知在制定人口战略上必须严肃谨慎,否则将引起巨大的人口变动。由此可见,人口战略规划偏差是我国建设人口均衡型社会所面临的重要困境之一。

(四)建设人口均衡型社会的工作机制困境

面对我国经济高速发展、社会深刻转型等诸多方面的崭新特点,加之当前人口发展形势更加错综复杂,建设人口均衡型社会的工作机制遭遇巨大挑战。具体表现在如下四点:第一,工作目标单一。我国人口工作目标局限于控制人口数量,完成人口指标。而对统筹人口与经济社会、资源环境协调发展,统筹解决人口问题,促进人口全面发展这一整体目标未给予足够的重视。第二,工作体制分割。长期以来,我国人口服务管理工作分割,由多部门负责,如人口计生委负责人口计生工作,民政部负责人口信息登记和人口救助,公安部负责人口户籍管理,卫生部负责人口卫生安全,资源、环境和发展问题分别归属国土资源部、环保总局和国家发改委负责,各归各管的状态不仅存在于中央部门,各地方部门的管辖职能同样分散。分割工作体制的突出弊端就是统筹解决人口问题上缺乏部门协调和综合决策。第三,工作思路和方法落后。当前我国人口现状相比 20 世纪七八十年代,已发生了天翻地覆的变化,人口工作思路和方法已不能满足现实需求,迫切需要深化改革,开拓创新。工作思路上要从单纯控制人口数量向稳定低生育率水平为基础统筹解决人口问题转变,工作方法上要从单一计生部门的行政控制转变为党政主导、部门配合的依法管理、优质服务和综合治理,以适应新时期人口工作的新形势、新任务。

三、建设人口均衡型社会的对策出路

由于主客观方面的众多原因,我国在建设人口均衡型社会的进程中面临着种种困境,表现在人口问题自身的复杂性、人口问题认识上的偏差、缺少针对性的行动方案以及人口问题研究的理论滞后等方面,使得人口均衡发展的战略目标遭受到了诸多方面的巨大挑战。建设人口均衡型社会的战略取向十分明确,就是在科学发展观的指引下,以大人口观,即“以人为本、以人的全面发展为中心、树立优化协调的人口发展观和统筹解决的人口治理观”作为人口均衡发展的理论指导(穆光宗,2009),重新审视我国现阶段人口问题与人口现状,在统筹解决人口问题的道路上从传统的控制人口数量的目标框架里跳出来,实现以人口与经济社会资源环境全面可持续发展为历史使命。在这个关键的人口战略时期,为突破建设人口均衡型社会的现实困境,有效推动人口均衡型社会的理论构建和现实实践,必须在发展思路和操作对策方面进行深入的研究。本文认为建设人口均衡型社会的对策出路其核心应落在转变人口发展方向、转变人口工作机制以及转变人口服务管理体系的“三重转变”上,文章最后在前文分析的基础上提出了加强理念倡导、加强公共政策体系设计和加强理论研究的“三个加强”的具体建议。

(一)“三重转变”的战略思路

第一,建设人口均衡型社会必须转变人口发展方向,即从单一目标向多元目标转变。建设人口均衡型社会的科学内涵要求我们以一种全局观、多视角来审视我国现实人口问题和人口发展规律。现阶段我国人口发展已走上转折路口,在战略选择上必须转变人口发展方向,从关注人口数量的单一目标转向人口适度、资源节约、环境保护、可持续发展统筹兼顾的多元目标。把握人口发展方向对经济发展的影响,积极提高人口素质,努力改善人口结构，合理引导人口分布，科学开发人力资源，统筹处理好人口与经济、社会、资源、环境的关系，促进我国从人口大国向人力资源大国、人力资本强国转变。

第二，建设人口均衡型社会必须转变人口工作机制，即从部门行为向政府行为转变。事实上人口工作机制转变的本质主要体现为政府动员机制的转变。建设人口均衡型社会不是人口计划生育系统的单打独斗，而是要形成政府主导、部门协同和社会共识的体制机制。在人口工作动员机制上实现从人口计生部门的独立行动向政府动员下的多部门协调行动转变；在人口工作思路上实现由单纯控制人口数量向统筹解决人口问题转变；在人口工作方法上实现从“行政管理型”向“统筹服务型”转变。具体而言，人口计生工作机制将围绕“统筹协调、科学管理、优质服务、利益导向、群众自治、人财保障”（赵白鸽，2010）六大机制进行全方位、深层次、成系统、可持续的综合改革。

第三，建设人口均衡型社会必须转变人口服务管理体系，即要实现从人口服务差别对待到人口服务均等化转变。人口服务均等化既是每个公民的基本权利，也是人口均衡型社会的基本要求。实现人口均等化服务在一定意义上体现了人口均衡型社会“公平与发展”的精神内核。“赋权于民、还权于民和造福于民是人口均衡发展的人文目标和战略取向。”（穆光宗，2010）建设人口均衡型社会的“大人口观”要求以人为本，以促进人的全面发展为终极目标。积极推进人口服务均等化，对于实现这一目标，统筹解决人口问题，维护人民群众合法权益，体现社会主义优越性，具有十分重要的意义。在此目标的引导下，新时期的人口工作必须坚持以人为本的执政理念，用人文关怀的精神、无差别的优质服务的思想指导人口服务管理模式，缩小地区间、城乡间、不同人群之间人口服务的差距，不断提高社会管理和公共服务水平，一切为人民服务。

（二）“三个加强”的具体建议

人口均衡型社会是一种全新的社会发展模式，以实现人口与经济社会资源环境全面协调可持续发展为前进目标，究其实质是我国在探索统筹解决人口问题道路上的“中国模式”。人口均衡型社会的建设是一个系统复杂多元的工程，既涉及指导方针上的理论探索，又关系到人口相关部门的工作实践转变，还关系到广大人民群众的理念接受。为完成这一开创性的战略选择，我们认为，提出加强理论研究、积极倡导理念转变和设计与之配套的公共体系这三点基础性建议，尝试从根本上推动这一崭新社会事业的实现。

首先是加强理论研究。“建设人口均衡型社会”的理论命题作为开创社会主义人口理论的新思路，这一具有中国特色的“中国人口治理模式”的实践与推广需要坚实的理论支撑。一方面，建设有中国特色的人口均衡型社会是一项开创性的事业，缺少相关方面的理论指导和实践经验。建设这一新的伟大工程，诸多重大而迫切的理论和实践问题，有待我们进行深入的、系统的研究。另一方面，建设人口均衡型社会是一个系统的工程，其牵涉的内容远远超越了人口问题自身，涉及资源、环境、社会、经济等众多领域，是一个复杂的、系统的、多元的互动和协作过程，在此过程中许多深层次的矛盾和问题亟待破解。从这个角度看，理论研究对于建设人口均衡型社会具有重要的实践意义。

全面开展理论研究，一是要从经济社会发展的大局出发，分析建设人口均衡型社会的战略思路，科学预测人口均衡型社会的发展态势，建构建设人口均衡型社会的基本理论框架。二是要在开展“大人口观”研究，人口数量、质量、结构与分布等人口均衡发展研究，以及人口与经济、社会、资源、环境的可持续发展研究等全方位多学科领域内的理论研究。此外，在人口均衡型社会的理论探索中还应该积极倡导具有中国特色的人口均衡文化建设，以“软实力”支撑人口计生工作的全面改革发展，以“和谐人口文化”（张敏才，2008）为内涵构建人口均衡型社会的核心价值体系和主流意识形态，以此为引导，营造人口发展事业的和谐人口氛围，培育人口均衡型社会的和谐人口理念。

其次是加强理念倡导。将人口均衡发展的理念引入国家战略部署，引入人口发展工作，引入人民群众的日常观念将是一种全新的尝试，没有现成的模式可借鉴。同时理念观念的接受与转变又是一项长期的任务。有鉴于理念倡导工作的长期性和艰巨性，在具体实施过程中，必须有计划分步骤地开展实际工作，并结合我国现实国情和人口发展规律，设定人口均衡型社会的理念定位，按照“大人口观”的要求，对领导干部和普通公民提出不同的倡导方案。一方面，大力转变现有人口工作模式以实现人口工作者的理念创新，在人口工作中从“以政府指标为中心”真正转变为“以群众需要为中心”，积极倡导管理寓于服务的工作方针，真正将建设人口均衡社会的理念落到实处；另一方面，积极开展活动对公民人口观念的理念引导，在群众日常生活实践中推动性别平等、弘扬婚育新风，最终实现人口均衡发展理念深入人心。我们相信，建设人口均衡型社会的理念倡导将会在人口工作中显示出积极的效益，将为和谐计生启迪新思路、开辟新途径，从而真正实现以人为本，构建和谐社会的伟大目标。

再次是加强公共政策体系设计。以人口政策为中心建设人口均衡型社会的公共政策体系,就是要把所有对协调人口均衡发展有促进作用的各项政策和法律法规等统一纳入人口均衡发展的目标之下,使之服从于、服务于人口均衡型社会建设,形成主次分明、层次清晰的公共政策体系。从政策设计的角度来看,以人口政策为中心的人口均衡发展公共政策体系,主要包括两大部分:一部分是以是否要控制人口数量,如何控制为核心的生育政策体系;另一部分是以如何统筹解决人口问题,实现人的全面发展,促进人口与经济社会资源环境协调发展的人口公共政策体系。目前我国以"坚持计划生育基本国策,稳定低生育率水平,统筹解决人口问题"为现行人口政策的基本方针,我们认为,应针对人口均衡型社会如何统筹解决人口问题,实现人口均衡发展这一主题设计相应的公共政策体系。

根据建设人口均衡型社会的现实困境,并结合现有人口政策与人口均衡发展的适应程度,我们认为除现行人口政策外,建设人口均衡型社会的公共政策体系还应包括以下四个部分的内容:一是制定指导性政策纲领。主要是在准确分析和把握我国经济社会发展进程、资源环境承载和人口工作体制机制的大背景的基础上,勾勒出人口均衡型社会发展趋势,确定出人口均衡型社会中与经济社会资源环境相适宜的人口数量、人口结构、人口分布等人口发展指标,展示出人口均衡型社会的发展前景,为整个公共政策体系提供战略指导和基础框架。二是修订并完善特定人口领域和突出人口问题的政策条例,如人口数量政策、人口质量政策、人口分布政策、人口迁移政策、人口婚姻政策、人口资源政策、人口环境政策、人口老龄化政策、人口城市化政策,以促进解决新时期纷繁复杂的人口问题。三是根据地域特征制定相应人口均衡发展政策和规划。针对我国地域经济社会发展不平衡和人口分布不均的特点,对特定地域设计有针对性的人口政策和规划,以实现统筹考虑人口均衡发展的目标,对各省、直辖市设计不同的地域性人口政策,以扶植和鼓励落后地区的人口与经济协调发展。四是设计人口均衡型社会发展指标体系。首先通过完善现有人口基础数据库,建立起与经济社会发展相适应的人口均衡发展数据体系;其次对数据体系的建模分析,建立人口与发展综合决策信息系统,并设计阶段性目标及其相应的考核评估方法;最后综合利用人口均衡型社会发展指标体系,为国家省市等各级政府制定经济社会发展规划提供了准确可靠的人口均衡发展数据,不仅包括人口数量、素质、结构和分布,而且包括人口与经济、人口与社会、人口与资源、人口与环境等方面重大关系的数据。

参考文献

[1]曹宝石,毛彩菊. 打造可持续发展的21世纪中国人口政策. 兰州学刊,2005,(3).

[2]蔡昉. 人口与经济关系的范式和大人口政策框架. 人民论坛,2006,(1).

[3]冯立天,马瀛通,冷眸. 50年来中国生育政策演变之历史轨迹. 人口与经济,1999,(2).

[4]汤兆云. 当代中国人口政策研究. 知识产权出版社,2005,(68).

[5]穆光宗."四个发展导向"引领人口计生综合改革. 人口与发展,2009,(1).

[6]穆光宗. 确立适度低生育率实现人口长期均衡发展. 2010。http://news. xinhuanet. com/theory/2010-06/01/c_12166217. htm

[7]赵白鸽. 努力开创人口计生工作改革发展的新局面. 中国党政干部论坛,2010,(5).

[8]张纯元. 中国人口生育政策的演变历程. 市场与人口分析,2000(1).

[9]张敏才. 建设和谐人口文化为统筹解决人口问题服务. 人口研究,2008,(1).

[10]张先兵,齐志. 大国地位中的均衡人口规模与中国的取向. 改革,2009,(6).

[11]翟振武. 人口问题本质上是发展问题. 中国人口科学,2001,(1).

[12]翟振武. 当代中国人口发展战略的回顾与思考. 教学与研究,2001,(3).

[13]《中国人口年鉴·1988》. 中国统计出版社,1988.

[14]《中国人口年鉴·2008》. 中国统计出版社,2008.

[15]《中共中央对卫生部党组关于节制生育问题的批示》. 总号[55]045号. 见彭佩云主编. 中国计划生育全书. 中国人口出版社,1997:1.

[16]《中共中央、国务院关于认真提倡计划生育的指示》. 中发[62]698号. 1997:4.

关注独生子女及其家庭的健康发展

解振明

中国人口与发展研究中心

独生子女及其家庭的规模和结构影响着家庭功能、人口素质和社会发展，因此，讨论如何促进中国人口长期均衡发展，不能回避中国独生子女及其家庭的相关问题。

1980 年 9 月 25 日，中共中央向全国共产党员和共青团员发表了《关于控制我国人口增长问题致全体共产党员、共青团员的公开信》（以下简称《公开信》），第二天《人民日报》以“党中央号召党团员带头只生一个孩子”为标题刊登了《公开信》的全文。此后，独生子女这一新型的人口群体便在中国出现了，他们是伴随中国计划生育政策的诞生和发展而形成的一个群体，也是伴随中国改革开放和市场经济的崛起而成长起来的一个群体。据有关部门和专家估计，目前中国独生子女人口已超过一亿，这是一个不容忽视的人口群体。

《公开信》的发表已经过去 30 年了，也就是说第一批中国独生子女已经 30 多岁了，“三十而立”，他们中有的已经结婚、生育，组成了家庭。最近一些媒体再次关注中国的独生子女以及他们所组成的家庭，重点是中国独生子女的下一代，有的称之为“独二代”。关注中国独生子女是件好事，由于我们对这个新型人口群体还缺乏深入的了解，需要进行大量的调查研究，去分析和认识独生子女及其家庭的特征，指导学校、社区和家庭在独生子女教育和老年人赡养等方面给予正确的引导和帮助，促进独生子女及其家庭健康成长。

但是，有些媒体却用追捧“明星”、“名人”的手法去报道和渲染独生子女中的负面典型和个别现象，从中得出对总体并不具备代表性的结论。有的专家学者热衷于“一鸣惊人”，迎合某些媒体的需要，武断地说：“第一代独生子女失去了手足之情，到第二代，这种情况雪上加霜，不但没有手足之情，甚至不再有舅舅姑姑、叔叔大伯，人格上的残缺将比第一代更加严重。”于是这家媒体便断言：和第一代独生子女一样，冷漠、自私、无法合作等诸多问题也延续到了“独二代”身上，甚至更甚，在未来，他们长大之后，会引发比“独一代”更深的社会问题。有的媒体关注独生子女家庭的结构问题，再次讨论起“四二一”家庭综合征，即一对独生子女夫妻组织的家庭在供养 4 位老人和 1 个孩子时所面临的困难与问题。

看到这些文章后，作为一位人口学专业的学者，我感到有责任发表自己的看法，去澄清一些错误的观点和认识，同时也提醒全社会对独生子女及其家庭的关注。诚然，独生子女夫妇不仅面临对子女的抚养和教育问题，还要承但对老年父母甚至祖父母的赡养。在中国社会快速转型的时期，独生子女及其家庭会面临一些风险，会有许多不适应，会影响这些家庭的健康发展。专家和媒体都应该承担自己的社会责任，为中国独生子女的健康成长营造一个宽松的舆论环境。媒体关注的独生子女问题主要集中在两个方面：一是独生子女是不是“问题儿童”？二是独生子女家庭是不是“风险家庭”？

中国独生子女自诞生之日起就受到社会各界的广泛关注，也包括各种媒体的关注。有学者对中国国内各种学术刊物上发表的有关独生子女问题的论文进行了统计和分析，从 1980 ~ 2001 年的 22 年中，共有 305 篇论文，这些论文涉及心理学、教育学、社会学、人口学、体育科学等多个不同的学科，涉及中国独生子女中的小学生、中学生和大学生，涉及独生子女本身以及他们的父母和家庭。我本人也曾于 20 世纪 80 年代初和 90 年代初两次参加了对中国独生子女与非独生子女的比较研究。随着中国最早一批独生子女进入婚育时期，相信很快会有涉及第一代独生子女婚姻和家庭的研究，以及他们所生育孩子，即第二代独生子女的研究。这些研究为媒体在报道有关独生子女问题时提供了参考，也为我国的家庭、学校和社会开展对独生子女的教育提供了依据。

首先，我们来讨论中国的独生子女是不是“问题儿童”？

从目前所看到的学术研究成果中，并不能得出我国第一代独生子女是“冷漠、自私、无法合作等”的结论。相反，一些专业人士通过大量研究得出的结论相反。毕业于北京大学社会学系、在 1990 年攻读博士学位期间就从事独生子女研究的风笑天教授分别于 1996 年和 1998 年对中学生进行了调查，结果表明：“与 20 年前人们的担心和偏见相反，独生子女青少年在社会交往方面不是比同龄的非独生子女青少年要差,而是比他们更好。无论是1996年在湖北五城市调查的结果,还是1998年在全国14城市调查的结果,无论是样本的百分比还是统计检验的结果,独生子女在所有指标上都一致地表现出优于非独生子女。特别是统计检验的结果表明:中学阶段的独生子女在新的环境中很快结识新朋友的比例明显高于非独生子女,与人交往的能力明显比非独生子女强,好朋友数目明显多于非独生子女,孤独感明显低于非独生子女。这一结果对社会中流行的独生子女'孤僻'、'不合群'、'处处个人中心'、'难于与人交往'的看法给予了否定的回答。"(风笑天,2000)

中国的独生子女是不是人们所担心的那样是一代"小皇帝"呢?美国学者鲍思顿和范彤尼教授曾于1987年对长春市1465名小学生以及他们的家长和教师进行了调查,研究结果"完全没有支持视中国的独生子女为'小皇帝'的观点",中外学者表示,"我们没有找到支持中国和西方新闻报道中越来越普遍地刻画独生子女为骄横的、不易调教的和自私的'小皇帝'的模型。"(鲍思顿等,1989)

我本人有幸参加了1990年与美国学者范彤尼和鲍思顿教授合作开展的课题,对北京、甘肃、湖南、安徽四省市4000名小学生及其家长进行了大规模调查,从智力、体质、个性特征三个方面对独生子女和非独生子女的状况进行了比较分析,我们的研究结果也表明"中国的独生子女政策并不导致一代'小皇帝'"。中外学者在研究结论中指出:"独生子女缺少兄弟姐妹与独生子女不正常发展之间没有必然的联系。"(范丹尼、鲍斯顿,1996)我们在研究中也发现,由于中国计划生育的开展,家庭平均子女数量急剧下降,从20世纪70年代初平均一家5~6个孩子下降到90年代初的一家只有一个或二个孩子,极少数家庭有三个及以上孩子,于是,家长们对孩子教育、健康和安全的关注与日俱增。尤其是随着社会经济的发展,人们生活水平的提高,孩子们所承受的关爱,不管是独生子女还是非独生子女,都是过去的"皇帝"不可比拟的,人们把孩子称之为家庭的太阳,把独生子女称之为"小皇帝"也是可以理解的。

有研究认为独生子女问题具有时间性、地域性的特征,即独生子女与非独生子女之间的差异会随着年龄和社区的不同而有所不同。一般认为,在3~18岁这一年龄段中,独生子女与非独生子女二者之间的差异大体上呈现出"年龄越小两类儿童之间的差异越大"。随着独生子女年龄的增长,他们与其他孩子的差异也越来越小,这就是儿童的社会化过程。20世纪90年代初至21世纪初的十来年中,对大学中的独生子女研究形成了一个小小的高潮。研究结果表明,独生子女大学生在乐群性、竞争性、智力自我评价等方面明显强于非独生子女,在生活自理能力评价方面弱于非独生子女。在成就自我评价、成就期望水平、心理健康素质、责任感、创造性等方面则与非独生子女没有差别(景怀斌,1997)。

上述研究虽然表明独生子女与非独生子女没有明显差异,并不是说中国独生子女在成长过程中不存在任何问题。中国独生子女群体是在中国执行计划生育政策下快速形成的一个特殊群体,而西方国家则是伴随生育水平的缓慢下降,家庭子女的逐渐减少,在一个相当长的时期内形成的一个独生子女人口群体。国外的专家学者针对独生子女的"问题"进行了系统研究,人们在漫长的社会转型中学会了应对独生子女问题。但是,在中国,短短的30年内形成了一亿之众的独生子女群体,而且这30年又是中国社会经济发生急剧变化的时期,家庭、社区和学校都没来得及针对小家庭或独生子女去调整自己的教育内容和方式,于是,一系列问题的产出也是必然的,引起人们和媒体的关注也是可以理解的。

现在我们再来讨论中国独生子女组成的家庭是不是特殊的"风险家庭"?

人们除了担心独生子女在家里没有兄弟姐妹、没有小伙伴,会不会影响孩子的社会化发展?在家庭孩子数大幅度减少的情况下,尤其是独生子女家庭,爷爷奶奶、爸爸妈妈会不会把"万千宠爱系于一身","溺爱"孩子,使孩子娇生惯养?在社会保障体系还不健全不完善的今天,人们更是担心家中唯一的独苗夭折怎么办?谁来慰藉亲人、赡养老人?

独生子女成长过程中的社会化问题是人们关注最多的问题,怎样使家里的唯一的孩子融入社会之中?风笑天教授指出,家庭规模的缩小,家长角色的变化,学校教育方向的偏离,大众传媒影响力的增强,人们居住条件的改善,社会交往方式的变迁,都会从不同的方面、在不同的程度上对独生子女青少年的社会化过程产生影响(风笑天、张小天,1992)。因此,孩子成长中的社会化问题不仅是独生子女家庭需要面对的,也是所有现代少子女的小家庭都需要面对的问题。

独生子女夭折或伤残问题有时会变成社会的焦点问题,比如2008年"5·12"汶川大地震,许多家庭不仅是独生子女家庭在地震中失去了孩子,一时间独生子女家庭的风险问题成了人们关注的焦点。四川省人口计生委及时启动了"再生育关怀行动"项目,据统计,在再生育关爱行动的帮助下,四川灾区已有5000多对地震中失去孩子的父母接受了心理疏导、生育咨询、终止避孕等技术服务。截至2010年10月底,符合政策且有再生育意愿的家庭中,已怀孕3583人,已出生2582名婴儿(黄勇,2010)。但是,我们看到还有相当多的家庭错过了生育期,没有实现再生育的梦想,他们成为一种"特殊困难"的家庭。各级政府和计划生育系统通过设立"特殊困难家庭"的项目和扶助政策,对那些独生子女夭折或伤残的家庭给予帮助。

各级政府和社区在帮助"特殊困难家庭"中也认识到独生子女家庭的脆弱性,虽然孩子在成长中遇到的风险对于独生子女与非独生子女几乎没有什么差异,但是,孩子的夭折或伤残对于独生子女家庭和非独生子女家庭来说其后果就不同了,因为,两个孩子同时夭折或伤残的概率毕竟要小得多,因此说,独生子女家庭是一个相对比较脆弱的家庭。如何减少孩子在成长中遇到的风险,尤其是独生子女家庭的风险,帮助和支持独生子女及其家庭的健康发展,这不仅仅是计划生育、教育和民政等部门所面临的问题,也是对全社会、对各级政府的挑战,专家学者和媒体都有责任去思考这些问题。

随着青年人进入婚育期,组成家庭后,他们将会面对"上有老、下有小"的问题,不论是独生子女还是非独生子女家庭组成的家庭,他们都有供奉老人和养育孩子的义务。但是,人们总是对独生子女组成的家庭更为"关心",又一次地提出"四二一家庭综合征"的问题,难道说独生子女组成的家庭会有什么特殊的风险或困难吗?

在中国,"四二一"家庭是特指夫妻二人都是独生子女所组成的家庭,他们上有4个老人、下有1个孩子。这类家庭常常有两个主要问题:一是养老问题,因为,他们所供养的4个老人没有其他孩子可以依靠,只能由这一对夫妻二人共同承担;二是子女教育问题,两代独生子女生活在一起,第一代独生子女开始养育第二代独生子女。在中国一直存在着"世代单传"的家庭,毕竟是极少数,不足以引起人们的关注。但是当一大批两代"单传"的家庭出现后,这就会成为一个话题或者成为一个社会问题,人们难免会担心第一代独生子女能否养育好第二代独生子女?独生子女组成家庭后所面临的养老和养小问题,确实需要相关专家和学者进行研究。

人口学者曾经对中国未来可能出现的"四二一"家庭的数量规模做过认真的研究,郭志刚教授等于2002年利用1990年普查数据,对夫妇双方都是独生子女的概率(简称为"双独婚姻概率")进行了定量分析和推算。结论是:成年人中的独生子女比例,在中国城镇人口于2030年将达到最大值,即独生子女比例为58%，相应的城镇人口中“双独婚姻概率”约为34%。在中国农村，独生子女比例最大值也只有27%，相应的“双独婚姻概率”也只有7%。这一研究结果使我们看到了未来“双独”家庭在城乡人口中的最大比重。可见，问题主要出现在城市人口中，未来最大可能会有1/3的城市家庭是“双独”家庭。

值得注意的是，“双独”家庭不一定就会成为“四二一”家庭，中国政府在提出“独生子女政策”时就明确指出这是一代人的政策，《中华人民共和国人口与计划生育法》颁布以后，除河南省外大多数省在新修订的《计划生育条例》中提到双方均为独生子女的夫妇允许生两个孩子。当然会有一些“双独”家庭自愿只生一个孩子，但是，从“四二一”家庭产生的原因来分析，生育政策已经不再是决策的因素了，而独生子女及其组成的家庭的生育意愿则成为是否会产生“四二一”家庭的关键因素。

另外值得一提的是，“双独”家庭也不一定就是“风险家庭”或“困难家庭”。规避和减少“风险家庭”或“特殊困难家庭”的出现是全社会共同的责任。专家学者与媒体应该积极主动地去研究和引导青年人的婚育行为和生育意愿，帮助他们分析可能遇到的风险，作出合理的选择，或对未来的风险做好预期准备。同时专家学者和媒体还应该向各级政府和相关部门进行倡导，在制定有关家庭的社会政策时，应该从以救济困难家庭为主转变为提高家庭发展能力为主。各级政府也应该加强对与家庭事务有关的部门的统筹协调，如计划生育、卫生、民政等部门，以及妇联等群团组织，关注独生子女及其家庭的健康发展，促进有利于家庭发展的社会公共政策的制定与实施。

随着中国第一代独生子女步入婚姻家庭殿堂，人们必然会关注第一代独生子女的婚姻、生育和第二代独生子女的教育与成长，以及第一代独生子女父母的养老问题，这就需要专家学者采取实事求是的态度、运用科学的方法对这些问题进行调查研究，不仅要研究第一代独生子女与非独生子女在婚姻家庭方面有什么区别，还要研究独生子女人群内部在不同年龄、不同地区对待婚姻家庭的态度、行为的区别。第二代独生子女的出生为我们研究两代独生子女的关系和差别提出了要求、提供了机会。这些研究应该有利于完善人口政策、推动教育事业的改革、促进养老事业的发展，最终实现家庭的健康发展。同时，专家的科学研究和媒体的正确宣传与倡导，也会为家庭和社区进一步关心和爱护独生子女的成长营造良好的环境。

参考文献

[1]风笑天．独生子女青少年的社会化过程及其结果．中国社会科学，2000，(6)．

[2]鲍思顿等．中国独生子女与非独生子女的学习成绩和个性特征分析．西北人口，1989，(4)．

[3]范丹尼，鲍斯顿．中国独生子女在德、智、体方面的表现．载范丹尼主编《中国独生子女研究》．华东师范大学出版社，1996．

[4]景怀斌．独生、非独生子女大学生若干社会性心理品质的比较研究．中山大学学报论丛，1997，(6)．

[5]风笑天，张小天．论独生子女社会化的特定环境．社会科学辑刊，1992，(5)．

[6]黄勇．复活——记再生育全程服务行动项目．当代中国人口，2010，29(5～6)．

[7]郭志刚，刘金唐，宋健．我国现行生育政策与未来家庭结构．中国人口科学，2002，(1)．

中国劳动年龄人口变动及对就业影响初探

童玉芬　郑冬冬

首都经济贸易大学

劳动年龄人口及其变动是劳动力供给的最基本条件,它与劳动参与率一起,从劳动力市场的供给角度对就业产生深刻的影响。然而由于劳动年龄人口的变动受到人口群体中队列推进变动的影响,其变动呈现为缓慢、长期以及不易逆转的特点,因此对于就业的影响也是长期和深远的。

中国自20世纪70年代以来,由于实行了比较严格的计划生育政策,使得人口高速增长的势头得到了有效的控制。从20世纪90年代中后期以来,人口政策在劳动力供给总量以及结构、质量等方面的效果也开始显现。中国的劳动年龄人口目前虽然处在总量的增长中,但是增长率和绝对量都在逐年下降,尤其是中国农村劳动力人口,受到自然增长和乡城转移的双重影响,呈现了更明显的下降趋势,这一切对中国的就业形势将发生重大而深远的影响。

本文通过定性和定量的分析,对劳动年龄人口的变化态势以及对就业可能造成的影响进行初步分析,希望得到一些有益的启示。

一、新中国成立以来中国劳动年龄人口规模的历史变动过程

虽然经过30多年的人口发展过程及其转变,中国的总人口依然处在净增长状态中。2008年全国总人口规模达到132 802万人,比2007年净增加673万人。劳动年龄人口同样也处在递增状态。根据中国统计年鉴最新公布数据,2008年中国15~64岁劳动适龄人口总规模为96 680万人,比上年增加847万。从20世纪70年代末以来,中国无论是总人口还是劳动力适龄人口都一直呈现出上升的趋势,但是增长的幅度开始出现下降,总人口从

90 年代中期每年净增 1200 万，下降到目前不到 700 万。劳动适龄人口年增长近年来也开始下降，目前每年增长大约在 800 万[①]。

表 1　历年总人口及劳动年龄人口的变化

（万人，%）

年份	总人口（年末）	15～64 岁	
		人口数	比重（%）
1982	101 654	62 517	61.5
1987	109 300	71 985	65.9
1990	114 333	76 306	66.7
1995	121 121	81 393	67.2
1996	122 389	82 245	67.2
1997	123 626	83 448	67.5
1998	124 761	84 338	67.6
1999	125 786	85 157	67.7
2000	126 743	88 910	70.1
2001	127 627	89 849	70.4
2002	128 453	90 302	70.3
2003	129 227	90 976	70.4
2004	129 988	92 184	70.9
2005	130 756	94 197	72.0
2006	131 448	95 068	72.3
2007	132 129	95 833	72.5
2008	132 802	96 680	72.7

资料来源：中国统计年鉴（2009）．中华人民共和国统计局网 www.stats.gov.cn.

二、劳动力供给变化对就业的影响

衡量就业的最重要标志之一，是失业状况。按照劳动经济学家的观点，

① 总人口的年增长量少于劳动年龄人口年增长量的主要原因，是因为总人口变动主要由年出生和年死亡人口决定，而劳动年龄人口则主要由进入和退出劳动年龄的人口决定。

失业主要有两大不同来源：一个是由于劳动力在供给和需求总量上出现不匹配，劳动力供给超过了劳动力需求，从而导致的失业。例如，按照凯恩斯的宏观就业理论，当经济出现萧条和衰退时，将会出现有效需求不足。劳动力需求作为一种派生性需求，也将会出现需求不足。与劳动力供给量相比，将会出现经济过剩难以吸收的劳动力，也就是出现了失业人口，因为这种失业者是在愿意接受现行工资情况下出现的，凯恩斯将其定义为非自愿失业[1]。而另一种失业理论，则认为劳动力失业主要是由于劳动力技能和素质与就业岗位不匹配，因此即便总量供需平衡，也依然会出现失业，即所谓结构性和摩擦性失业。另外，由于劳动力市场本身不健全，例如存在市场分割，或存在信息不完备等，以及存在劳动者工作寻访行为等，这一切也会导致结构性失业和摩擦性失业的出现，这类失业与劳动力人口的规模变化没有直接的关系，实际上假定劳动力供给是外生变量，是给定的。以弗里德曼为代表的经济学家甚至根本不承认凯恩斯关于非自愿失业的存在，认为劳动力市场上只存在这种自愿失业[2]。

很显然，人口和劳动力规模及变动对就业的影响，主要是体现在总量上失衡导致的就业压力，并进一步转化为失业问题。然而，中国劳动力从规模上来看，供给和需求的对比状况怎样呢？中国生育政策的实施在其中又起到了怎样的影响？我们需要确定的一个事实是，改革开放以来就劳动力总量上来说，其供给是否超过了需求？答案似乎是不言而喻的。每年大量的农村剩余劳动力，以及城市存在的失业人员，很难全部用结构性和摩擦性失业来全部加以解释。我们可以做一个简单的计算来进一步考察这个问题。

首先我们来看中国劳动力的供给状况。劳动力的有效供给是由劳动适龄人口与劳动参与水平共同决定的经济活动人口。我们国家 20 世纪 90 年代以来劳动力适龄人口的规模变化已经在前文中说明了，基本情况是：从 1990 ~ 2000 年，劳动年龄人口规模从 76 306 万增加到 88 910 万，2008 年全国劳动年龄人口总量进一步达到 96 680 万，比上年增加 847 万。劳动力资源依然处于较快的增长中。而劳动力参与率的变化，则出现逐年下降。从 1990 年的 85% 下降到 2008 年的 82%，实际参与经济活动的劳动力供给规模从 1990 年的 65 323 万人，增加到 2008 年的 79 243 万（见表 2）。

再来看劳动力的需求情况。我们将实际就业的在业人口规模，作为实际就业的岗位，也即实际需要的劳动力规模，由此可以看出历年我国劳动力需求的变化。可以看到，劳动力需求规模人数 1990 年为69 065 万人，比当年经济活动人口（有效劳动力供给）少 574 万人，2000 年劳动力岗位 72 085 万人，比劳动力有效供给少1907万人，到2008年两者之差也有1763万人。由此可见，就中国1990～2008年间的实际情况而言，劳动力的供给是远远大于需求的。因此造成的就业压力是显而易见的。目前看来总的情况是，劳动力供给依然远远大于需求，每年从总量上多1700万人左右。

表2　20世纪90年代以来劳动力供需的对比分析

年份	劳动适龄人口（万人）	劳动经济参与率%	劳动力有效供给（万人）	劳动力需求（万人）	供给与需求的差距（万人）
1983	62 517	74. 71	46 707	46 436	271
1987	71 985	73. 71	53 060	52 783	277
1990	76 306	85. 61	65 323	64 749	574
1995	81 393	84. 60	68 855	68 065	790
1996	82 245	84. 83	69 765	68 950	815
1997	83 448	84. 84	70 800	69 820	980
1998	84 338	85. 47	72 087	70 637	1450
1999	85 157	85. 48	72 791	71 394	1397
2000	88 910	83. 22	73 992	72 085	1907
2001	89 849	82. 84	74 432	73 025	1407
2002	90 302	83. 45	75 360	73 740	1620
2003	90 976	83. 62	76 075	74 432	1643
2004	92 184	83. 34	76 823	75 200	1623
2005	94 197	82. 67	77 877	75 825	2052
2006	95 068	82. 30	78 244	76 400	1844
2007	95 833	82. 06	78 645	76 990	1655
2008	96 680	81. 96	79 243	77 480	1763

资料来源：根据《中国统计年鉴（2009）》整理而成．国家统计局网 www. stats. gov. cn.

由此可见，由于中国的人口和劳动年龄人口的规模基数大，且处在较长期的持续增长中（目前依然在增加中），因此，总体上造成了中国较大的就业压力，产生了劳动力供需的总量失衡，导致了总量性失业的形成，同时，由于这种就业压力的存在，也在一定程度上加剧了结构性和摩擦性失业。

中国人口及劳动力变动过程，是由多种因素共同决定的。其中，除了社会经济本身的发展导致的生育率下降以外,中国人口计划生育政策的实施效果是不容否定的。根据专家学者的推测,中国从开始实施计划生育至今30年里,已经累计使得中国少出生了4亿人[3]。尽管对这一数据本身的准确性有所争议,但是计划生育政策对中国人口的盲目快速增长起到很大抑制作用,从而减少了众多的出生人口的事实是不容置疑的。从就业角度来看,大约从20世纪90年代初期开始与计划生育政策开始执行同时出生的人陆续进入了劳动年龄。可以设想,如果中国人口变动中没有计划生育政策的实施影响,而仅仅是随着社会经济的发展变化而出现自然的下降,那么从90年代以后历年的劳动年龄人口规模会比实际表现出来的大得多,从而就业压力也会比现在更为严重,这也应该是不争的事实。这里我们进行一个简单的逻辑推算。假定30年少生4亿人口是正确的,简单推算到每个年度则每年少出生约1050万人。进一步假定这些人均能存活,那么从70年代初到90年代初20年内出生的人口到2010年止已经全部进入劳动年龄,那么按照这些年实际的劳动参与率折算(从85%降到81% ,每年减少的劳动力供给在800万~900万。换句话说,如果不进行计划生育,则每年劳动力有效供给将多出800多万人,目前总供给将比总岗位需求多2500多万人,而不是目前实际存在的1700万人。虽然我们不能简单地将这些多出来的劳动力参与者等同于新增加的失业者,但是很明显的,这将会使目前的就业压力比现在大得多。这只是一个非常简单的推算,只是为了说明人口政策在劳动力供给方面的影响的存在。

因此,我们说,正是计划生育政策的实施,在客观上减缓了中国的就业压力,同时由于计划生育优生优育的提倡以及人口素质的改进,使得劳动力市场的匹配和结构性失业也在一定程度上得到缓解。

三、未来的展望与对策

关于中国劳动力资源规模的变化及趋势预测,已经有不少专家学者进行过研究和探讨[4~5]。本文在前人研究的基础上,采用人口分年龄性别的要素移算法,建立包括城、乡两个连同子模型的分性别、分年龄人口预测模型,对中国城乡总人口和劳动年龄人口在未来20年的变化进行了多方案的模拟和预测,得到了中国农村和城市在未来20年劳动力资源规模和年龄性别结构的预测结果。

研究所用数据主要来源于2000年第五次全国人口普查资料,以及2005年

1%人口抽样调查资料。其中,预测的基年是2000年,2005年数据的采用主要是为了回填2000年的漏报数据,以及验证模型估计误差率。

1. 预测方案的设立

人口的预测,实际上是在各种方案假设条件下的推算结果。因此各种假设条件至关重要。这些条件主要由生育、死亡和迁移几类参数构成。分别设置如下:

(1)生育参数的设定。总和生育率根据高、中、低三个方案的不同进行设定。低方案的总和生育率假定保持2000年水平不变,一直持续到2030年;中方案是假定总和生育率从当前的1.6,到2030年提升到1.8,其中农村从1.8提高到2.0,城市从1.3提高到1.5①;高方案假定全国总和生育率到2030年能够达到2.1,其中农村2.2,城市1.9②(见表3)。同时假定生育模式从2000年到预测末年不发生变化。

表3 总和生育率的方案设定

方案		2010年	2015年	2020年	2025年	2030年
低方案	全国	1.6	1.6	1.6	1.6	1.6
	城市	1.3	1.3	1.3	1.3	1.3
	农村	1.8	1.8	1.8	1.8	1.8
中方案	全国	1.6	1.65	1.7	1.75	1.8
	城市	1.3	1.35	1.4	1.45	1.5
	农村	1.8	1.85	1.9	1.95	2.0
高方案	全国	1.8	1.9	2.0	2.05	2.1
	城市	1.5	1.6	1.8	1.85	1.9
	农村	2.0	2.1	2.1	2.15	2.2

(2)死亡参数设定。死亡参数的设定关键是要得到未来各年龄的死亡

① 随着实行计划生育以来的独生子女(约1亿)陆续进入婚育期,将在未来一段时间使总和生育率上升0.1;2001年12月《中华人民共和国人口与计划生育法》颁布后,各省在现行的政策框架下,对本省的《人口与计划生育条例》进行了微调,有放开生育间隔、实行"双独"(夫妇双方均为独生子女的可生育两个孩子)、"单独"(夫妇双方一方为独生子女的可生育两个孩子)等,这都将使总和生育率呈不断上升的趋势。中方案假设在计划生育政策现在的微调条件下,在未来的20~30年里总和生育率提高0.2。

② 高方案假设2010年总和生育率现在就达到中方案1.8的水平,并逐渐恢复到人口更替水平。

率或存活率。一般的做法是假设未来预期寿命的变化，通过一定的变换将预期寿命分解为对应的分年龄死亡率，并进入模型中。本文采用罗吉特变换原理①，利用中国 2000 年人口普查和 2005 年 1% 人口抽样调查数据，分别计算两个年份中国分城乡、分性别的生命表，然后通过罗吉特转换找到这两个生命表中各分年龄死亡率之间的线性对应关系，实际上就是找到两者关系中的系数 a 和 b（前者代表死亡水平，后者代表死亡模式），通过观察 2000 ~ 2005 年的系数以及 两个系数 a、b 与 预期寿命的关系，参照预期寿命的变化规律和设定，给出未来的 a、b 可能值，就可以得到未来若干年分城乡、分性别的各年龄死亡人口数的方案假定。

本文假定死亡模式不变，即 b = 1。对死亡水平系数 a 值的确定，本文主要参照联合国平均预期寿命增长模式表的变化趋势来确定。多数学者对预期寿命的研究表明，随着预期寿命的不断升高，预期寿命提高的速度在不断降低，也就是死亡水平的下降在不断减缓，即 a 值不断向 0 接近。结合联合国平均预期寿命增长模式表以及相关学者对预期寿命的估计，在对不同的 a 值进行预期寿命反复推演并对比的情况下，得到未来不同预期寿命相对应的 a 值，作为死亡参数的设定（见表 4）。

表 4　a 值以及预期寿命的设定

分类	性别	值	2005 年	2010 年	2015 年	2020 年	2025 年	2030 年
城镇	男性	a 值	-0.088	-0.048	-0.02	-0.015	-0.01	-0.01
		预期寿命	72.47	73.59	74.05	74.39	74.62	74.85
	女性	a 值	-0.103	-0.06	-0.04	-0.01	-0.001	-0.001
		预期寿命	76.49	77.85	78.73	78.95	78.97	78.99
农村	男性	a 值	-0.093	-0.043	-0.06	-0.03	-0.02	-0.02
		预期寿命	69.04	70.09	71.53	72.23	72.69	73.15
	女性	a 值	-0.184	-0.014	-0.1	-0.08	-0.03	-0.01
		预期寿命	72.43	72.78	75.2	77.04	77.71	77.93

（3）城乡迁移参数的设定。中国城镇人口历年的年增长量中，扣除中国城镇人口的自然增长量，在理论上就应当为城镇净迁移增长量。根据计算，

① 罗吉特模型假定这任意两个模型之间，经过对数转换后都存在线形关系，并可以通过简单的最小二乘法可以计算出线形关系中的参数。

中国自20世纪90年代以来城镇自然增长人口在城镇年增加人口中的比重大约在16%且相对稳定,而84%为迁移增长,根据定义,应当为户籍净迁移。该规模近年来每年在1600万~1200万人,且有减少趋势。据此,我们假设在2005~2030年间城乡迁移户籍人口总数分别按高和低两个方案,每年的户籍迁移人口分别为1200万和1000万人。关于乡城迁移的年龄结构,采用2000年人口普查的迁移人口年龄结构并假定不变。

(4)出生性别比设定。2000年普查人口的城市出生性别比为115,农村出生性别比为119。同时假定出生性别比会逐渐下降恢复正常,对2010~2030年中国分城乡出生性别比的变化假设如下(见表5)。

表5 出生性别比参数的设定

年份	出生性别比		
	全国	城市	农村
2010	117	114	118
2015	114	112	115
2020	110	109	112
2025	108	107	110
2030	107	107	107

2. 预测结果及分析

因为乡城人口迁移对全国人口和劳动力影响不大,因此我们仅考查不同生育和死亡方案下的情况,而死亡参数本文只按照可能趋势,表6是根据本预测进行的几种组合方案下的全国总人口规模变化趋势。我们看到,就全国来说,无论哪种方案假定,总人口规模到2030年以前均呈现上升的趋势,在不同的生育方案下,总人口规模增长有明显变化,但是乡城人口的净迁移规模变化对全国总人口的影响甚微。其中按照前面方案中的高、中、低生育水平,全国总人口到2030年将分别达到14.6亿、14亿和13.7亿人左右,其中高方案比低方案高将近1个亿。

表6 不同方案下的全国总人口的规模变化预测 (亿人)

生育率水平	净迁移规模	2010年	2015年	2020年	2025年	2030年
低生育率	高	13.3346	13.6856	13.8576	13.8794	13.7474
	低	13.3346	13.6934	13.9028	13.9400	13.8256

续表

生育率水平	净迁移规模	2010 年	2015 年	2020 年	2025 年	2030 年
中生育率	高	13.3736	13.7507	13.9569	14.0386	13.9863
	低	13.3490	13.7340	13.9791	14.0720	14.0294
高生育率	高	13.4416	13.9281	14.2584	14.4763	14.5717
	低	13.4416	13.9358	14.3085	14.5326	14.6352

表 7 是全国劳动年龄人口规模变动趋势。与总人口的变化趋势有所不同，在 2010 ~ 2030 年间，各种方案下中国总的劳动年龄人口规模均呈现先上升后下降的趋势。按照本文的预测，劳动年龄人口的绝对规模在 2015 年就将开始出现下降，高峰值大约接近 10 亿。此后即出现下降趋势，但下降趋势比较缓慢。届时，由于劳动力供给过大导致的中国就业压力将会明显降低。

表 7　全国劳动年龄人口规模变动趋势①　　（亿人）

生育率水平	净迁移规模	2010 年	2015 年	2020 年	2025 年	2030 年
低生育率	高	9.8276	9.9701	9.9223	9.8788	9.7548
	低	9.8276	9.9695	9.8914	9.7700	9.5185
中生育率	高	9.8276	9.9701	9.9076	9.8114	9.5787
	低	9.8276	9.9695	9.9061	9.8087	9.5832
高生育率	高	9.8276	9.9701	9.8929	9.7727	9.5140
	低	9.8276	9.9695	9.9208	9.8762	9.7592

当然，未来就业状况如何，从总量角度看，不仅取决于劳动力供给规模的变化，还将取决于劳动力需求的变化。随着科学技术的进步与产业结构升级换代，劳动力的需求也将发生相应的变化，一些新的行业新的岗位不断产生出来，而某些行业和岗位则趋于消失。而最终就业需求将总体上发生怎样的变化，很难简单给出答案。从整个人类社会经济发展的历史上看，总体上就业岗位是增加的。因此未来就业状况在很大程度上不仅取决于劳动力供给状况及变化，还取决于这种需求的变化以及与劳动力供给变化的对比。由于中国人口年龄结构变化，与总人口的变化一样，是在政策作用下超前于社会经济本身发展而发生的，因此劳动力供给的下降，也可能在某一时

① 如果不加说明，本文的预测中，劳动年龄人口均为 15 ~ 64 岁年龄人口。

期超前于经济发展对就业需求的变化,出现供给总量的相对不足。

参考文献

[1]陈晴晔．西方经济学就业——理论及政策的演进经济问题．2008,(2).

[2]G. E 约翰逊,P. R. G 莱亚德．自然失业率:理论与政策．载于奥利．阿申费尔特,理查德．莱亚德主编,曹阳等译．劳动经济手册．经济科学出版社,113～169.

[3] 中国人口政策稳妥30年来少出生4亿人．http://www. sina. com. cn,2006年10月09日．

[4]王金营,蔺丽莉．中国人口劳动参与率与未来劳动力供给分析．人口学刊,2006,(4).

[5]王广州．人口预测及其分布．中国人口与劳动问题报告 No. 7——人口转变的社会经济后果．北京:社会科学文献出版社,2006,(4):98.

人口城市化与构建人口均衡型社会

侯亚非

北京市人口研究所(北京人口发展研究中心)

一、人口均衡发展理念应时代要求而生

基本人口国情的变化、人口问题性质的转型是形成今日人口均衡发展理念的社会基础,而全面统筹解决人口问题的国策成为人口均衡发展理念的政策先导。

这里从人口国策文件核心词看中国人口国情的变化:中共中央国务院1991年《关于加强计划生育工作严格控制人口增长的决定》核心词为"严格控制人口增长",当时标志生育水平的总和生育率TFR为2.24,在人口世代更替水平之上。2000年《关于加强人口与计划生育工作稳定低生育水平的决定》核心词为"稳定低生育水平",TFR从1992年下降到2.05、1993年1.9,1996年后持续在1.7左右,迄今中国低生育水平已持续近20年。2007年《关于全面加强人口和计划生育工作统筹解决人口问题的决定》核心词为"统筹解决人口问题",国家人口和计划生育委员会提出推进"两个统筹"的工作思路,即统筹人口数量、素质、结构、分布各要素之间的内部关系,实现人口长期均衡发展;统筹人口与经济、社会、资源、环境的外部关系,实现全面协调可持续发展。

计划生育国策促进了中国人口再生产类型的转变,使中国提前跨入低生育水平国家行列,为中国工业化、现代化的快速发展创造了较好的人口环境。然而,低生育水平的实现并不意味人口问题的终结,而是意味人口问题的转型。老龄化态势严峻、性别比失调、劳动力供大于求、人口分布失衡、人口城市化滞后于工业化等,都可归结为当今时代中国人口发展的不均衡问题。

在这样的背景下,人口均衡发展作为一个理论命题和战略选择应运而生。“人口均衡是指人口的发展与经济社会发展水平相协调、与资源环境承载能力相适应,并且人口总量适度、人口素质全面提升、人口结构优化、人口分布合理及人口系统内部各个要素之间协调平衡发展”。[①] “人口均衡发展可以定义为:一个国家或地区人口各要素变化之间的平衡及其外部关系的协调,并使人口的再生产、质量、结构和分布等向更高级均衡状态发展的过程”[②]。“人口均衡发展”强调人口数量变动和结构功能的内在联系,而不是停留在“生育水平高或低”的判断上,提醒我们跳出人口问题、人口发展聚焦于生育水平、控制人口数量的老思路,与时俱进,从社会建设层面,从大视野大视角树立新的人口发展观。

因此,构建人口均衡型社会,应当作为重新审视我国人口问题和人口规律的新契机,应成为构建中国特色人口理论体系的新生长点。人口均衡发展并不是一个新概念,但确实是需要进行理论讨论、百家争鸣,形成社会共识的一个新理念。

二、城市化进程中人口均衡发展目标任重道远

与20世纪中国人口数量爆炸式增长对国民基本生存和国家经济发展的压力比较,今天的人口结构失衡、人口规模和城市化进程,使我们面临更为严峻的社会发展压力、资源环境压力。

1. 挑战

20世纪80年代以来,我国经历着地球上罕见的大规模人口迁移,经历着世界上最为迅速的人口城市化进程。1982~2009年,中国流动人口数量由657万上升至2.11亿人。[③] 全国2000年以后流动人口整体呈快速持续增加态势,且主要集中在上海、北京、广东、浙江四省市,尤其是流入上海、北京等户籍管制严格的地区。[④] 根据北京市统计局2001年、2002年、2003年流动人口动态监测调查数据公报以及2005年1%人口抽样调查数据,来京半

① 翟振武. 解决人口问题本质上是追求人口均衡发展. 人口研究 2010,(2):41.

② 李建民. 论人口均衡发展及其政策涵义. 人口与计划生育 2010,(5):9.

③ 国家人口和计划生育委员会流动人口服务管理司编. 中国2010流动人口发展报告. 中国人口出版社,2010:序言,1;杜小敏等. 人口迁移与流动对我国各地区经济影响的实证分析人口研究,2010,(3):79.

④ 国家人口和计划生育委员会流动人口服务管理司编. 中国2010流动人口发展报告. 中国人口出版社,2010:序言,1。

年以下的流动人口2000年以后急剧增加,2001年以前来京半年以下流动人口保持在五六十万规模,而2002年、2003年、2005年均在百万规模。“大规模的人口流动迁移为我国的经济腾飞提供了丰富的劳动力,为城市化、现代化顺利发展奠定了基础,为我国综合国力提升、人民生活质量提高作出了巨大贡献。”①

然而,我国城市化水平仍滞后于工业化发展。据判断,当前中国社会结构滞后经济结构大约15年,中国的经济结构已进入工业化中期阶段,甚至有些指标表明已经进入了工业化后期阶段。从城市结构来看,反映城乡结构变化的城市化率在工业化中期阶段应该达到60%以上,而目前我国城市化率仅为46%左右,仍滞留在工业化初期阶段。②

同时,目前我国城镇人口的市民化率又低于中国的城市化率。据蔡昉基于2000年人口普查和2005年1%人口抽样调查数据计算,在2000~2005年城市人口的增量中,71.8%是持农业户籍的人口,城市化进程在相当大的程度上,是没有改变户口性质的往日农民,包括由于区划变动被划入城区的农民和进城打工超过6个月的农民工及其家属,按照定义被统计为城市常住人口的结果。③ 根据国家人口计生委“引导人口有序流动、合理分布政策研究总报告”的战略目标,到2015年,非农就业比重将达到65%,城镇化率达到52%。到2020年,非农就业比重达到70%,城镇化率达到57%。然而,根据国家人口计生委的推算,以城镇常住人口为基数的城镇化率“十二五”期间可以超过50%,但以城镇户籍人口为基数的城镇人口的市民化率要到2033年才能过半。④

总之,总体上,目前我国城市的公共服务体系并没有为农村人口进城做好准备,1亿多离土不离乡的乡镇企业工人加上1亿多长年在城镇打工的农民工,并未与工业化同步进入现代化发展的进程,并未真正享受城市文明。如何实现这一庞大的边缘群体与城市经济、社会和谐发展,与城市资源环境承载力均衡发展;如何迎接未来几亿农村人口快速进入城镇就业、生活,实现人口城市化进程中人口与经济、社会、资源、环境的均衡发展,是中国城市

---

① 陆学艺主编.当代中国社会结构.社会科学文献出版社,2010:31,33.

② 蔡昉.城市化与农民工的贡献.中国人口科学,2010(1):4~5.

③ 国家人口和计划生育委员会流动人口服务管理司编.中国2010流动人口发展报告.中国人口出版社,2010:8,26.

④ 国家人口和计划生育委员会流动人口服务管理司编.中国2010流动人口发展报告.中国人口出版社,2010:8,26.

政府普遍面临的一个艰巨考验。

2. 北京市人口规模调控的困惑

2009 年末,北京市实际常住人口已达 1972 万人[①],提前并超额实现了 2004～2020 年北京城市总体规划 1800 万人口规模的发展目标。下图显示了 20 世纪 80 年代到 21 世纪初北京市常住流动人口规模(居京半年以上)变动增长的情况。这一庞大的流动人口群体,既为北京的经济增长带来了活力,也赋予首都的城市承载力、公共服务、社会管理、资源环境以巨大压力和挑战,从而引发了北京市政府持续多年的"人口规模调控"的难题。

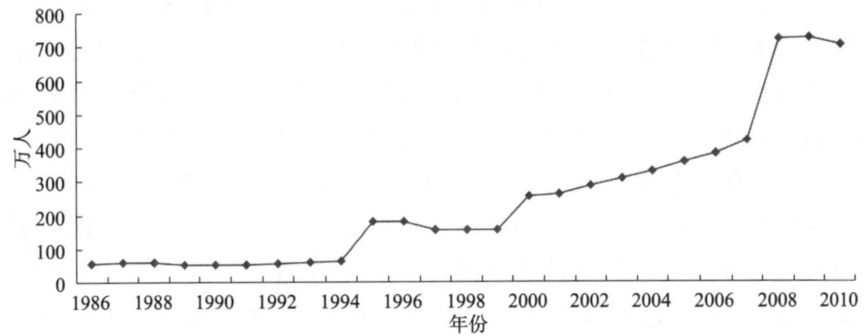

1986～2009 年北京市常住流动人口规模变动

注:1986～2007 年数据来源北京市统计局《北京六十年 1949～2009》表 5－1,中国统计出版社,2009。

2008 年、2009 年、2010 年数据来源于北京市委政法委流动人口管理委员会办公室流动人口和出租房屋基础调查数据。

1000 万人口规模目标源何处?1980 年 4 月《中共中央书记处关于首都建设方针的四项要求》指出,今后北京人口任何时候都不要超过 1000 万人。1983 年中央、国务院在对《北京城市建设总体规划方案》的批复中要求,"北京市委和市人民政府要认真搞好计划生育工作,并会同中央党、政、军、群各有关部门,严格控制人口的机械增长,坚决把北京市到 2000 年的人口规模控制在 1000 万人左右"。

20 世纪 80 年代中期首都人口总量突破 1000 万,90 年代中期常住流动人口跃升 180 万。1984 年国务院颁布《关于农民进入集镇落户问题的通知》,1985 年北京市委、市政府发布《关于加速发展第三产业、解决人民生活"几难"的几点意见》、《关于外地企业和个人来京兴办第三产业的若干规

① 《北京日报》2010 年 7 月 17 日第 1 版。

定》等文件，成为流动人口大量涌入北京的契机。1986 年北京市常住人口总量开始突破 1000 万，为 1028 万，其中户籍人口 971.2 万、外来人口 56.8 万。[①]

邓小平 1992 年“南巡”讲话以及中共十四大，确立了发展社会主义市场经济的框架，进一步推动了首都的经济发展，流动人口进入增长高峰期，1994 年北京市流动人口总量突破 300 万，其中居京半年以上的外来人口达 182 万。[②]

总量控制与农民工在京务工经商限制性法规废止。1995 年北京第十届人大常委会审议通过《北京市外地来京务工经商人员管理条例》（以下简称《条例》），同时出台配套 9 个政府部门规章，包括《北京市外地来京人员租赁房屋管理规定》、《北京市外地来京人员务工管理规定》、《北京市外地来京人员经商管理规定》、《北京市集贸市场管理规定》、《北京市外地来京人员从事家庭服务工作管理规定》等。10 个法律、行政规章的管理对象明确为“指无本市常住户口，暂住本市从事劳务、经营、服务等活动，以取得工资收入或者经营收入的外地人员（不包括外地来京受聘从事科技、文教、经贸等工作的专业人员）”。《条例》第 4 条规定：“市人民政府应当根据首都城市功能和城市建设、经济发展的需要，以及城市基础设施的承受能力，提出务工经商人员总量控制要求，区、县和乡、镇人民政府、街道办事处，采取措施落实。”第 20 条规定：“本市使用外地来京务工人员的行业、工种、用工要求等，由市劳动行政机关确定。”对于外来务工经商人员在暂住证、房屋租赁合同、婚育证明、就业证、营业执照、缴纳管理服务费等方面做了与本市户籍居民二元分割式的管理规定。

2004 年中共中央国务院 1 号文件《关于促进农民增加收入若干政策的意见》明确指出：“进城就业的农民工已经成为产业工人的重要组成部分，为城市创造了财富、提供了税收，城市政府要切实把对进城农民工的职业培训、子女教育、劳动保障及其他服务和管理经费，纳入正常的财政预算。”根据国务院“清理和取消针对农民进城务工就业方面的歧视性规定及不合理限制”的要求，2005 年 3 月北京正式废止了实行 10 年之久的《北京市外地来京务工经商人员管理条例》及与之配套的规章，停止了其所涉及的针对外来人员务工经商的限制措施。

---

① 北京市统计局．北京六十年 1949～2009．表 5－1，中国统计出版社，2009．

② 邹兰春主编．"北京的流动人口"中国人口出版社，1996：23．

1800万新人口发展目标。在人口总量持续膨胀的背景下,《北京城市总体规划(2004~2020年)》设定,2020年北京市总人口规模控制在1800万人左右,年均增长率1.4%。其中户籍人口1350万人左右,居住半年以上外来人口450万人左右。2005年《国务院关于北京城市总体规划的批复》(以下简称《总体规划》)"同意《总体规划》确定的2020年北京实际居住人口控制在1800万人左右"。并指出"由于环境、资源制约,北京市应着力于提高人口素质,防止人口规模盲目扩大。要根据《总体规划》确定的空间发展布局,积极引导人口的合理分布"。

实际结果却是2009年底北京市人口规模预期目标提前10年超额完成,居京半年以上的常住流动人口已达700万以上,且呈继续上升势头。

人口规模调控研究紧锣密鼓。2005年北京市人口和计划生育委员会向社会公开招标"北京人口发展战略研究项目"9项课题,其中"北京市人口规模控制体制和机制研究"列于首位,以寻求人口规模综合调控手段。2006年北京市两代会审议北京"十一五"规划,控制人口规模成为热议话题。《北京国民经济和社会发展第十一个五年规划建议》中说:"认真做好人口工作。以国务院批复确定的人口规模为目标,严格控制人口规模,力争2010年全市常住人口规模控制在1600万人左右。综合运用经济、行政、法律等有效手段,积极探索建立与社会主义市场经济要求和我市经济社会发展水平相适应的人口综合调控机制。"2007年初,市长王岐山在北京市第十二届人代会西城小组会议上表示自己在政府工作报告中提到的人口资源环境矛盾尚未缓解,人口规模增长过快的严峻形势应引起关注,希望今年能够找到有效控制人口规模激增的良方。2010年为"十二五"规划研究、筹备年,如何控制继续膨胀的首都人口规模再度成为北京市国民经济和社会发展新规划的焦点、难点。

三、更新人口发展观

1. 反思

城市人口规模的控制是一个庞大的系统工程,它不只是1000万或1800万这样的量化数字,更需要一整套科学、人性化、符合市场规律的政策支持,是需要包含一系列人口内部要素均衡、人口与外部环境要素均衡的可持续发展的整体规划。从人口均衡发展视角反思"人口规模调控"的理念与实施效果,我们可以看到伴随中国快速发展的城市化,人口与经济、社会、资源、环境发展的非均衡问题，成为中国城市化进程中十分普遍的问题。

“瓦片经济”与本地农民半截子城市化的纠结。随着全国流动人口规模的持续膨胀，农民在宅基地加盖房屋用于出租，在中国城市特别是在大城市的城乡结合部十分普遍，“瓦片经济”成为当地农民的主要收入来源。对于城市管理来说，突破宅基地契约私自建设出租房是违章建筑。然而，问题的实质是，随着城市不断外扩，农地陆续被征用，农耕经济衰落，相当部分农民（包括回迁上楼的农民）实际处于既无就业饭碗，又无社会保障状态，依靠违章建筑赚取租金成为失地农民的生存手段。与此同时，在“瓦片经济”之下外来人口快速聚集，落后乡村的公共资源往往承载数倍甚至几十倍于己的准城市人口。在普遍延续使用的城乡二元管理体制下，城乡接合部成为中国各大城市的“烂边儿”。

城中村整治与流动人口聚居村此落彼起的纠结。改造、整治城中村、城边村是各城市政府在城市化进程中普遍的做法。2002 年北京市城市环境综合整治办公室普查北京市“城中村”显示，仅城八区就有 300 多个城中村。2004 年奥运会之前清理整治了四环以内及奥运场馆周边 170 余个城中村，2010 年北京市政府又启动了城市周边“城乡一体化”改造工程，计划年底前将拆迁城市绿化隔离带上 50 个流动人口聚集的村落。城中村作为城市管理的难点，同时又是外来人口的聚居地，自然是调控流动人口的重点区域。然而，那些搬出拆迁城中村的租户，大部分都选择了邻近另一个城中村。近年来，北京的外来务工人员以及他们的亲属，包括聚集在产业链低端的几百万流动人口，基本是在北京跨区县而大多是跨乡镇、街道短距离流动。随着北京城市圈的扩大，流动人口聚居村落此起彼伏，从城郊结合部四环逐渐向五环、五环外蔓延。

制度性排斥与产业链低端流动人口规模膨胀的纠结。（迄今在大城市除非本地户籍外来人口铺天盖地般占居了从国家机关、科技、教育、文化领域到建筑业、制造业、集贸批发、美容美发、洗浴按摩、家电维修、保安、物业管理、医院护工、餐饮服务、钟点工、家政保姆等全方位的劳动力市场。）事实上，从宏观经济建设到日常生活服务领域，城市居民很难离开外来流动人口提供的劳动与服务，各个城市的 GDP 显然包含了他们作出的巨大贡献。然而就业、培训、社会保险、住房等社会制度安排仍长期与这一群体无缘。从一个角度看，对“流动人口”特别是农民工在制度上的歧视，是社会不公的突出表现。然而，从另一个角度审视这一社会不公现象，由于二元分割的人口管理定式，又恰恰构成了农民工、外来劳动力驻足城市低成本就业、低水准生存的空间环境。根据北京市 2005 年 1% 人口抽样数据，在“商服”和“生产运输”两大职业领域，集中了 183 万外来从业人员，其中在批发零售、住宿餐饮、居民服务三个行业领域外来从业人员为 110 万，比 2000 年增加 59 万人，在京城膨胀人口中占最大比例。[1]

人口规模与资源瓶颈的纠结。据 2008 年全国各地区水资源总量和供水、用水量统计，北京、天津、上海等城市缺水情况十分严重，上海人均水资源 197.5 立方米，而人均用水量 639.5 立方米；天津人均水资源 159.8 立方米，人均用水 194.9 立方米。北京是典型的资源输入型的特大城市，自然资源匮乏，98% 的能源靠外地调入。被称为木桶效应短边的水资源，随着人口规模的膨胀，2008 年人均水资源已下降到 205.5 立方米，人均用水量为 210.8 立方米。[2] 水资源紧缺仍是制约首都经济社会可持续发展的第一瓶颈。

长期以来在“二元式人口管理”思路下实施的城市“人口规模控制”或“调控”，失败是显而易见的，人口与城市经济、社会、资源、环境非均衡发展的问题不言而喻。

2. 树立构建人口均衡型社会发展观

进入 21 世纪以来，党中央、国务院连续发布一系列文件、通知，要求城市政府必须为农民工提供良好的就业环境和公共服务，以农民工市民化为内涵的深度城市化成为“和谐社会”建设的主旋律。我们从构建“人口均衡型社会”的大人口观出发，重新审视城市人口规模与经济社会资源环境的“非均衡”发展问题，既具理论意义，又具实践意义。

首先，城市政府必须正视“新移民”存在的客观事实，改变城市建设、管理以本地户籍人口为规划依据的非均衡发展思路。2006 年国务院国发〔2006〕5 号《关于解决农民工问题的若干意见》进一步明确，“把农民工纳入城市公共服务体系。输入地政府要转变思想观念和管理方式，对农民工实行属地管理。要在编制城市发展规划、制定公共政策、建设公用设施等方面，统筹考虑长期在城市就业、生活和居住的农民工对公共服务的需要，提高城市综合承载能力。要增加公共财政支出，逐步健全覆盖农民工的城市公共服务体系”。根据中央文件精神，地方政府在城市规划中不仅要考虑产

---

① 侯亚非等．北京市流动人口变动特征．2007～2008 年北京社会发展报告．社会科学文献出版社，2008，第 63 页。

② 国家人口计生委发展规划与信息司，中国人口与发展研究中心编．人口和计划生育常用数据手册 2009．中国人口出版社，第 14 页。

业结构调整因素、土地资源因素，而且应当将城市“实有人口”纳入城市化的视野，打破以本地户籍人口为基础规划城市建设的思维惯性，运用产业政策、就业政策、住房政策、社会保险政策、公共服务政策主动引导人口向城市郊区、卫星城流动定居，均衡地推进城乡一体化进程。

其次，在主导的政策取向上，转向积极的社会制度创新，以构建人口均衡型社会为发展目标。国务院办公厅〔2009〕66号《关于转发人力资源社会保障部财政部城镇企业职工基本养老保险关系转移接续暂行办法的通知》明确“本办法适用于参加城镇企业职工基本养老保险的所有人员，包括农民工”。根据中央文件精神，地方政府应当突破二元式人口管理模式，花大力气制定相关法律、规章，将失地的本地户籍农民、外来务工人员纳入城市统一劳动力市场，纳入就业、培训、社会保险以及住房等社会制度体系，实施一元化人口管理。从单纯、被动的人口规模调控转向构建人口规模与经济、社会、资源、环境均衡、协调发展的积极目标，逐步实现社会保障和公共服务的全覆盖，通过农民工市民化带动中国宏观社会结构的内在转变。这不仅解决城市边缘群体的社会公正、体面就业、尊严生活、权益保护问题，同时，能够合理地提高城市用工成本、劳动就业准入标准以及大城市的生存质量，进而从客观上实现城市人口规模调控的可操作性、实效性，实现城市人口规模与经济社会资源环境的协调、均衡发展，这是“双赢”的战略。

中国经济发展方式转变应适应人口年龄结构的变动和发展[①]

王金营　顾　瑶

河北大学经济学院

对人口在经济增长过程中的作用规律虽然在理论界没有得到统一的认识。但是,若将人口年龄结构变动因素作为新的变量引入经济增长模型中,则可以得到较一致的结论:劳动年龄人口占比较大、抚养率较低的人口结构所形成的人口红利能够对经济增长具有显著的促进作用,同时也可以催生一个国家或地区经济增长方式的快速转变。

一、中国的人口年龄结构转变及未来趋势

自 1949 年新中国成立以来,我国人口的自然变动大体经历了四个阶段一个特殊时期,基本实现了从高出生率、低死亡率和高自然增长率向低出生率、低死亡率和低自然增长率的人口增长类型转变。在人口转变的同时,人口的年龄结构也已逐渐完成了传统意义上的转变。除 1959 ~ 1962 年这个特殊时期,1949 ~ 1972 年我国人口基本处于年轻化和年轻型;自 1972 年之后在生育率下降推动下,1972 ~ 1978 年期间人口年龄结构已经由年轻型向成年型转变;1990 年代以来我国人口年龄结构也实现了质的转变:0 ~ 14 岁少年儿童人口所占比重持续减少而 65 岁及以上老年人口比重不断提高,到 2000 年 0 ~ 14 岁人口比重降低到 24. 84% ,65 岁及以上达到 6. 69% 而 60 岁及以上人口比重达到 10% 以上;到 2008 年 0 ~ 14 岁人口比重降低到

① 该文发表在《河北大学学报》2011 年第 4 期上。

19.40%，65岁及以上达到8.20%，中国人口年龄结构由成年型转变为老年型。[①]（如表所示）

在这一人口年龄结构转变进程中，自20世纪50年代后死亡率的持续下降和持续较高的生育率出生率，使得我国出现了一轮人口出生高峰期，而这一时期出生人口进入80年代后陆续成为劳动力，其后80年代的第二次出生高峰出生的人口进入21世纪也相继进入劳动年龄，使得我国自改革开放后劳动力年龄人口持续快速增长，从业人员由1978年的4亿增长到1990年的6亿，到1998年增长到7亿，2008年达到7.74亿，劳动力供给处于丰富而快速增长中。不仅如此，劳动年龄人口占总人口的比重呈现了不断上升的状态，由1978年的55.6%上升到2008年的73%；而劳动负担比自1970年之后持续下降，到1988年前后我国人口的劳动总负担比下降到50%以下，到2008年劳动负担已经下降到38%以下。从而劳动力人口的负担降到一个相当低的水平，人口机会窗口开启使我国经济发展获得了一个较长的人口红利期。

中国历次人口普查三大年龄组内部的变化

指标		普查年份				
		1953	1964	1982	1990	2000
全体人口的平均年龄		26.5	24.9	27.1	28.7	32.4
全体人口的中位年龄		22.7	20.2	22.9	25.3	30.8
各大年龄组占总人口的比重(%)	0～14岁组	36.3	40.7	33.6	27.7	22.9
	15～64岁组	59.3	55.7	61.5	66.7	70.1
	65+	4.4	3.6	4.9	5.6	7.0
各大年龄组内的平均年龄(岁)	0～14岁组	6.5	7.1	8.1	7.2	8.5
	15～64岁组	35.4	34.9	33.9	34.0	36.2
	65+	71.5	71.5	72.2	72.5	72.9
各大年龄组内的中位年龄(岁)	0～14岁组	6.0	7.2	8.6	7.1	8.2
	15～64岁组	33.6	33.0	30.9	31.9	33.7
	65+	70.4	70.3	70.1	71.2	70.6

注：根据历次人口普查资料中有关年龄结构的数据计算得到。

① 本文未特别指明来源出处的数据均来自国家统计局历年《中国统计年鉴》，中国统计出版社和《中国人口统计年鉴》。

资料来源:1. 1953 年、1964 年、1982 年来源于国家统计局人口与就业司.《中国人口年鉴》(1985),中国统计出版社,1985。2. 1990 年的数据来源于《中国 1990 年人口普查资料》第二册数字计算。2000 年来源于国家统计局.《中国 2000 年人口普查资料》. 中国统计出版社,2003.

根据人口预测结果①,如图所示,中国人口在未来的 40 年里年龄结构变动更加显著。其突出的特征就是人口的加速老龄化和劳动力供给将出现减少其负担由轻转重。15 ~64 岁的劳动年龄人口在 2017 ~2027 年达到峰值期为 10 亿上下,之后开始减少,到 2050 年减少到 8. 85 亿;占总人口比重由目前的 73% 持续下降到 2050 年的 61. 64% ,而且这种下降的趋势将延续到 2050 年之后。若不考虑 65 岁及以上的从业人员,未来我国劳动力供给的高峰将出现在 2017 年达到为 7. 58 亿。其后从业人员的规模将不断减少,到 21 世纪中叶我国劳动力的供给和从业人员规模将比现在大幅度减少,届时 15 ~64 岁的从业人员将仅仅有 6. 4 亿左右。

未来我国 65 岁及以上老年人口规模由 2010 年的 1. 07 亿,增大到 2030 年的 2. 32 亿,到 2050 年将达到 3. 17 亿;从老年人口比重即老龄化程度上看,将由 2010 年的 7. 92% 增高到 2030 年 15. 77% ,再到 2050 年的 22. 07% ;到 2032 年前后,老年人口比重超过少年儿童的比重,老少比超过 100,人口达到高度老龄化状态。

未来我国劳动力的老年抚养比大幅度的提高,劳动负担在老年负担升高的的带动下也由轻转向越来越重。劳动负担比由目前的 38% 上升到 2030 年的 50. 20% ,之后再增大到 2050 年的 64. 36% 。人口红利期于 2030 年前后关闭。这表明有利于经济增长的人口年龄结构的红利期必将结束,劳动供给减少,以老年抚养为主的劳动负担加重必将对经济产生滞缓影响。即使我国劳动力总规模不会在 21 世纪出现短缺,但青壮年劳动力的短缺将不可避免。

二、中国经济发展的过去路径和面临的困境

我国人口年龄结构转变形成的“人口红利”为经济增长提供了丰富的劳动力资源,劳动负担轻、劳动力价格比较便宜、生产成本较低,是我国经济增

① 作者在为完成田雪原教授主持的国家社会科学基金项目“21 世纪中国人口发展战略研究”而做的中国未来人口预测。

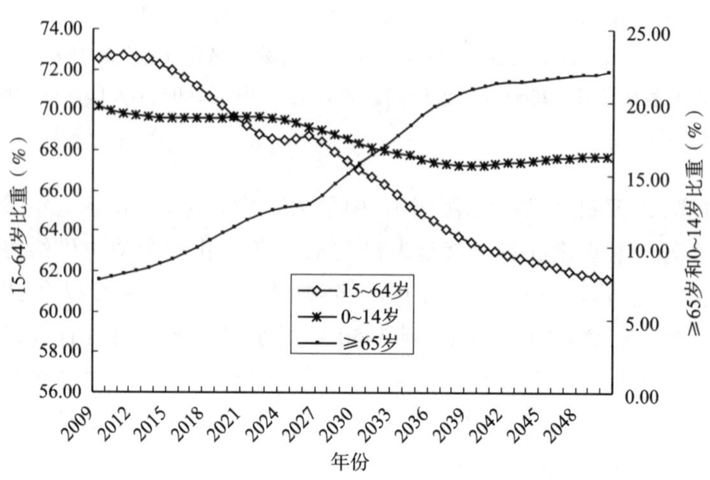

2009~2050年各年龄人口占总人口比重

长的有利条件和路径，更是主要源泉之一。此外，高投资增长和资本快速积累是我国经济增长的另一源泉，而高投资来源于高储蓄，正是由于我国人口总抚养系数较低，减轻了家庭和国家的负担，从而形成了较高的社会储蓄率，有利于资金的积累，高储蓄率带来了高投资，从这个意义上讲，高投资带来的经济增长也与我国人口年龄结构的转变密不可分。另外，我国劳动密集型产业在国际上有显著优势；同时，我国人口巨大而形成的各类市场容量也是任何国家不可比拟的，随着市场容量的不断扩张，吸引了大量外资、外企和先进技术的进入，带动我国经济持续快速的发展。毋庸置疑，丰富的劳动力资源、劳动供给以及巨大的市场容量带来了经济的高速增长，同时也成为我国粗放型经济增长方式的前提和条件。改革开放以来我国经济长期处于以“低劳动成本、高投入、高消耗、高污染”的粗放型增长方式来谋求增长和发展。

当然这种增长方式必将带来资源匮乏和环境恶化，必将面临资源稀缺和环境保护的约束困境。为缓解来自资源和环境的压力以及人口发展的规律，生育率下降也是必然，生育率持续下降将使得我国经济发展面临劳动力供给减少、劳动负担加重、劳动成本上升所带来的困境。依靠劳动密集投入、资本高速增长、资源消耗和环境恶化的增长模式必将随着资源、环境约束力的增大和人口红利的匮竭而无以为继。

三、人口转变对经济发展的影响——日本乃至东亚的经验

人口转变与经济发展间关系的讨论是人口理论的传统议题。20 世纪初汤普森与兰德里通过考察社会经济发展和以出生率、死亡率的变动为标志的人口发展阶段的关系，说明了人口转变过程、原因与后果，由此创立人口转变理论，明确了人口转变与经济增长间的适应关系。这一理论被广泛应用于对各国经济与人口变动的分析，并得到了补充与修正。这一理论在随后东亚经济腾飞过程中得到了充分的验证。

以日本经济增长方式的转变为例：20 世纪 70 年代以前，日本经济增长主要是依靠粗放型的投入来取得的。第二次世界大战后，由于“婴儿潮”时出生的人口逐渐成长成劳动力，国内市场劳动力资源过剩，加之国际市场廉价石油大量供给，日本的经济增长主要依靠劳动和能源的投入量增加得以实现。1950 ~ 1955 年日本就业总人数由 3650 万人增加到 4110 万人，增长 12.6%，1955 ~ 1960 年增长 8.5%。60 年代，日本国内资本积累迅速增加，国际市场石油供给变得更加廉价，但由于劳动力严重不足，劳动成本迅速增加，日本转而依靠多投入资本和能源，少投入劳动来实现经济增长。1960 ~ 1965 年，日本就业总人数增长率较前有所下降，为 6.5%，1965 ~ 1970 年为 7.2%。20 世纪 70 年代以后，随着出生率不断下降和老龄化相对缓慢，日本的总人口负担系数大幅度下降，而储蓄率保持较高水平，为经济增长提供充足的资金支持。同时，伴随着石油危机和经济高速增长所带来的大规模的环境公害等问题，日本开始走上了以节约能源、原材料为中心，主要依靠劳动生产率的提高来实现经济增长的道路。自 70 年代中期以后，日本实现了经济增长方式由粗放到集约的转变，经济的集约化程度不断提高。其中，国民素质的提高为经济高速增长储备了丰富的人力资本。

以亚洲四小龙为代表的其他东亚国家在 60 年代后经济也经历了飞速发展的过程，突破了西方理论学界的预期。他们原本认为，东亚国家人口众多、资源相对匮乏，缺乏经济发展的基本条件，发展潜力弱于非洲国家。但是。20 世纪 40 ~ 50 年代间东亚国家的人口开始出现转型，由 70 年代前高少儿抚养比的人口年龄阶段进入高劳动年龄人口比重低负担比的阶段，从而提供了充裕的劳动力并改善了国家的储蓄状况，促进了经济的快速增长。在 1970 ~ 1995 年间，东亚经济实现了年平均 6.1% 的人均 GDP 增长率，高于

其稳态增长率4.1个百分点，据估算，经济增长中人口转变的因素使经济增长率提高了1.5~2.0个百分点，因此，在整个东亚的高速增长中，人口转变因素的贡献能够达到1/4~1/3。

中国经济与日本及东亚国家经济的发展具有相似的条件和发展历程，借鉴他国的经验有助于我们理解中国人口年龄结构的转变以及它与中国经济发展的相互关系。

四、面对我国未来人口年龄结构的变动，经济发展方式转变必须与之相适应

未来我国人口发展有两个不可逆转态势就是老龄化和劳动供给减少，我国的经济发展方式转变必须与之相适应。

1. 未来劳动力供给由上升变为减少要求经济增长方式转变

如前所述，我国劳动年龄人口规模在2017年达到峰值到2027年有10年的稳定时期，然而自此之后，劳动年龄人口便将持续快速减少，年平均减少速度由0.1%上升到0.5%。同时，青壮年劳动力供给大幅度减少，而相对高龄劳动力供给增加。这一变动趋势影响下，一方面，靠资源消耗的劳动力扩张型经济增长得不到劳动供给的支持；另一方面，由劳动力市场供需转换决定的实际工资水平必然提高，劳动密集型生产的成本上升，形成对经济增长的阻碍。因此，劳动密集型生产将逐步向技术密集型和人力资本密集型的生产转变。

2. “人口红利”向“人口负债”的转变，经济增长方式将转向依靠技术和人力资本

如前所述，尽管在2010~2030年期间的20年里，我国劳动负担较轻，劳动负担系数维持在50%以下。但是劳动负担已经逐步上升，到2030年为50.20%，到2050年将增大到64.36%。与此同时，未来劳动负担将由少儿负担为主转变为劳动负担为主。在2030年前后我国人口中老年负担将超过少儿负担，到2040年后老年负担将保持在35%~42%，而少儿负担基本保持在26%上下。劳动负担结构的转变意味着未来社会经济各方面结构的变革，未来将需要更多的劳动力投入到养老服务中去。劳动供给减少、负担增大、结构老化使得未来经济增长无法从人口年龄结构上获得支持，人力资本的提升、技术的创新进步将成为经济增长最终源泉，未来经济增长和发展方式必须走向集约化。

3. 人口老龄化、消费结构转变,促使经济结构发生转变

由于未来老年人口规模的快速增大,人口的加速老龄化,养老的劳动需求将以超过老年人增长速度的速度增加;同时,未来人口中老年人口的规模将超过青少年(0~14 岁)人口,社会的消费和其他居民需求结构将发生巨大转变。这必然要求未来产业结构的需要全面转型,以养老服务和满足老年人需求为核心的老龄产业将成为未来产业成长的一个重要方向,因此产业结构也会发生较明显的转移。

总之,在生育率的快速下降和持续低水平下,中国未来人口必然向老龄化、劳动负担加大、青壮年劳动力持续减少的年龄结构发展,粗放的依赖廉价劳动的经济发展方式将不能够得到支持,未来的经济发展方式必须与人口的这一发展趋势相适应,将由劳动密集型逐步向技术密集型和人力资本密集型转变;经济结构将逐步向满足养老服务和老年人需求的方向转移。

引导人口合理分布
促进人口与资源环境协调发展

——关于建设“人口均衡型”社会的若干思考

封志明

中国科学院地理科学与资源研究所

“人口均衡型”社会是一个与“资源节约型、环境友好型”社会相适应的新思想、新理念。人口均衡型社会首先应具体体现“以人为本,全面协调的可持续发展观”。狭义理解,人口均衡型社会建设要“以人为本”,实现人口自身的长期均衡发展:包括数量相对稳定、素质不断提高、结构持续优化、分布日趋合理等。广义理解,人口均衡型社会建设要落实“五个统筹”,促进人与自然的和谐,实现人口与资源、环境、社会、经济协调发展:即人口发展不仅要与资源环境基础相适应,而且要与社会经济发展相协调。

从地理学角度,空间均衡应是人口均衡发展的基本内涵。均衡不是均等,促进人口合理分布应是人口空间均衡发展的基本目标。由此来看,人口均衡型社会建设的终极目标应是“引导人口合理分布,促进人口合理布局”,人口均衡型社会建设的基本思路应是“以人为本,适度集中,人地均衡,科学分区,促进人口与资源环境社会经济协调发展”。由此来看,我们必须充分认识中国人口分布的基本格局与演变趋势,以把握中国人口、资源、环境与发展的基本关系与未来格局,促进人口均衡发展。

一、人口均衡发展的基础:关于中国人口空间分布格局的基本认识

中国人文地理学奠基人胡焕庸教授1935年在《地理学报》上发表了《中

国人口之分布》一文，提出："今自黑龙江爱珲（黑河），向西南作一直线，至云南腾冲为止，分全国为东南与西北两部：则此东南部的面积计400万平方公里，约占全国总面积的36%；西北部之面积，计700万平方公里，约占全国总面积的64%。唯人口之分布，则东南计4.4亿，约占总人口的96%；西北部之人口，仅1800万，约占总人口的4%。其多、寡之悬殊，有如此者。"这条标识从黑龙江省瑷珲县到云南省腾冲县之间的人口地理界线，后人称之为"胡焕庸线"。

据统计推算，新中国成立的1949年，胡焕庸线西北部人口为3181万，占全国的5.87%；土地面积523万平方公里，占全国的54.5%；人口密度为6人/平方公里。东南部人口为50 986万，占全国的94.13%；土地面积437万平方公里，占全国的45.5%；人口密度为119人/平方公里。50年后的2000年，统计结果表明，胡焕庸线西北部人口为6743万，占全国的5%；人口密度为13人/平方公里。东南部人口为12亿，占全国的95%；人口密度为284人/平方公里，大体比例变化不大。

胡焕庸线揭示的基本事实是中国人口分布西北部稀疏、东南部稠密。但密中有疏、疏中有密——中国东南部人口密集，人口与产业集聚，但密中有疏，人居环境一般适宜或临界适宜地区仍存在大面积的"无城"地区；中国西北部人口稀疏，居住比较分散，但疏中有密，人口相对集中在河谷、绿洲等人居环境临界适宜或一般适宜地区，人口密度远超过全国平均水平。我们可以通过人口集聚度进一步认识中国人口分布的集疏关系与疏密格局（见表）。

中国基于分县尺度的人口集聚度分析表明：(1)人口密集区，土地占全国14.98%，相应人口占68.82%，平均人口密度达到625人/平方公里。其中，人口高度密集区土地仅占全国1.15%，相应人口却占16.62%，其平均人口密度达1961人/平方公里。城市核心区平均人口密度更达到3385人/平方公里。(2)人口稀疏区，土地占全国61.1%，相应人口只占4.88%，平均人口密度不到11人/平方公里。其中，人口极端稀疏区土地占全国40.15%，相应人口仅占全国0.62%，平均人口密度约2人/平方公里，3/4地区为基本无人区。(3)人口均值区，土地占全国的23.92%，相应人口占26.3%，平均人口密度为150人/平方公里。从空间分布看（见图1），人口密集地区主要集中在东南半壁，特别是人口高度密集地区；人口稀疏地区几乎全部在西北半壁，特别是人口极端稀疏地区；胡焕庸线左右两侧多为人口相对稀疏地区和人口密度均下地区。

中国基于分县尺度的人口集聚度分级

人口集聚度分级(3 类 8 级)		人口集聚度	备注
人口密集地区	人口高度密集区	JJD≥8	其中,JJD ≥15 为核心城市区
	人口中度密集区	4≤JJD <8	
	人口低度密集区	2≤JJD <4	
人口均值地区	人口密度均上区	1≤JJD <2	
	人口密度均下区	0.5≤JJD <1	
人口稀疏地区	人口相对稀疏区	0.2≤JJD <0.5	其中,JJD ≤ 0.025 为基本无人区
	人口绝对稀疏区	0.05≤JJD <0.2	
	人口极端稀疏区	JJD <0.05	

注:人口集聚度(JJD):某地区相对于全国的人口集聚程度,可用人口密度之比表示。

70 多年过去了,中国发生了天翻地覆的变化,人口超过了 13 亿。胡焕庸发现的西疏东密的人口分布格局变化并不大。2006 年中国东南与西北半壁人口比例仍大体保持在 94% 比 6% 水平。这说明人口分布并不完全取决于“战略”与“规划”,而是受到某种自然规律制约;而社会经济发展水平可能进一步强化了这种“东密西疏”的地理格局。由此来看,人口均衡型社会建设不仅要与资源环境基础相适应,而且还要与社会经济发展相协调。也就是说,人口与资源环境社会经济协调发展是人口均衡型社会建设的基本要求。

二、人口均衡发展的要义之一:区域人口发展要与地区资源环境基础相适应

区域人口发展要与地区资源环境基础相适应是人口空间均衡发展的基本要义之一。区域人口发展必须与地区资源环境基础相适应,已成为国家人口发展战略与区域发展规划的重要立足点。具体而言,人口发展既要与人居环境自然适宜性相一致,又要与资源环境承载力相适应;这不仅体现了人居环境的自然适宜性,也体现了资源环境承载力的自然限制性。

(一)区域人口发展要与地区资源环境基础相适应:人居环境适宜性

由地形、地貌、植被、气候和水文等自然因子构成的人居环境,表征了区

域人口发展的自然本底与环境基础。人居环境的自然适宜性与限制性不仅直接关系到人的身心健康和生活质量,而且间接影响人类社会进步与人类发展水平。可以说,中国人居环境的自然适宜性从根本上决定了中国人口分布之地理格局。

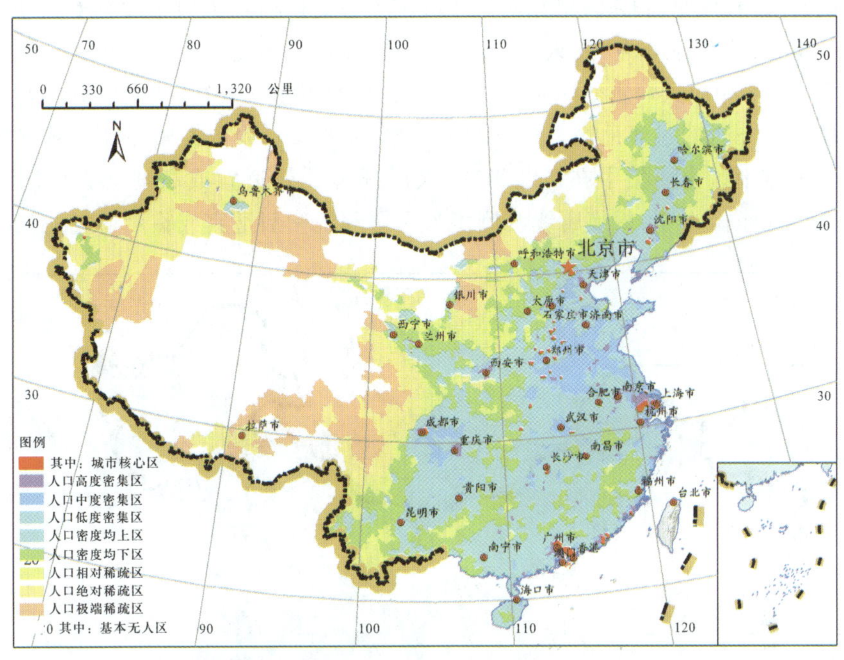

图1　中国基于分县尺度的人口集聚度分级图(2006年)

根据人居环境要素的自然适宜性、限制性及其组合关系,可将中国不同地区的人居环境自然适宜性划分为3类7级:

第1类不适宜地区(NS),是不适合人类长期生活和居住的地区。根据地形、气候、水文和地被等单因子的限制特征,不适宜地区又可以进一步划分为永久不适宜地区(NSp)和条件不适宜地区(NSc)。

第2类临界适宜地区(CS),是自然条件高度限制、勉强适合人类常年生活和居住的地区。根据地形、气候、水文和地被等因子的适宜性与限制特征,临界适宜地区又可以细分为限制性临界适宜区(CSc)和适宜性临界适宜区(CSs)。

第3类适宜地区(S),受自然条件限制较小、适宜人类居住的地区。根据地形、气候、水文和地被等自然因子的适宜性特征,人居环境适宜地区根据适宜程度,又可以划分为一般适宜地区(Sl)、比较适宜地区(Sm)和高度适宜地区(Sh)。

中国人居环境自然适宜性评价结果表明:(1)人居环境适宜地区,土地占全国47.9%，相应人口占95.2%，平均人口密度达到273 人/平方公里，是中国人口与产业密集分布地区。统计表明，中国近3/4 的人口聚集在占地不到1/4 的人居环境比较适宜或高度适宜地区。(2)人居环境不适宜地区，土地占全国26.8%，相应人口只占1.1%。这些地区受地形、植被、水文和气候等因素限制，荒原遍布、人口相对集中在河谷、绿洲地区，人口密度约6 人/平方公里，大片荒原沦为“无人区”。(3)人居环境临界适宜地区，土地占全国的25.3%，相应人口占3.7%，平均人口密度为20 人/平方公里，是中国人居环境适宜与否的过渡地区。从空间分布看(见图2)，中国人居环境不适宜和临界适宜地区主要集中在西北半壁，人居环境比较适宜或高度适宜地区几乎全部在东南半壁，胡焕庸线两侧多为人居环境一般适宜或临界适宜地区。

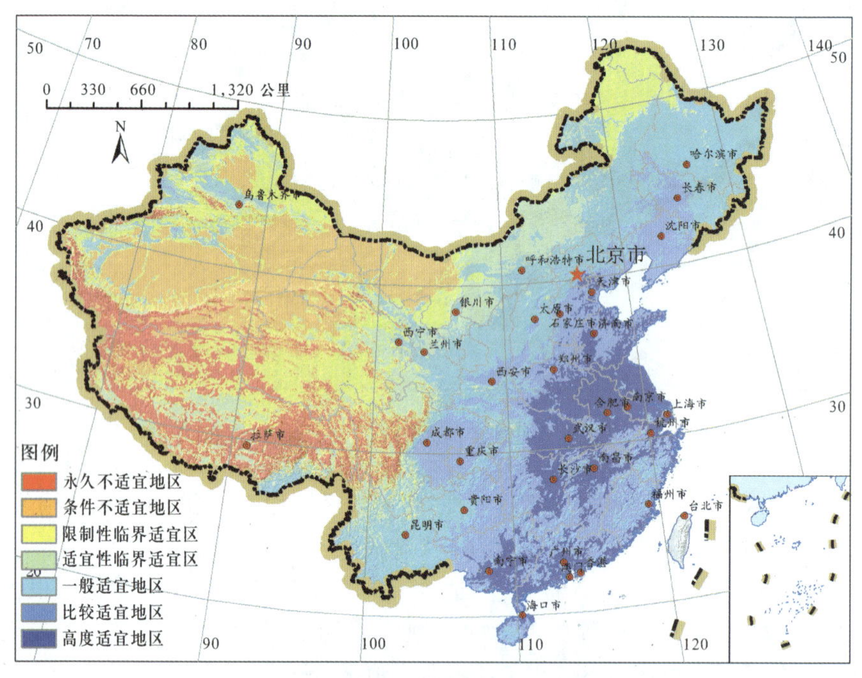

图2 中国人居环境自然适宜性综合评价图

（二）区域人口发展要与地区资源环境基础相适应：水土资源限制性

水土资源是位置相对固定的限制性自然资源，是人类社会生存与发展不可或缺的、基础性自然资源。通过水土资源承载力评价，可以揭示中国不同地区的水土资源适宜性与限制性，定量回答中国哪些地区人多，哪些地区人少，以及中国不同地区的人口发展潜力问题。

1. 基于分县尺度的土地资源承载力评价

土地资源承载力反映的是区域人口与粮食的关系，可以用一定粮食消费水平下，区域粮食生产力所能持续供养的人口规模（万人）或承载密度（人/平方公里）来度量。基于人粮关系的中国土地资源承载力研究表明，中国的土地资源承载力由东南向西北逐渐降低，地域差异明显。西北部地区，除去河套平原、河西走廊和天山南北麓等河谷绿洲外，人口承载密度多在每平方公里25人以下，存在大面积无人区；东南部地区，除去黄土高原、云贵高原和南方丘陵山地外，人口承载密度多在每平方公里200人以上。

中国人口分布格局与土地资源人口承载力大势基本一致，但地域差异显著。根据土地资源承载指数（LCCI）①及其人粮平衡关系，以分县为基本单元，可以将中国不同地区划分为土地超载地区、人粮平衡地区和粮食盈余地区三种不同类型区（见图3）。

（1）土地超载地区。土地资源承载指数（LCCI）高于1.125，粮食缺口较大，人口超载严重。现有1087个分县单元属于这类地区，土地面积约占全国的43.5%，相应人口6.19亿，约占全国的47.4%，粮食缺口高达14 008万吨。除去391个城市单元外，主要分布在西北干旱区、青藏高原、黄土高原、云贵高原和华北山地，这些地区人地、人粮关系紧张，实施积极的人口退出政策，有计划生态移民已成为必然选择。

（2）人粮平衡地区。土地资源承载指数（LCCI）介于0.875～1.125，人粮关系基本平衡，发展潜力有限。现有473个分县单元属于这类地区，土地面积约占全国的25.5%，相应人口2.54亿，约占全国的19.4%。这类地区插花分布在土地超载地区和粮食盈余地区，相对集中在我国东南部地区，或粮食平衡有余、或人口临界超载，多属人口与土地、粮食均衡发展地区。

（3）粮食盈余地区。土地资源承载指数（LCCI）低于0.875，粮食平衡有余，具有一定的发展空间。目前有802个县域单元属于该类地区，土地面积约占全国的31.0%，相应人口4.34亿，约占全国的33.2%，粮食盈余8890万吨，尚可支持2.77亿～3.16亿人口的粮食需求。粮食盈余地区集中分布在东北平原、华北平原、长江中游平原、四川盆地、河套平原、河西走廊和天山南

① 土地资源承载指数（LCCI）：是指区域人口规模（或人口密度）与土地资源承载力（或承载密度）之比，反映区域土地、粮食与人口之关系。LCCI≥1.125 土地超载；0.875≤LCCI<1.125 人粮平衡；LCCI<0.875 粮食盈余。

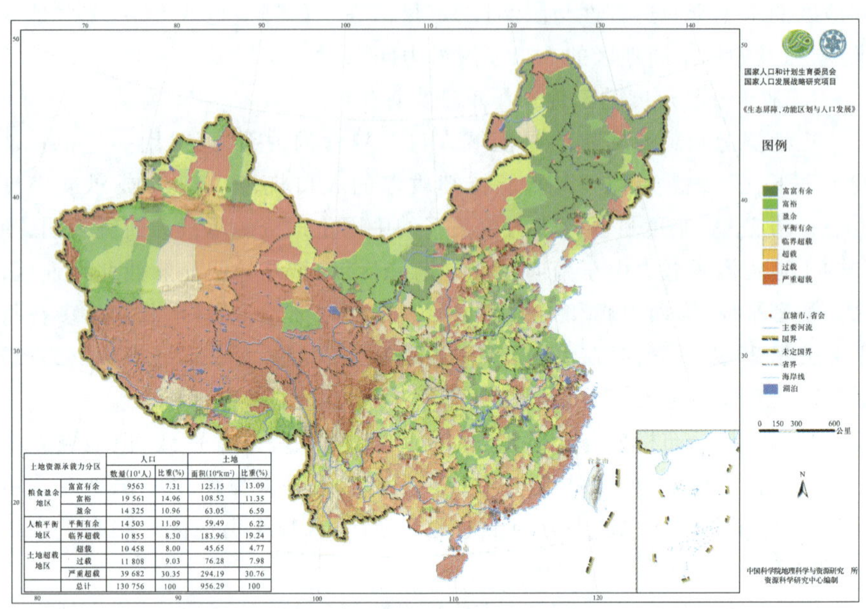

土地资源承载力分区		人口		土地	
		数量(10^4人)	比重(%)	面积(10^4km²)	比重(%)
粮食盈余地区	富富有余	9563	7.31	125.15	13.09
	富裕	19 561	14.96	108.52	11.35
	盈余	14 325	10.96	63.05	6.59
人粮平衡地区	平衡有余	14 503	11.09	59.49	6.22
	临界超载	10 855	8.30	183.96	19.24
土地超载地区	超载	10 458	8.00	45.65	4.77
	过载	11 808	9.03	76.28	7.98
	严重超载	39 682	30.35	294.19	30.76
	总计	130 756	100	956.29	100

图 3　中国基于人粮关系的土地资源承载力分县评价

北麓地区，人口与产业集聚、农业发达，发展潜力较大。

2. 基于流域尺度的水资源承载力评价

水资源承载力（WCC）反映的是区域人口与水资源关系，可以通过人均综合用水量，区域（流域）水资源所能持续供养的人口规模（万人）或承载密度（人/平方公里）来表示。基于人水关系的中国水资源承载力研究表明，中国水资源承载力由南向北、由东南向西北逐渐降低，地域差异明显。西北部地区，除去黄河上游地区、三江源地区和藏东南—横断山区外，水资源承载密度多在每平方公里 100 人以下；东南部地区，秦淮线以北地区水资源承载密度多在每平方公里 100～300 人，秦淮线以南地区水资源承载密度多在每平方公里 300～800 人。

中国人口分布格局与水资源承载力大势基本一致，但地域差异显著。根据水资源承载指数①和人水平衡关系，以中国水资源三级流域分区为基本单元，可以将中国不同地区划分为人口超载地区、人水平衡地区和水量盈余

① 水资源承载指数（WCCI）：是指区域人口规模（或人口密度）与水资源承载力（或承载密度）之比，反映区域水资源与人口之关系。WCCI≥1.3 水资源超载；0.7≤LCCI＜1.3 人水平衡；LCCI＜0.7 水资源盈余。

地区三种不同类型区(见图4)。

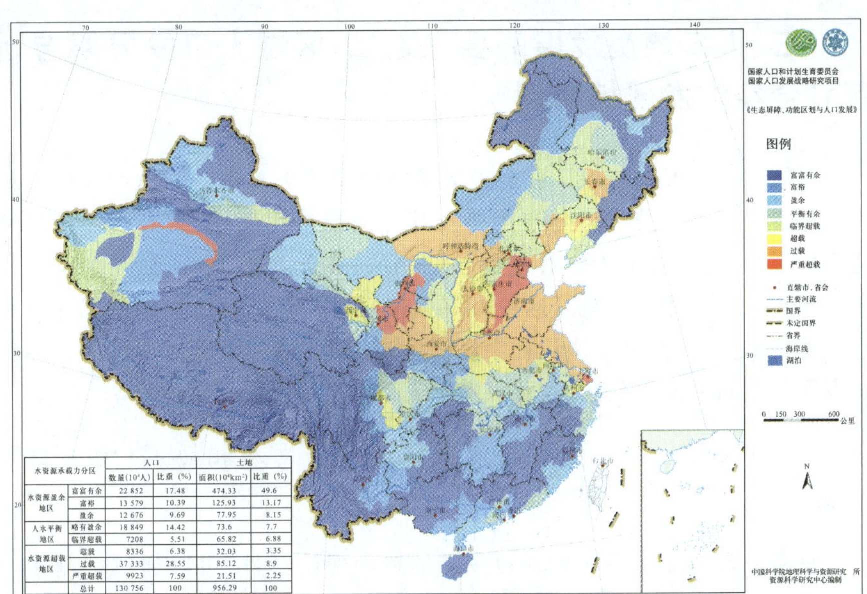

水资源承载力分区		人口		土地	
		数量(10^4人)	比重(%)	面积(10^4km^2)	比重(%)
水资源盈余地区	富富有余	22 852	17.48	474.33	49.6
	富裕	13 579	10.39	125.93	13.17
	盈余	12 676	9.69	77.95	8.15
人水平衡地区	略有盈余	18 849	14.42	73.6	7.7
	临界超载	7208	5.51	65.82	6.88
水资源超载地区	超载	8336	6.38	32.03	3.35
	过载	37 333	28.55	85.12	8.9
	严重超载	9923	7.59	21.51	2.25
	总计	130 756	100	956.29	100

图4　中国基于人水关系的三级流域水资源承载力评价

(1)水资源超载地区。水资源承载力指数(WCCI)高于1.3、人口超载50%以上,水资源严重不足;主要涉及黄河流域、淮河流域、海河流域、西北诸河流域和长江流域等一级流域的32个三级单元,土地面积约占国土面积的11.4%,相应人口2.8亿,占全国的22.2%。尤其是黄淮海地区,人口与产业集聚,人水矛盾突出,水资源超载严重,跨流域调水已成为必然选择。

(2)人水平衡地区。水资源承载指数(WCCI)介于0.7~1.3、水资源临界超载或平衡有余,人口与水资源基本平衡;主要涉及辽河流域、黄河流域、淮河流域、长江流域、海河流域和西北诸河流域等一级流域的31个三级单元,土地面积约占国土面积的7.8%,相应人口2.4亿,占全国的18.5%。其中黄淮海地区大多是临界超载地区,水资源相对不足;松辽河流域和东南诸河流域大多是水资源平衡有余的地区,枯水年份水资源问题突出。

(3)水资源盈余地区。水资源承载指数(WCCI)低于0.7、水量盈余超过30%,水资源供给充足;主要涉及西南诸河流域、东南诸河流域、珠江流域、长江流域和松花江流域等一级流域的146个三级单元,土地面积约占国土面积的80.9%,相应人口7.6亿,占全国的59.3%。尤其是处于秦淮线以南的西南诸河流域、东南诸河流域、珠江流域和长江流域大多水资源富裕,除去季节性问题和地质性问题外，水资源污染防治是当务之急。

三、人口均衡发展的要义之二：区域人口发展要与地区社会经济发展相协调

区域人口发展要与地区社会经济发展相协调是人口空间均衡发展的基本要义之二。中国的人口分布大势及其空间聚集程度，既受人居环境自然适宜性限制，又受到水土资源限制性的制约；在此基础上，社会经济发展水平进一步强化或适度调整了这种人口分布格局。通过物质积累基础评价和人类发展水平分析，可以认识社会经济发展的地区差异；通过人口分布与经济发展的空间一致性分析，则可以揭示人口与经济发展协调程度。

（一）区域人口发展要与地区社会经济发展相协调：物质积累基础

物质积累基础反映的是人口发展的社会经济条件，可以通过由基础设施水平、通达程度和经济水平等指标综合构成的物质积累指数来表达。根据物质积累指数（HMI）①高低，以分县为基本单元，可以将中国不同地区的物质积累基础划分为高水平、中上水平、中下水平和低水平四种不同类型区（见图5），以揭示中国不同地区的物质积累水平与地域差异。

（1）物质积累高水平地区。物质积累指数（HMI）超过0.80，物质积累基础处于全国最高水平。目前有416个分县单元属于这类地区，土地占全国的4.40%；相应人口4.02亿，占全国的30.73%；集中分布在东部，绝大部分是市辖区，人口与社会经济发展基本协调。

（2）物质积累中上水平地区。物质积累指数（HMI）介于0.70～0.80，物质积累基础处于全国较高水平。目前有757个分县单元属于这类地区，土地占全国的12.80%；相应人口4.80亿，占全国的36.71%；大多位于东北平原、华北平原、长江中下游平原、四川盆地和东南沿海地区，人口与社会经济发展趋于协调。

（3）物质积累中下水平地区。物质积累指数（HMI）介于0.55～0.70，物质积累基础处于全国较低水平。目前有861个分县单元属于这类地区，土地

① 物质积累指数（HMI）：是由基础设施水平、通达程度和经济水平等指标构成的、反映不同地区物质积累水平的综合指标，介于0～1之间。HMI≥0.8高水平；0.7≤HMI<0.8中上水平；0.55≤HMI<0.7中下水平；HMI<0.55低水平。

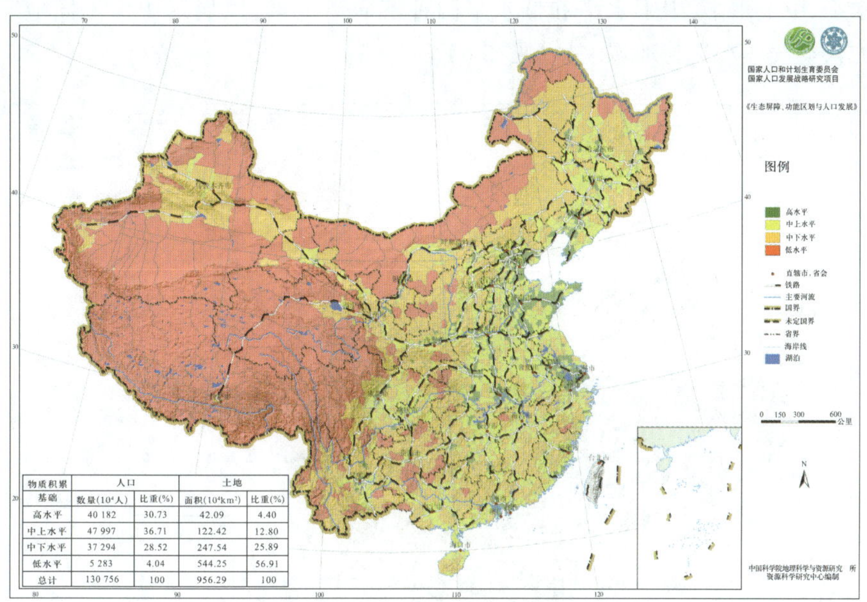

物质积累基础	人口		土地	
	数量(10^4人)	比重(%)	面积(10^4km^2)	比重(%)
高水平	40 182	30.73	42.09	4.40
中上水平	47 997	36.71	122.42	12.80
中下水平	37 294	28.52	247.54	25.89
低水平	5 283	4.04	544.25	56.91
总计	130 756	100	956.29	100

图5　中国分县物质积累基础评价

占全国的25.89%；相应人口3.73亿，占全国的28.52%；主要涉及东北平原、黄土高原、云贵高原、南方丘陵山地、河西走廊和天山南北部分地区，人口与社会经济发展有待协调。

(4)物质积累低水平地区。物质积累指数(HMI)低于0.55，物质积累基础处于全国最低水平。目前有328个分县单元属于这类地区，土地占全国的56.91%；相应人口5283万人，占全国的4.04%；主要集中在内蒙古高原、青藏高原和西北干旱地区，人口与社会经济亟待协调发展。

(二)区域人口发展要与地区社会经济发展相协调：人类发展水平

人类发展水平反映的是人类社会的综合发展程度，可以通过由预期寿命、受教育程度和生活水平等因素构成的人类发展指数来表征。根据人类发展指数(HDI)①高低，以分县为基本单元，可以把中国不同地区划分为高

① 人类发展指数(HDI)是由预期寿命、受教育程度和生活水平等因素构成、反映不同地区人类发展水平的综合指标，介于0~1之间。HDI≥0.8高水平；0.7≤HDI<0.8中上水平；0.5≤HDI<0.7中下水平；HDI<0.5低水平。

水平、中上水平、中下水平和低水平四种不同类型区，以揭示中国不同地区的人类发展水平与地域差异（见图6）。

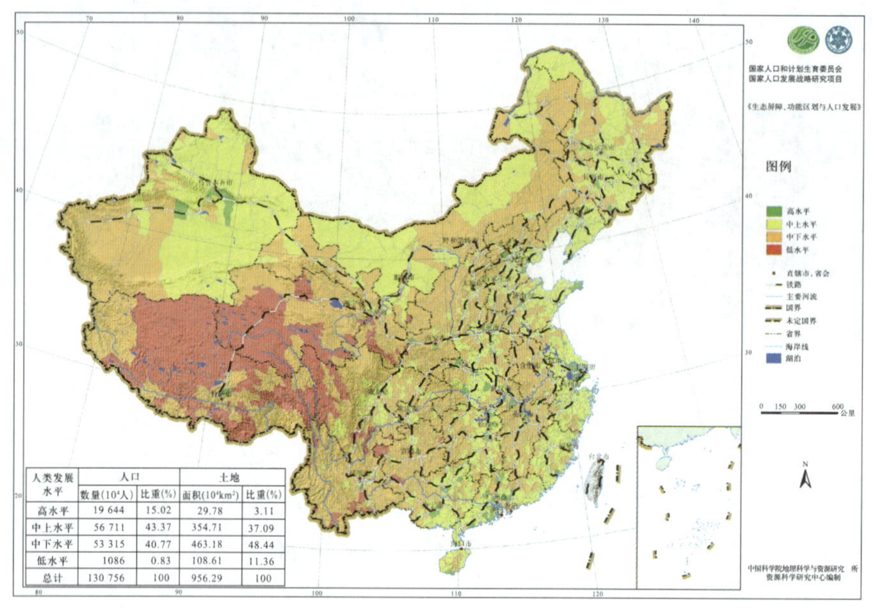

人类发展水平	人口		土地	
	数量(10^4人)	比重(%)	面积(10^4km^2)	比重(%)
高水平	19 644	15.02	29.78	3.11
中上水平	56 711	43.37	354.71	37.09
中下水平	53 315	40.77	463.18	48.44
低水平	1086	0.83	108.61	11.36
总计	130 756	100	956.29	100

图6 中国分县人类发展水平评价

（1）人类发展高水平地区。人类发展指数（HDI）高于0.80，人类发展处于高水平。目前只有129个县域单元属于这类地区，土地面积仅占全国的3.11%；相应人口1.96亿，占全国的15.02%。这些地区都是零星分布的城市化、工业化地区，区域协调发展程度较高。

（2）人类发展中上水平地区。人类发展指数（HDI）介于0.70～0.80，人类发展处于中上水平。目前有959个县域单元属于这类地区，土地面积占全国的37.09%；相应人口5.67亿，占全国的47.37%；集中分布在东南沿海地区、京哈京广沿线地区，区域协调发展程度良好。

（3）人类发展中下水平地区。人类发展指数（HDI）介于0.50～0.70，人类发展处于中下水平。目前有1189个县域单元属于这类地区，土地面积占全国的48.44%；相应人口5.33亿，占全国的40.77%；全国各地广泛分布，区域协调发展程度一般。

（4）人类发展低水平地区。人类发展指数（HDI）低于0.50，人类发展处于低下水平。目前仅有85个县域单元属于这类地区，土地面积占全国的11.36%；相应人口1086万，占全国的0.83%；主要分布在青藏高原、云贵高原和黄土高原地区,区域协调发展程度较差。

(三)区域人口发展要与地区社会经济发展相协调:人口经济一致性

人口分布与经济发展的空间一致性系数反映的是人口聚集与经济聚集的空间一致性,可以通过人口聚集度与经济聚集度的比例关系来表达。根据人口经济一致性系数大小,可把中国不同地区划分为相对一致、相对不一致和绝对不一致等若干不同类型区,以揭示不同地区人口分布与经济发展的空间一致性。

中国基于分县的人口与经济分布一致性系数分析表明(见图7),中国不同地区的人口与经济分布的空间一致性地区差别较大,人口地区发展尚具有较大的协调空间。

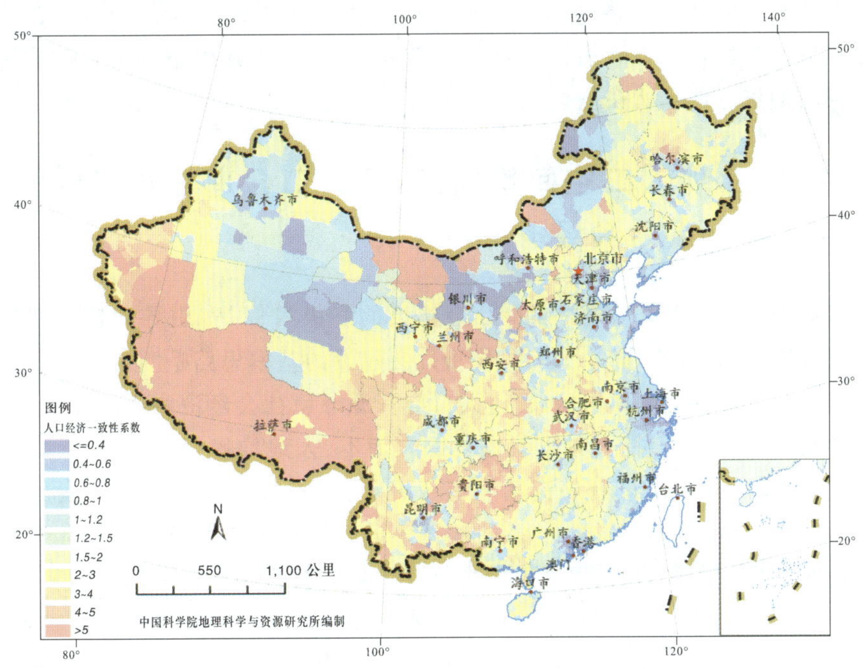

图7　中国分县人口经济一致性系数分布图

(1)人口与经济一致性系数介于0.8~2.0的地区,人口经济密度接近或略高于全国平均水平,人口与经济聚集规模相对一致。这类地区占地33.2%,相应人口35.4%,平均人口密度在139人,略高于全国平均水平,作为地图底色散布在中国不同地区。

(2)人口与经济一致性系数小于0.8的地区,人口经济密度显著低于全国平均水平,人口与经济聚集规模相对不一致。这类地区占地14.7%,相应人口29.4%,平均人口密度在260人,集中分布在沿海、沿江(长江、黄河等)和(铁路)沿线地区。特别是人口与经济一致性系数小于0.4的城市化地区,人口聚集度不到经济聚集度的一半,应该具有较大的人口发展空间。

(3)人口与经济一致性系数介于2.0~4.0的地区,人口经济密度是全国的2~4倍,经济与人口聚集规模相对不一致。这类地区占地27. 1%,相应人口占27. 6%,平均人口密度在132人,略低于全国平均水平,以东北平原、华北山地、中部地区、四川盆地和南方丘陵山地最为集中。

(4)人口与经济一致性系数大于4.0的地区,人口经济密度是全国的4倍以上,经济与人口聚集规模绝对不一致。这类地区占地25.0%,相应人口7.6%,平均人口密度在39人,人均GDP不到全国的1/4,集中分布在黄土高原、云贵高原、青藏高原和西北干旱区,是我国实施生态移民和财政转移支付的重点地区所在。

四、实现人口空间均衡:引导人口合理分布,促进人口与资源环境社会经济协调发展

如前所述,我国人口均衡型社会建设的终极目标是“引导人口合理分布,促进人口合理布局”。人口均衡型社会建设的基本思路是“以人为本,适度集中,人地均衡,科学分区,促进人口与资源环境社会经济协调发展”。进一步讲,人口均衡型社会建设就是要以人为本,人地均衡,科学界定人口发展功能分区;引导人口有序流动与适度聚集,以扩大国人的生存与发展空间,增进人口发展的公平机会,促进中国不同地区的人口与资源环境社会经济协调发展。我们认为,促进人口均衡发展主要包括以下5个要点:

第一,要以人为本,将人口作为谋划未来发展的主变量。在统筹城乡、区域协调发展的过程中,要破除“以区为本”的惯性思维,坚持“以人为本”,把人口及其分布作为产业布局、资源配置、环境改善、福利安排等的主变量;将人的发展作为发展的根本目的和持久动力,把公共资源优先安排到优先促进人的全面发展上来。

第二,要人地均衡,促进人口与资源环境承载力相协调。要将实现人口与资源环境承载力相协调作为人地均衡布局的基本目标,这既体现了人口

资源环境共同约束下的理性发展原则，又体现了促进人的全面发展、保障人的基本权利和需求的公平发展原则，还体现了通过科技创新以维持、保护并扩大资源环境基础的动态发展原则，更体现了通过调节和控制人类行为方式以提高环境质量的协调发展原则。

第三，要统筹规划，科学界定人口发展功能分区。在人口与资源环境的关系方面，我国东中西部、上中下游等不同地区面临着不同的矛盾与问题，必须要统筹规划人口发展的国土空间，将国土空间划分为人口限制区、人口疏散/收缩区、人口稳定区与人口聚集区四类不同的人口发展功能分区，采取不同的区域发展政策分别加以调节和控制。人口限制区和人口疏散/收缩区属生态建设和自然保护地区，以生态屏障和生态服务为主要功能，兼顾生产和生活；人口集聚区和人口稳定区属生产与生活地区，以人口集聚和产业发展为主要功能，同样关注生态建设与环境保护。

第四，要集中发展，以人口集聚置换国人生存与发展空间。在人口分布总体格局难以改变的条件下，我国未来 20～30 年人口布局的主题，实际上就转化为人居环境适宜地区的产业与城市布局问题。可以通过产业集聚和城市发展，吸引人口向人居环境适宜、资源环境承载力有余的地区集中，以产业集聚，吸引人口集中；以人口集中，换取土地集约；以土地集约利用，相对扩大国人的生存与发展空间。

第五，要生态移民、转移支付，增进人口发展的公平机会。地区之间资源禀赋可以不同、区位特征可以相异、财富积累可以有别，但在人口有序迁移与财政转移支付下，不同区域人口发展的机会应该是可以实现大体均等的。促进区域人口与社会、经济协调发展，说到底就是增进不同区域人口发展的均等机会，促进人的全面发展。

图书在版编目(CIP)数据

建设人口均衡型社会/王培安,翟振武主编.—北京:中国人口出版社,2011.7

ISBN 978-7-5101-0772-6

Ⅰ.①建… Ⅱ.①王… ②翟… Ⅲ.①人口—问题—中国—文集 Ⅳ.①C924.24-53

中国版本图书馆 CIP 数据核字(2011)第 107697 号

建设人口均衡型社会

王培安 翟振武 主编

出版发行	中国人口出版社
印　　刷	北京国人传媒印务有限公司
开　　本	787×1092 1/16
印　　张	12
字　　数	250 千
版　　次	2011 年 7 月第 1 版
印　　次	2011 年 7 月第 1 次印刷
书　　号	ISBN 978-7-5101-0772-6
定　　价	25.00 元

社　　长	陶庆军
网　　址	www.rkcbs.net
电子信箱	rkcbs@126.com
电　　话	(010)83519390
传　　真	(010)83519401
地　　址	北京市宣武区广安门南街 80 号中加大厦
邮　　编	100054